W0002792

Arnaldur Indriðason

Jahrgang 1961, war Journalist und Filmkritiker bei Islands größter Tageszeitung. Heute lebt er als freier Autor in Reykjavík und veröffentlicht mit großem Erfolg seine Romane. Sein Kriminalroman NORDERMOOR (Bastei Lübbe 14857) erhielt den »Nordic Crime Novel's Award 2002«. TODESHAUCH wurde 2003 mit der gleichen Auszeichnug zum besten nordeuropäischen Krimi gekürt, ein einmaliger Erfolg in der Geschichte des renommierten Krimipreises.

Pressestimmen zu NORDERMOOR:

»Ein ausgezeichneter Roman.« *Süddeutsche Zeitung*

»Arnaldur Indriðason ist der erste glaubwürdige Krimi-Autor Islands – schöne Insel, gutes Buch!« DIE WELT

»Aus dem Land mit den wenigsten Morden Europas kommen ausgezeichnete Krimis.« *Facts*

»Erlendurs Kampf gegen das Verbrechen hebt Indriðasons literarischen Krimi auf höchstes internationales Niveau.« *Westdeutsche Allgemeine*

ARNALDUR INDRIÐASON

Todeshauch

Roman

Ins Deutsche übertragen von
Coletta Bürling

BASTEI LÜBBE TASCHENBUCH
Band 26457

Vollständige Taschenbuchausgabe

Bastei Lübbe Taschenbücher in der Verlagsgruppe Lübbe

Vorbemerkung:
In Island duzt heutzutage jeder jeden.
Man redet sich nur mit dem Vornamen an.
Dies wurde bei der Übersetzung beibehalten.

Namen, Personen und Begebenheiten in diesem Roman sind frei
erfunden. Ähnlichkeiten mit lebenden oder verstorbenen Personen sind
nicht beabsichtigt und rein zufällig.

Titel der isländischen Originalausgabe: *grafarþögn*
erschienen bei Vaka-Helgafell, Reykjavík.
© 2001 by Arnaldur Indriðason
© für die deutschsprachige Ausgabe: 2004 by
Verlagsgruppe Lübbe GmbH & Co. KG, Bergisch Gladbach
All rights reserved
Einbandgestaltung: Bianca Sebastian
Titelbild: Look/Hauke Dressler
Lektorat: Claudia Müller
Satz: hanseatenSatz-bremen, Bremen
Druck und Verarbeitung: GGP Media GmbH, Pößneck
Printed in Germany, Oktober 2005
ISBN 3-404-26457-6

Sie finden uns im Internet unter
www.luebbe.de

Der Preis dieses Bandes versteht sich einschließlich
der gesetzlichen Mehrwertsteuer.

1

Die Kleine krabbelte vergnügt auf dem Boden herum. Als er ihr endlich das Teil, an dem sie zufrieden herumkaute, aus der Hand nehmen konnte, erkannte er gleich, dass es sich um einen menschlichen Knochen handelte.

Kurz zuvor hatte die Geburtstagsfeier unter wildem Juchhei ihren Höhepunkt erreicht. Der Pizzalieferant war gekommen, und die Jungs hatten sich mit Pizza voll gestopft, dazu Cola getrunken und dabei um die Wette gerülpst. Dann waren sie wie auf Kommando aufgesprungen und sausten jetzt wieder durch die Gegend; einige waren mit Maschinengewehren und Pistolen bewaffnet, die Kleineren hatten Autos oder Gummidinosaurier in den Händen. Er konnte nicht sagen, was hier gespielt wurde. Es ging anscheinend nur darum, so viel Krach wie möglich zu machen.

Die Mutter des Geburtstagskinds hatte angefangen, in der Mikrowelle Popcorn zu machen. Sie erklärte ihrem Sohn, dass sie etwas Ruhe in die Rasselbande bringen müsse und deshalb den Fernseher einschalten und ein Video einlegen wollte. Falls das nichts half, würden sie allesamt vor die Tür gesetzt. Der achte Geburtstag ihres Sohnes wurde jetzt bereits zum dritten Mal gefeiert, und so langsam reichte es. Die dritte Feier hintereinander. Zuerst war die ganze Familie in einem nicht ganz billigen Fastfood-Lokal essen gegangen. Dann kam die Einladung für Verwandte und Freunde – und das war schon fast wie bei einer Konfirmation gewesen. Und heute hatte der Junge seine Mitschüler und Freunde aus dem Viertel einladen dürfen.

Sie öffnete die Mikrowelle, holte die prallvolle Tüte mit Popcorn heraus und gab eine neue hinein, und sie dachte bei sich, dass sie sich das nächste Mal die Sache etwas einfacher machen würde. Nur eine einzige Einladung und damit basta. Genau wie früher, als sie klein gewesen war.

Es machte die Sache auch keineswegs besser, dass der junge Mann auf dem Sofa im Wohnzimmer keinen Ton von sich gab. Sie hatte versucht, sich mit ihm zu unterhalten, hatte das aber bald drangegeben. Es machte sie einfach nervös, dass er da in ihrem Wohnzimmer herumsaß. Es wäre allerdings angesichts der lärmenden und tobenden Jungen auch schwierig gewesen, ein Gespräch aufrechtzuerhalten. Er hatte ihr nicht angeboten, behilflich zu sein. Saß nur rum, starrte vor sich hin und schwieg. Der kommt noch um vor Schüchternheit, dachte sie bei sich.

Sie hatte ihn nie zuvor gesehen. Der Mann war um die fünfundzwanzig. Der große Bruder eines der Jungen, die ihr Sohn zur Geburtstagsfeier eingeladen hatte. Fast zwanzig Jahre Altersunterschied zwischen den Brüdern. Er war sehr schlank und hatte ihr im Eingang seine feuchte, feingliedrige Hand gereicht. Er war äußerst zurückhaltend gewesen, sagte nur, er wolle seinen kleinen Bruder abholen. Doch der Junge war nicht dazu zu bewegen, die Party zu verlassen, die noch in vollem Gange war. Sie hatte ihn gebeten hereinzukommen, weil es wohl nicht mehr lange dauern würde, wie sie sagte. Er erklärte ihr, dass seine Eltern, die in einem Reihenhaus etwas weiter unten in der Straße wohnten, im Ausland seien, und deswegen müsse er auf den kleinen Bruder aufpassen; normalerweise lebte er in einer Mietwohnung im Zentrum. Trat in der Tür verlegen von einem Fuß auf den anderen. Der kleine Bruder war inzwischen wieder ins Gewühl entwischt.

Jetzt saß der junge Mann auf dem Sofa und schaute zu, wie das einjährige Schwesterchen des Geburtstagskinds im Gang vor den Kinderzimmern über den Fußboden kroch. Sie hatte ein weißes Rüschenkleidchen an und eine Schleife im Haar. Sie quietschte vergnügt vor sich hin. Er hingegen verwünschte seinen kleinen Bruder. Ihm war es unangenehm, in diesem fremden Haus zu sein. Er überlegte, ob er seine Hilfe anbieten sollte. Die Frau hatte ihm gesagt, dass ihr Mann bis spät in die Nacht hinein arbeiten müsste. Er hatte genickt und versucht zu lächeln. Und sowohl Cola als auch Pizza dankend abgelehnt.

Er hatte bemerkt, dass das kleine Mädchen irgendein Spielzeug fest umklammert hielt, und als es sich auf den Popo setzte, fing es an, daran herumzunagen, und sabberte dabei gehörig. Wahrscheinlich zahnte sie und kaute deswegen auf dem Ding herum.

Mit diesem Spielzeug im Mund krabbelte die Kleine näher zu ihm hin, und er begann zu überlegen, was sie da wohl in der Hand hatte. Sie hörte auf zu kauen, schob sich auf dem Popo in Richtung Sofa und starrte ihn mit offenem Mund an. Vor lauter Aufregung lief ihr der Sabber schon bis auf das Lätzchen herunter. Dann steckte sie sich das Ding wieder in den Mund und kroch auf allen vieren zu ihm hin. Sie streckte sich vor, verzog dabei das Gesicht und quietschte so, dass ihr das Teil aus dem Mund fiel. Mit einiger Anstrengung bekam sie es wieder zu fassen, und da war sie schon direkt neben ihm, zog sich an der Sofalehne hoch und stand stolz auf unsicheren krummen Beinchen da.

Es gelang ihm, ihr das Ding wegzunehmen, und er betrachtete es. Die Kleine schaute ihn erst an, als würde sie ihren Augen nicht trauen, und dann brüllte sie aus Leibeskräften los. Er brauchte nicht lange, um festzustellen, dass es sich um einen menschlichen Knochen handelte, ein etwa zehn Zentimeter langes Endstück einer Rippe. Gelblich-weiß, länglich und an der Bruchstelle abgeschliffen, sodass es keine scharfen Spitzen mehr gab, und innen an der Bruchstelle waren dunkle Flecken wie von Erde.

Er vermutete, dass er den vorderen Teil einer Rippe in Händen hielt, und gleichzeitig war ihm klar, dass dieser Knochen nicht mehr der jüngste war.

Die Mutter hörte, dass das Mädchen wie am Spieß brüllte, und als sie ins Wohnzimmer schaute, sah sie es bei dem Unbekannten neben dem Sofa stehen. Sie stellte die Schüssel mit dem Popcorn ab, ging zu ihrer Tochter und nahm sie auf den Arm. Sie schaute auf den Mann hinunter, der weder ihr noch dem plärrenden Kind Beachtung schenkte.

»Was ist denn hier los?«, fragte die Mutter besorgt und versuchte, ihr Kind zu trösten. Sie sprach laut, um den Lärm der Kindergesellschaft zu übertönen.

Der Mann schaute zu ihnen hoch, stand langsam auf und reichte der Mutter den Knochen.

»Wo hat sie das her?«, fragte er.

»Was?«, sagte sie.

»Den Knochen«, sagte er. »Wo hat sie diesen Knochen her?«

»Was für einen Knochen?«, fragte sie. Das Gebrüll des Kindes ließ etwas nach, als es den Knochen wieder erblickte. Die Kleine versuchte, nach ihm zu grapschen, und vor lauter Konzentration schielte sie, während ihr der Sabber aus dem weit geöffneten Mund träufelte. Das Kind bekam den Knochen zu fassen und betrachtete ihn fasziniert.

»Ich glaube, das ist ein Knochen«, sagte der Mann.

Das Kind steckte ihn in den Mund und war wieder friedlich geworden.

»Was redest du da von einem Knochen?«, fragte die Mutter.

»Sie nagt daran herum«, sagte er. »Ich glaube, es ist ein menschlicher Knochen.«

Die Mutter hielt ihr Kind fest, das wieder auf dem Knochen herumkaute.

»Das Ding hab ich noch nie gesehen. Was meinst du eigentlich damit, was für ein Menschenknochen?«

»Meiner Meinung nach ist das ein Stück aus einer menschlichen Rippe«, sagte er. »Ich studiere Medizin«, fügte er wie zur Erklärung hinzu, »fünftes Studienjahr.«

»Rippe? Was soll denn der Quatsch? Hast du das mitgebracht?«

»Ich? Nein. Weißt du nicht, woher das Ding kommt?«

Die Mutter blickte auf ihr Kind, fuhr dann zusammen und riss der Kleinen den Knochen aus dem Mund und schleuderte ihn auf den Boden.

»Vielleicht weiß ihr Bruder ...«

Er sah die Mutter an, die ihn ungläubig anstarrte. Dann blickte sie auf ihre Tochter, die wieder angefangen hatte zu brüllen. Dann auf den Knochen, und als Nächstes zum Fenster hinaus, wo man die halb fertigen Häuser ringsum sehen konnte, wieder auf den Knochen und den Unbekannten, und schließlich auf ihren Sohn, der aus einem der Kinderzimmer gelaufen kam.

»Tóti!«, rief sie, aber der Junge schenkte ihr keine Beachtung und lief einfach weiter. Sie stürzte sich hinter ihm her ins Kindergewimmel, und unter einigen Mühen gelang es ihr, ihren Tóti ins Wohnzimmer zu schleifen. Sie standen vor dem Medizinstudenten.

»Gehört das dir?«, fragte sie den Jungen, als der Mann ihm den Knochen reichte.

»Den hab ich gefunden«, sagte Tóti und wollte wieder weg, um nichts auf seiner Geburtstagsparty zu verpassen.

»Wo?«, fragte seine Mutter. Sie setzte das Kind auf dem Boden ab, die Kleine starrte zu ihr hoch und war sich nicht ganz sicher, ob sie erneut losbrüllen sollte oder nicht.

»Draußen«, sagte der Junge. »Das ist ein klasse Stein. Ich hab ihn sauber gemacht.« Der Junge war außer Atem. Ein Schweißtropfen lief ihm an der Wange hinunter.

»Wo draußen?«, fragte seine Mutter. »Wann? Was hast du gemacht?«

Der Junge warf seiner Mutter einen Blick zu. Er war sich nicht bewusst, etwas angestellt zu haben, aber so, wie sie dreinschaute, war es ganz bestimmt der Fall. Er überlegte angestrengt, was es nun schon wieder war.

»Gestern, glaube ich«, sagte er. »Auf dem Grundstück da hinten am Hügel. Ist was nicht in Ordnung?«

Seine Mutter und der Unbekannte schauten sich an.

»Kannst du mir genau zeigen, wo du das gefunden hast?«, fragte sie.

»Och Mensch, und was ist dann mit der Party«, maulte er.

»Los!«, sagte seine Mutter. »Zeig uns, wo du das gefunden hast!«

Sie schnappte sich das kleine Mädchen vom Fußboden und schob den Jungen in Richtung Verandatür. Der junge Mann folgte ihnen auf dem Fuße. Die Rasselbande verstummte, als das Geburtstagskind quasi abgeführt wurde, und die Jungs schauten zu, wie Tótis Mama mit dem kleinen Schwesterchen auf dem Arm ihn mit strenger Miene aus dem Haus bugsierte. Sie schauten einander an und marschierten in gebührendem Abstand hinterher.

Das hatte sich in dem neuen Viertel oberhalb der Straße zum Reynisvatn-See ereignet. Diese neue Wohngegend lief unter dem Namen Millenniumsviertel. Es entstand an einem Höhenrücken, auf dem ganz oben die Speichertanks der städtischen Heißwasserversorgung thronten, braun gestrichene Ungetüme, die die neue Siedlung wie eine Zwingburg überragten. Straßen waren überall am Hang angelegt worden, ein Haus nach dem anderen schoss empor, einige hatten sogar schon den Garten rings um ihr Haus in Angriff genommen, hatten Rollrasen ausgelegt und kleine Bäume gepflanzt, von denen man sich erhoffte, dass sie gedeihen und ihren Besitzern irgendwann einmal Windschutz bieten würden.

Im Laufschritt folgten die kleinen Gäste dem Geburtstagskind in östlicher Richtung, die oberste Straße direkt unterhalb der Tanks entlang. Dort waren Reihenhäuser, und etwas weiter weg in nördlicher und östlicher Richtung schlossen sich alte, verstreut liegende Sommerhäuser an. Wie in allen Neubauvierteln dieser Art fanden die Kinder es herrlich, auf den Baustellen in halb fertigen Häusern zu spielen, Gerüste hochzuklettern, zwischen nackten Wänden Versteck zu spielen oder in neu ausgehobene Baugruben hinunterzurutschen, um in dem Wasser, was sich dort ansammelte, herumzuplanschen.

Zu einer solchen Ausschachtung führte das Geburtstagskind seine Mutter samt Unbekanntem und der ganzen Gästeschar. Tóti deutete auf die Stelle, wo er den komischen weißen Stein gefunden hatte, der so ungewöhnlich leicht und glatt gewesen war, dass er ihn behalten wollte und ihn deshalb in die Tasche gesteckt hatte. Er konnte sich ganz genau erinnern, wo er ihn gefunden hatte, sprang vor ihnen in die Grube hinunter und ging schnurstracks dorthin, wo er den Stein gefunden hatte. Seine Mutter verbot den anderen Jungen, näher zu kommen, und mit Hilfe des jungen Mannes schaffte sie ebenfalls den Abstieg in die Baugrube. Dort nahm Tóti ihr den Knochen ab und legte ihn auf die Erde.

»So hat er dagelegen«, sagte er. Der Knochen war immer noch ein schöner Stein für ihn.

Es war Freitag, am späten Nachmittag, und deswegen arbeitete niemand mehr auf der Baustelle. Die Verschalungen für zwei Seiten des Fundaments standen bereits, aber dort, wo sich noch keine Wände befanden, waren deutlich die verschiedenen Schichten im Boden zu erkennen. Der junge Mann ging näher an diese Erdwand heran und betrachtete sie eingehend oberhalb der Stelle, wo der Junge den Knochen gefunden hatte. Er kratzte ein wenig mit den Fingern herum und legte etwas frei, das ihm wie ein Oberarmknochen vorkam.

Die Mutter sah, wie der junge Mann die Erdwand anstarrte. Als sie seinen Blicken folgte, sah sie ebenfalls den Knochen. Als sie näher hinzutrat, glaubte sie sogar, einen Kieferknochen und ein, zwei Zähne zu sehen.

Sie schreckte hoch, blickte erst auf den jungen Mann und dann auf ihre Tochter, und unwillkürlich begann sie, ihr den Mund abzuwischen.

Sie begriff es eigentlich erst, als sie den Schmerz an der Schläfe verspürte. Er schlug ihr ohne jegliche Vorwarnung mit der geballten Faust ins Gesicht, so blitzschnell, dass sie überhaupt nicht sah, was passierte. Oder vielleicht wollte sie nicht wahrhaben, dass er sie geschlagen hatte. Das war der erste Schlag, und sie sollte in den folgenden Jahren noch viel darüber nachdenken müssen, ob ihr Leben ein anderes geworden wäre, wenn sie damals sofort die Flucht ergriffen hätte.

Falls er es zugelassen hätte.

Ihr war überhaupt nicht klar, weswegen er auf einmal zugeschlagen hatte, und sie schaute ihn fassungslos an.

»Hast du mich geschlagen?«, fragte sie und fasste sich mit der Hand an die Schläfe.

»Glaubst du, ich habe nicht gesehen, wie du ihn angeschaut hast?«, schnaubte er.

»Ihn? Wen mei...? Meinst du etwa Snorri? Wie ich Snorri angeschaut habe?«

»Glaubst du, ich habe nicht gesehen, wie geil du warst?«

Diese Seite von ihm hatte sie nie zuvor kennen gelernt. Hatte bisher noch nie dieses Wort aus seinem Mund gehört. Geil. Worüber redete er eigentlich? Sie hatte an der Kellertür einen Moment lang ein paar Worte mit Snorri gewechselt, um sich bei ihm zu bedanken, dass er ihr etwas gebracht hatte, was sie in ihrer letzten Stellung als Dienstmädchen vergessen hatte. Sie wollte ihn nicht in die Wohnung bitten, weil ihr Mann den ganzen Tag schon ziemlich abweisend gewesen war und erklärt hatte, dass er keine Lust hätte, diesen Snorri zu treffen. Snorri hatte ihr irgendetwas Witziges über den Kaufmann erzählt, einen der wohlhabendsten Handelsherren der Stadt, bei dem sie angestellt gewesen war, und sie hatten gelacht und sich dann verabschiedet.

»Das war doch nur Snorri. Jetzt hab dich doch nicht so. Warum bist du den ganzen Tag so scheußlicher Laune gewesen?«

»Zweifelst du etwa an dem, was ich sage?«, fuhr er sie an und kam auf sie zu. »Ich habe dich vom Fenster aus beobachtet. Hab gesehen, wie du um ihn herumscharwenzelt bist. Wie eine Hure!«

Er schlug ihr wieder mit der geballten Faust ins Gesicht, und sie wurde an den Geschirrschrank in der Küche geschleudert. Alles ging so schnell, dass sie keine Zeit fand, sich die Hände schützend vors Gesicht zu halten.

»Untersteh dich, mir was vorzulügen!«, brüllte er. »Ich hab gesehen, wie du ihm schöne Augen gemacht hast. Ich habe gesehen, wie du mit ihm geschäkert hast. Hab's mit eigenen Augen gesehen! Flittchen!«

Noch ein Wort, das er zum ersten Mal verwendete.

»Gott im Himmel«, stöhnte sie. Die Oberlippe war geplatzt, Blut strömte ihr in den Mund, und der Geschmack von Blut vermischte sich mit dem salzigen Geschmack der Tränen, die ihr über das Gesicht liefen. »Warum tust du das? Was hab ich dir getan?«

Er beugte sich über sie, und er schien drauf und dran, weiter auf sie einzuschlagen. Sein Gesicht war vor Zorn entstellt. Er stampfte mit dem Fuß auf, drehte sich um und rannte mit zusammengebissenen Zähnen aus der Wohnung. Sie blieb zurück und konnte nicht fassen, was vorgefallen war.

Später musste sie oft an diese Stunde zurückdenken, und daran, ob es irgendetwas geändert hätte, wenn sie gleich auf die Misshandlungen reagiert hätte, versucht hätte, ihn zu verlassen. Davonzulaufen, um nie wiederzukehren. Stattdessen unternahm sie nichts, außer sich selbst Vorwürfe zu machen. Irgendetwas musste sie wohl getan haben, wenn er so reagierte. Etwas, was ihr selber vielleicht nicht klar war, was er aber sah. Und dass sie darüber mit ihm sprechen könnte, wenn er zurückkäme, versprechen könnte, sich zu bessern, und dass dann wieder alles wie früher wäre.

Sie hatte ihn nie zuvor so erlebt, nie hatte er sich ihr oder anderen gegenüber so benommen. Er war ein ruhiger Mensch, der zu Ernsthaftigkeit neigte. Das wusste sie an seinem Benehmen sehr zu schätzen, als sie sich kennen lernten. Manchmal war er missmutig oder verdrossen. Er hatte sich beim Bruder des Kaufmanns, bei dem sie angestellt war, als Knecht verdingt, und er brachte hin und wieder Sachen vom Bauernhof vorbei. So hatten sie sich vor fast anderthalb Jahren kennen gelernt. Sie waren etwa gleichaltrig, und er sprach darüber, mit der Landarbeit aufzuhören und vielleicht zur See zu fahren. Damit könnte man Geld machen. Er wollte sich ein eigenes Haus kaufen können. Sein eigener Herr sein. Für andere schuften, das machte einen kaputt, war altmodisch und brachte kein Geld.

Sie erzählte ihm, dass sie sich in ihrer Stellung beim Kaufmann nicht wohl fühlte. Der Kaufmann war nicht nur über die Maßen geizig, sondern machte sich auch dauernd an die drei Dienstmädchen heran, und seine Frau, die die Mädchen regelrecht schikanierte, war ein fürchterlicher Drachen. Sie hatte eigentlich keine Pläne, was sie machen wollte. Hatte nie so recht über die Zukunft nachgedacht. Hatte von Kindesbeinen an nichts als harte Arbeit gekannt. Das Leben war nichts anderes in ihren Augen.

Immer öfter ließ er sich auf irgendwelchen Botengängen beim Kaufmann blicken und besuchte sie häufig in der Küche. Eins führte zum anderen, und bald erzählte sie ihm von dem Kind, das sie hatte. Er wusste aber schon, dass sie ein Kind hatte. Er hatte Auskünfte über sie eingeholt. Damals stellte sich zum ersten Mal heraus, dass er Interesse hatte, sie näher kennen zu lernen. Sie erzählte ihm, dass das Mädchen bald drei Jahre alt sei, und dann eilte sie in den Garten hinter dem Haus, um ihre Tochter zu holen, die mit den Kindern des Kaufmanns spielte.

Als sie mit ihr in die Küche zurückkam, fragte er sie danach, mit wie vielen Männern sie sich herumgetrieben hätte. Dabei lächelte er aber so, als wäre es einfach nur ein nett gemeinter Witz. Später aber warf er ihr liederlichen Lebenswandel vor und war immer erbarmungslos darauf aus, sie zu erniedrigen. Ihre Tochter nannte er nie beim Namen, gebrauchte nur Schimpfwörter und bezeichnete sie als Hurenbalg oder Kretin.

Sie hatte sich nie mit Männern herumgetrieben. Sie hatte ihm vom Vater ihres Kindes erzählt, der auf einem kleinen Fischkutter arbeitete und auf See umgekommen war. Er war nur zweiundzwanzig Jahre alt gewesen, als sie zum Fischen ausfuhren, in Seenot gerieten und zu viert mit dem Boot untergingen. Zur gleichen Zeit stellte sich heraus, dass sie schwanger war. Sie waren nicht verheiratet gewesen, sodass sie sich kaum als Witwe bezeichnen konnte. Sie hatten vorgehabt zu heiraten, aber dann war er umgekommen und hatte sie mit einem unehelichen Kind zurückgelassen.

Er saß in der Küche und hörte ihr zu, und sie bemerkte, dass ihr kleines Mädchen sich nicht in seine Nähe wagte. Normalerweise fremdelte sie nie, aber jetzt klammerte sie sich fest an den Rocksaum der Mutter und traute sich nicht, ihn loszulassen, als er sie zu sich locken wollte. Er nahm ein Stückchen Kandis aus der Jackentasche und reichte es ihr, aber sie vergrub ihr Gesicht in den Rockfalten, fing an zu weinen und wollte wieder hinaus zu den Kindern. Obwohl sie Kandis liebte.

Zwei Monate später machte er ihr einen Heiratsantrag. Von Romantik wie in Büchern, die sie gelesen hatte, konnte keine Rede sein. Sie hatten sich ein paarmal abends und an Wochenenden getroffen, waren durch die Stadt spaziert oder hatten sich im Kino einen Chaplin-Film angesehen. Sie konnte herzlich über den kleinen Vagabunden lachen, aber wenn sie zu ihm hinüberschaute, lächelte er nicht einmal. Eines Abends, als sie aus dem Kino kamen und sie mit ihm an der Haltestelle wartete, fragte er sie, ob sie nicht heiraten sollten. Er zog sie an sich.

»Ich will, dass wir heiraten«, sagte er.

Sie war so überrascht, trotz allem, dass sie sich erst sehr viel später daran erinnerte, und eigentlich erst, als alles schon über die Bühne gegangen war und ihr auf einmal klar wurde, dass das gar kein richtiger Heiratsantrag gewesen war. Und es war überhaupt nicht darum gegangen, was sie wollte.

Ich will, dass wir heiraten.

Sie hatte sich schon Gedanken darüber gemacht, ob er um ihre Hand anhalten würde. Ihre Verbindung hatte eigentlich das Stadium erreicht, und dem kleinen Mädchen fehlte ein Zuhause. Und selbst wollte sie sich auch gern um ein eigenes Heim kümmern. Kinder bekommen. Nur wenige Männer hatten ihr in der letzten Zeit Aufmerksamkeit geschenkt. Möglicherweise wegen des Mädchens. Sie war vielleicht auch keine sonderlich attraktive Frau, ziemlich klein und etwas mollig, das Gesicht hatte etwas grobe Züge, und die Zähne standen vor. Aber ihre kleinen geschickten Hände rasteten nie. Vielleicht würde sie nie einen besseren Antrag bekommen.

»Was sagst du dazu?«, fragte er.

Sie nickte. Er küsste sie, und sie umarmten sich. Kurze Zeit später wurde Hochzeit in der Kirche von Mosfell gehalten. Die Hochzeitsgesellschaft war klein, sie bestand nur aus ihnen beiden, seinen Freunden vom Land und zwei ihrer Freundinnen aus Reykjavík. Der Pfarrer lud sie nach der Zeremonie zum Kaffee ein. Sie hatte sich nach seiner Familie erkundigt, aber er hatte sich dazu kaum äußern wollen. Hatte erklärt, dass er keine Geschwister besäße, sein Vater sei gestorben, als er noch ein Säugling war, und seine Mutter hätte ihn nicht bei sich behalten können; hatte ihn in Pflege gegeben. Er war auf verschiedenen Bauernhöfen gewesen und hatte sich schließlich beim Bruder des Kaufmanns verdingt. Er schien kein Interesse daran zu haben, sie nach ihrer Familie auszufragen. Schien kaum Interesse an der Vergangenheit zu haben. Sie erklärte ihm aber, dass ihre Verhältnisse ganz ähnlich waren; sie wüsste nicht, wer ihre Eltern waren. Auch sie war als Pflegekind von einer Familie zur anderen weitergereicht worden, bis sie schließlich in der Stellung bei dem Kaufmann gelandet war. Er nickte verständnisvoll.

»Jetzt beginnen wir ganz von vorne«, sagte er. »Vergessen die Vergangenheit«, sagte er.

Sie mieteten eine kleine Kellerwohnung an der Lindargata, die praktisch nur aus einem Zimmer und einer Küche bestand. Das Plumpsklo war hinter dem Haus. Sie kündigte beim Kaufmann. Er sagte, sie bräuchte jetzt nicht länger für ihren Lebensunterhalt zu arbeiten. Er würde für sie sorgen. Er bekam für den Anfang Arbeit am Hafen, aber er wartete auf die nächste Gelegenheit, um auf einem Boot anzuheuern. Träumte davon, zur See zu fahren.

Sie stand am Küchentisch und legte die Hände über den Bauch. Sie hatte ihm noch nichts davon gesagt, dass sie schwanger war, aber sie war sich ziemlich sicher. Und eigentlich war ja auch nichts anderes zu erwarten gewesen. Sie hatten über Kinder geredet, aber sie wusste trotzdem nicht genau, wie er dazu stand, so verschlossen wie er war. Sie hatte schon einen Namen für das Kind, wenn es ein Junge würde. Sie wollte einen Jungen bekommen. Er sollte Símon heißen.

Sie hatte von brutalen Männern gehört, die Hand an ihre Frauen legten. Hatte von Frauen gehört, die damit leben mussten, dass der Ehemann gewalttätig war. Geschichten gehört. Sie glaubte nicht, dass er zu denen gehörte. Glaubte nicht, dass sie zu denen gehörte. Glaubte nicht, dass er zu so etwas im Stande sei. Dies hier musste etwas Außergewöhnliches sein, eine Ausnahme, sagte sie zu sich selbst. Er hat geglaubt, dass ich mit Snorri geflirtet habe, dachte sie. Ich muss aufpassen, dass sich das nicht wiederholt.

Sie strich sich über das Gesicht und zog die Nase hoch. In was für eine Wut er sich hineingesteigert hatte. Er war davongestürzt, aber er würde bestimmt bald zurückkommen und sie um Verzeihung bitten. So konnte er sich ihr gegenüber nicht verhalten. Konnte er einfach nicht. Durfte er nicht. Sie ging verstört ins Schlafzimmer, um sich um ihre

Tochter zu kümmern. Das Mädchen, das Mikkelína hieß, war morgens mit Fieber aufgewacht, hatte fast den ganzen Tag geschlafen und schlief immer noch. Sie nahm das Mädchen in die Arme und spürte, wie heiß es war. Sie zog die Kleine auf den Schoß und fing an, ihr Kinderreime vorzusagen, immer noch schockiert und ganz durcheinander nach der brutalen Attacke.

> Das ist der Daumen,
> der schüttelt die Pflaumen,
> der ist in den Brunnen gefallen,
> der hat ihn wieder rausgeholt,
> der hat ihn ins Bett gelegt,
> der hat ihn zugedeckt,
> und der kleine Schelm da,
> der hat ihn wieder aufgeweckt.

Das Kind atmete schnell. Der kleine Brustkasten hob und senkte sich, und durch die Nase ertönte beim Atmen ein zischendes Pfeifen. Das Gesicht glühte. Sie versuchte, Mikkelína zu wecken, aber sie wollte nicht aufwachen.

Sie jammerte laut.

Das Mädchen war schwer krank.

2

Elínborg nahm die Benachrichtigung über den Knochenfund im Millenniumsviertel entgegen. Die anderen waren schon nach Hause gegangen, und sie war eigentlich auch im Begriff, das Büro zu verlassen, als das Telefon klingelte. Sie zögerte einen Augenblick, schaute auf die Uhr und dann wieder auf das Telefon. Sie hatte Gäste zum Abendessen eingeladen und den ganzen Tag appetitliches Hühnchenfleisch in reichlich Tandoori-Sauce vor sich gesehen. Sie seufzte und nahm den Hörer ab.

Elínborg war unbestimmbaren Alters, irgendwo zwischen vierzig und fünfzig, sie war gut gepolstert, ohne dick zu sein, und sie hatte eine Schwäche für gutes Essen. Sie war geschieden und hatte vier Kinder, darunter ein Adoptivkind, das aber nicht mehr zu Hause wohnte. Sie hatte wieder geheiratet, einen Automechaniker, der sie schon allein wegen ihrer Kochkünste sehr liebte. Mit ihm und den anderen drei Kindern wohnte sie in einem Reihenhaus im Grafarvogur-Viertel. Sie hatte früher einmal Geologie studiert und sogar einen Abschluss gemacht, hatte aber dann nie auf diesem Gebiet begonnen. Bei der Polizei hatte sie als Sommeraushilfe gearbeitet und war dann dort hängen geblieben. Sie war eine der wenigen weiblichen Angehörigen der Kriminalpolizei.

Sigurður Óli und Bergþóra zogen eine heiße Nummer durch, als sein Beeper losging. Der wiederum befand sich am Gürtel seiner Hose, die in der Küche auf dem Fußboden lag. Von dort hörte man das unerträgliche Piepen. Um das Ding zum Schweigen zu bringen, musste er aus dem Bett. Er war früh von der Arbeit nach Hause gekommen. Bergþóra war aber schon vor ihm da gewesen und hatte ihn mit einem leidenschaftlichen Kuss in Empfang genommen. Dann ergab eins das andere, seine Hose war bereits in der Küche auf der Strecke geblieben, er hatte gerade noch das Telefon aus der Steckdose reißen und das Handy abstellen können. Den Beeper hatte er aber vergessen.

Sigurður Óli stöhnte auf und schaute zu Bergþóra hoch, die rittlings auf ihm saß. Er schwitzte und war krebsrot im Gesicht. Er sah ihr an, dass sie nicht bereit war, ihn sofort freizugeben. Kniff die Augen zu, legte sich auf ihn und arbeitete ruhig und taktsicher mit den Hüften, bis sie den Orgasmus voll ausgekostet hatte und ihr ganzer Körper sich entspannte.

Sigurður Óli selbst musste auf bessere Zeiten warten. In seinem Leben hatte der Beeper Vorrang.

Er kroch unter Bergþóra hervor, die wie erschlagen in die Kissen zurücksank.

Erlendur saß im Skúlakaffi und aß Pökelfleisch. Er ging hin und wieder zum Essen dorthin, weil es das einzige Lokal in ganz Reykjavík war, wo man deftiges isländisches Essen bekommen konnte, Essen, wie Erlendur es selber zubereiten würde, wenn er sich dazu aufraffen könnte, für sich selber zu kochen. Auch die Inneneinrichtung passte ihm hervorragend, alles mit braunem schäbigen Kunststoff verkleidet, alte Stahlstühle, bei denen teilweise das Schaumgummi aus aufgeschlitzten Sitzpolstern hervorquoll. Abgewetztes Linoleum auf dem Fußboden, das von LKW-Fahrern, Taxifahrern, Kranführern, Handwerkern und Arbeitern zertrampelt worden war. Erlendur saß allein am Tisch, ein wenig abseits vom Gedränge, und beugte sich über fettes Pökelfleisch, Salzkartoffeln, Erbsen und gelbe Rüben, und das alles in einer leicht süßlichen Mehlschwitze. Es war eigentlich keine Essenszeit, aber Erlendur hatte dem Koch dennoch eine Portion traditionelles Pökelfleisch entlocken können. Er schnitt sich einen großen Happen zurecht, den er zusammen mit Kartoffeln und Rüben auf der Gabel zurechtlegte. Zur Krönung des Ganzen strich er mit dem Messer die Sauce darüber, bevor er es sich genüsslich hineinstopfte.

Erlendur hatte bereits eine weitere Ladung auf der Gabel arrangiert und öffnete gerade erwartungsvoll den Mund, als sein Handy klingelte, das neben dem Teller auf dem Tisch lag. Die Hand, die die Köstlichkeiten zum Mund führte, erstarrte auf halbem Weg. Erlendur blickte vom Handy auf die voll geladene Gabel und dann wieder aufs Handy, und die Enttäuschung stand ihm ins Gesicht geschrieben, als die Gabel wieder zurück auf den Teller wanderte.

»Warum wird man nie in Ruhe gelassen?«, knurrte er, noch bevor Sigurður Óli ein Wort hervorbringen konnte.

»Knochenfund im Millenniumsviertel«, sagte Sigurður Óli. »Elínborg und ich sind schon auf dem Weg dorthin.«

»Was für Knochen?«

»Keine Ahnung. Elínborg rief von unterwegs an. Die Spurensicherung ist bereits verständigt worden.«

»Ich bin gerade beim Essen«, sagte Erlendur ohne Hast.

Es hätte nicht viel gefehlt, und Sigurður Óli hätte ihm seine eigenen Aktivitäten auf die Nase gebunden, als er die Nachricht erhielt, aber er konnte sich gerade noch bremsen.

»Wir sehen uns da draußen«, sagte er. »Es ist auf dem Weg zu diesem kleinen See, Reynisvatn oder wie der heißt, an der Nordseite der Heißwassertanks. Nicht weit von der Hauptstraße.«

»Was bedeutet Millennium?«, fragte Erlendur.

»Was?«, fragte Sigurður Óli, immer noch ärgerlich, weil er und Bergþóra gestört worden waren.

»Sind das nicht tausend Jahre? Ich meine ein Jahrtausend? Was soll denn dieses Wort? Millennium. Immer diese dämlichen Fremdwörter. Millennium. Was soll denn das?«

»Herrgott nochmal«, ächzte Sigurður Óli und stellte das Handy ab.

Eine Dreiviertelstunde später steuerte Erlendur seinen klapprigen, zwölf Jahre alten japanischen Kleinwagen in die Straße im Millenniumsviertel und hielt vor der Baustelle beim Grafarholt-Hügel. Die Polizei war bereits eingetroffen und hatte das Areal mit einem gelben Band abgesperrt, unter dem Erlendur durchkroch. Elínborg und Sigurður Óli waren in die Ausschachtung hinuntergestiegen und standen vor der Erdwand. Der junge Medizinstudent, der den Knochenfund gemeldet hatte, war bei ihnen. Die Mutter mit der Geburtstagsparty hatte die Jungs zusammengetrommelt und sie wieder ins Haus gescheucht. Der Amtsarzt von Reykjavík, ein korpulenter Mann um die fünfzig, kraxelte eine der drei Leitern hinunter, die aufgestellt worden waren. Erlendur folgte ihm.

Der Knochenfund schien ein gefundenes Fressen für die Medien zu sein. Journalisten und Reporter hatten sich auf dem Gelände eingefunden, und auch die Nachbarn standen ringsherum. Es waren schon einige in ihre Häuser eingezogen, und andere, die an ihren Rohbauten herumwerkelten, standen mit Hammer und Brecheisen in der Hand da und wunderten sich über den Aufstand. Es war Ende April, und das Wetter war relativ mild, und ein Hauch von Frühling lag in der Luft.

Die Spezialisten von der Spurensicherung waren gerade dabei, die Erde vorsichtig aus der Wand zu kratzen. Sie wurde mittels kleiner Schaufeln in Plastiktüten befördert. Deswegen war der obere Teil des Skeletts schon einigermaßen deutlich zu erkennen. Man konnte einen Arm sehen, einen Teil des Brustkastens und den unteren Teil eines Kiefers.

»Ist das der Millenniumsmann?«, fragte Erlendur und ging zu der Wand.

Elínborg blickte Sigurður Óli fragend an. Der stand hinter Erlendur, tippte sich mit dem Finger an die Schläfe und machte eine Kreisbewegung.

»Ich hab beim Nationalmuseum angerufen«, sagte Sigurður Óli und kratzte sich rasch am Kopf, als Erlendur sich unvermittelt zu ihm umdrehte. »Ein Archäologe ist auf dem Weg hierher. Der kann uns vielleicht sagen, was das ist.«

»Brauchen wir dann nicht auch einen Geologen?«, fragte Elínborg. »Um etwas über den Boden zu erfahren. Was sich daraus über die Knochen ablesen lässt. Beispielsweise aus dem Alter der Erdschichten.«

»Eigentlich müsstest du uns da doch weiterhelfen können?«, fragte Sigurður Óli. »Hast du das nicht studiert?«

»Hab ich alles vergessen«, sagte Elínborg. »Ich weiß bloß, dass das Braune da Erde ist.«

»Der liegt keine sechs Fuß tief, wie vorgeschrieben«, sagte Erlendur. »Höchstens ein bis anderthalb Meter. Ist wahrscheinlich ziemlich hastig verscharrt worden. Und es hat mir fast den Anschein, als ob das hier noch irgendwelche Hautreste sind. Lange hat der hier nicht gelegen. Das ist keiner von den Wikingern, die Island besiedelt haben. Kein Ingólfur.«

»Ingólfur?«, fragte Sigurður Óli.

»Ingólfur Arnarson, der erste Siedler«, erklärte Elínborg.

»Wieso *der*?«, fragte der Amtsarzt.

»Ich hab doch gerade gesagt, dass er das nicht ist«, sagte Erlendur.

»Ich meine«, sagte der Arzt, »dass das genauso gut eine die sein kann. Warum bist du der Meinung, dass es unbedingt ein Mann sein muss?«

»Meinetwegen auch eine Frau«, erwiderte Erlendur. »Mir ist es egal.« Er zuckte die Achseln. »Kannst du mir was über dieses Gerippe sagen?«

»Ich seh zu wenig davon«, sagte der Arzt. »Am besten sagt man so wenig wie möglich, bevor man es nicht ganz aus der Wand rausgeholt hat.«

»Mann oder Frau? Alter?«

»Unmöglich zu sagen.«

Ein großer, vollbärtiger Mann in einem isländischen Wollpullover, aus dessen großem Mund wie bei einem Säbelzahntiger zwei gelbe Eckzähne durch das graumelierte Bartgewirr drangen, kam hinzu und erklärte, dass er Archäologe sei. Er schaute sich die Methoden der Spurensicherung an und verlangte umgehend, dass sie mit diesen Mätzchen aufhören sollten. Sie trugen weiße Overalls und Gummihandschuhe, und sie hatten Schutzbrillen aufgesetzt. Erlendur konnte sie sich genauso gut als Angestellte in einem Atomkraftwerk vorstellen. Sie schauten ihn an und warteten auf Anweisungen.

»Wir müssen uns von oben herunterbuddeln«, sagte das Säbelzähnchen und war immer noch schockiert über die Vorgehensweise der Spurensicherungsbeamten. »Habt ihr etwa vor, ihn mit diesen primitiven Schaufeln auszugraben? Wer hat hier eigentlich das Sagen?«

Erlendur gab sich zu erkennen.

»Das hier ist zwar kein Fund von archäologischer Bedeutung«, erklärte Säbelzähnchen ihm und gab ihm die Hand. »Skarphéðinn ist mein Name, grüß dich, aber es ist besser, das Ganze mit archäologischen Methoden anzugehen, verstehst du?«

»Ich hab keine Ahnung, wovon du redest«, sagte Erlendur.

»Diese Knochen haben keine unendlich lange Zeit im Boden gelegen. Weniger als sechzig oder siebzig Jahre, würde ich sagen. Vielleicht sogar noch weniger. Da sind ja noch Kleider dran.«

»Kleider?«

»Ja, hier«, sagte Skarphéðinn und deutete mit seinem wulstigen Finger auf eine undefinierbare Verfärbung in der Erde. »Und wahrscheinlich noch an anderen Stellen.«

»Ich hatte gedacht, das seien Hautreste«, sagte Erlendur etwas betreten.

»Es wäre am vernünftigsten, wenn ihr uns das mit unseren Methoden ausgraben lassen würdet, damit kein Beweismaterial verloren geht. Eure Leute von der Spurensicherung können uns dabei helfen. Wir müssen das Gelände obendrüber absperren und uns zu dem Skelett runtergraben, auf keinen Fall darf von hier aus weitergebuddelt werden. Bei uns dreht sich alles darum, dass kein Beweismaterial oder irgendwelche Indizien verloren gehen. Allein die Tatsache, wie die Knochen liegen, kann uns Diverses sagen. Und was wir ringsherum finden, kann ebenfalls Hinweise geben.«

»Und was ist wohl deiner Meinung nach hier passiert?«, fragte Erlendur.

»Ich weiß es nicht«, sagte Skarphéðinn. »Viel zu früh, um darüber zu spekulieren. Wir müssen hier eine Ausgrabung vornehmen, und dabei kommt hoffentlich etwas zum Vorschein, was Licht in die Sache bringt.«

»Könnte das jemand sein, der allein auf weiter Flur umgekommen ist? Beispielsweise erfroren ist und dann langsam aber sicher in die Erde versunken ist?«

»Niemand sinkt in so kurzer Zeit so tief runter«, sagte Skarphéðinn.

»Dann ist es also ein Grab.«

»Sieht so aus«, sagte Skarphéðinn mit Nachdruck. »Sieht ganz danach aus. Aber was ist jetzt? Sollen wir dann damit anfangen, das Ganze von oben nach unten aufzugraben?«

Erlendur nickte zustimmend.

Skarphéðinn ging mit großen Schritten zur Leiter und kletterte aus der Baugrube. Erlendur war ihm dicht auf den Fersen. Sie standen jetzt genau über dem Skelett, und der Archäologe erklärte, wie die Ausgrabung am besten durchzuführen sei. Er machte einen guten Eindruck auf Erlendur, und das, was er sagte, hörte sich vernünftig an. Skarphéðinn griff nach seinem Handy und rief seine Mannschaft auf den Plan. Er hatte mit den wichtigsten Ausgrabungen der letzten Jahrzehnte zu tun gehabt und wusste, was er tat. Erlendur vertraute ihm voll und ganz.

Der Leiter der Spurensicherung war anderer Ansicht. Er rastete aus, als er erfuhr, dass hier Archäologen hinzugezogen werden sollten, die keinen blassen Schimmer von einem Ermittlungsverfahren hätten. Man würde viel Zeit sparen, wenn man das Skelett aus der Böschung herauskratzen würde. Dabei gäbe es ausreichend Gelegenheit, die Position festzustellen und andere Indizien über die Gewalttat, falls es welche gäbe. Erlendur hörte sich die Litanei eine Weile an, traf aber trotzdem die Entscheidung, dass Skarphéðinn mit seiner Mannschaft sich von oben zu dem Skelett hinuntergraben sollte, auch wenn es wesentlich mehr Zeit in Anspruch nehmen würde.

»Die Knochen haben hier ein halbes Jahrhundert gelegen, ein paar Tage mehr oder weniger spielen überhaupt keine Rolle«, erklärte er, und damit war die Sache erledigt.

Erlendur ließ seine Blicke über das neue Viertel schweifen, das im Entstehen war. Er schaute zu den rostigbraunen Heißwassertanks hoch und in Richtung Reynisvatn. Dann fielen seine Blicke auf das unbebaute Grasland jenseits der Neubauten.

Vier Büsche erweckten seine Aufmerksamkeit, die in etwa dreißig Meter Entfernung die andere Vegetation überragten. Als er sich diesen Büschen näherte, glaubte er zu sehen, dass es sich um Johannisbeersträucher handelte. Sie standen in gerader Linie dicht nebeneinander. Er strich über die knorrigen, kahlen Äste und überlegte, wer sie dort in diesem Niemandsland eingepflanzt hatte.

3

Die in Fleecejacken und Isolierhosen vermummten Archäologen trafen mit ihren Löffeln und Schaufeln ein. Vom Rand der Baugrube aus zäunten sie ein ziemlich großes Areal oberhalb der Stelle ein, wo das Skelett lag, und um die Abendessenszeit hatten sie angefangen, vorsichtig die Vegetationsdecke zu entfernen. Es war immer noch taghell, denn die Sonne ging erst nach neun unter. Vier Männer und zwei Frauen gingen ruhig und ohne jegliche Hektik vor. Jede Schaufel Erde wurde genauestens untersucht. Irgendwelche Erdbewegungen, die womöglich von demjenigen stammten, der das Grab ausgehoben hatte, waren nicht festzustellen.

Elínborg hatte einen Geologen von der geowissenschaftlichen Fakultät erreicht, der sofort bereit gewesen war, der Polizei behilflich zu sein. Anscheinend hatte er das, womit er sich gerade beschäftigte, einfach stehen und fallen lassen, denn bereits eine halbe Stunde nach dem Gespräch traf er an Ort und Stelle ein. Der schwarzhaarige, schlanke Mann war um die vierzig und hatte eine sonore Stimme. Seinen Doktor hatte er in Paris gemacht. Elínborg begleitete ihn zu der Erdwand. Die Polizei hatte eine Zeltplane aufgespannt, sodass die Fundstelle nicht mehr gesehen werden konnte. Sie führte den Geologen unter das Zelt.

Ein großer Neonscheinwerfer erhellte das Zelt und warf unheimliche Schatten auf die Stelle, wo das Skelett aus der Wand herausragte. Der Geologe ging sehr bedächtig vor. Er untersuchte den Boden, nahm eine Hand voll Erde aus der Wand und zerrieb sie zwischen den Fingern. Er verglich den Boden seitlich des Skeletts mit dem darüber und darunter, und er untersuchte die Dichte des Bodens um die Knochen herum. Selbstgefällig erzählte er, dass er schon früher einmal wegen eines Kriminalfalls zu Rate gezogen worden war, um die chemische Zusammensetzung eines Erdklumpens von einem Tatort zu bestimmen. Und dabei habe er seine Fähigkeiten unter Beweis gestellt. Er begann einen Vortrag darüber zu halten, dass es gelehrte Bücher über Kriminalbiologie und Geowissenschaft gäbe, die Pathologie des Erdbodens sozusagen, falls Elínborg ihn richtig verstand.

Sie hörte sich sein Geschwafel an, bis ihr der Geduldsfaden riss.

»Wie lange hat er in der Erde gelegen?«, fragte sie.

»Schwer zu sagen«, erklärte der Geologe mit seiner sonoren Stimme und plusterte sich wichtigtuerisch auf. »Das muss nicht unbedingt lange her sein.«

»Was heißt ›nicht unbedingt lange‹ geologisch gesprochen?«, fragte Elínborg. »Tausend Jahre? Zehn?«

Der Geologe schaute sie an.

»Schwer zu sagen«, wiederholte er.

»Wie exakt lässt sich das bestimmen?«, fragte Elínborg. »In Jahren gesprochen.«

»Schwer zu sagen.«

»Mit anderen Worten, am schwersten ist es, sich festzulegen.«

Der Geologe schaute Elínborg an und lächelte.

»Entschuldige, ich war in Gedanken. Was willst du wissen?«

»Wie lange?«

»Was?«

»Wie lange hat er hier gelegen?«, seufzte Elínborg.

»Schätzungsweise so zwischen fünfzig und siebzig Jahren. Ich werde das noch genauer untersuchen müssen, aber das ist so mein erster Eindruck. Die Dichte des Bodens ... Auf jeden Fall ist es ausgeschlossen, dass wir hier einen der ersten Siedler Islands haben, ich meine, dass das ein heidnischer Grabhügel ist.«

»Das wissen wir«, sagte Elínborg, »es gibt Stoffreste ...«

»Diese grüne Linie hier«, sagte der Geologe und deutete auf eine grünliche Bodenschicht zuallerunterst, »das ist eine Lehmschicht aus der Eiszeit. Diese Streifen hier, die da in verhältnismäßig regelmäßigen Abständen kommen, das sind Tephraschichten, also Spuren von Vulkanausbrüchen. Die oberste stammt aus dem fünfzehnten Jahrhundert. Das ist die dickste Schicht von vulkanischen Lockerstoffen hier im Großraum Reykjavík, nachdem das Land besiedelt wurde. Dann gibt's hier noch zwei viel ältere Tephraschichten, die von Ausbrüchen von Hekla und Katla herrühren, aber das führt uns ein paar tausend Jahre weiter zurück. Du siehst hier, dass es nicht sonderlich tief bis zum festen Grundgestein ist. Das ist der so genannte Reykjavík-Basalt, der das gesamte Gebiet in und um die Hauptstadt bedeckt.«

Er schaute Elínborg an.

»Gemessen an dieser ganzen Geschichte ist es den millionsten Teil einer Sekunde her, seit dieses Grab ausgehoben wurde.«

Gegen halb zehn beendeten die Archäologen ihre Arbeit, und Skarphéðinn verkündete Erlendur, dass sie morgen Früh wiederkommen würden. Sie hatten nichts Erwähnenswertes gefunden, da sie gerade mal angefangen hatten, die oberste Vegetationsdecke zu entfernen. Erlendur fragte, ob sie die Arbeit etwas beschleunigen könnten, aber Skarphéðinn schaute ihn mitleidig an und fragte, ob er etwa vorhabe, Beweismaterial zu vernichten. Sie einigten sich schließlich darauf, dass es keine besondere Eile hatte, bis zu den Knochen vorzudringen.

Der Scheinwerfer unter der Zeltplane ging aus. Die Reporter und Journalisten waren längst weg. Der Knochenfund war die Hauptmeldung in den Abendnachrichten gewesen. Das Fernsehen brachte Aufnahmen von Erlendur und seinen Leuten unten in der Baugrube, und ein Sender zeigte, wie ein Reporter versuchte, Erlendur ans Mikrofon zu bekommen, der ihn aber abwies und ihm den Rücken zukehrte.

Jetzt lag wieder Ruhe über dem Viertel. Die Hammerschläge waren verstummt, und die Leute, die in den halb fertigen Häusern gearbeitet hatten, waren verschwunden. Man hörte auch keine Kinder mehr schreien. Zwei Polizisten sollten in der Nacht vom Streifenwagen aus das Gelände überwachen. Elínborg und Sigurður Óli waren auf dem Weg nach Hause. Die Leute von der Spurensicherung waren den Archäologen zur Hand gegangen, aber sie waren jetzt auch schon weg. Erlendur hatte noch mit Tótis Mutter und mit Tóti selbst über den Knochen gesprochen, den der Junge gefunden hatte. Der Kleine war ganz aufgeregt wegen all der Aufmerksamkeit, die ihm zuteil wurde. »Also so was«, stöhnte seine Mama. Dass ausgerechnet ihr Sohn das Skelett eines Mannes gefunden hatte, der irgendwo in der Pampa begraben worden war. »Das ist der tollste Geburtstag, den ich je hatte«, sagte Tóti zu Erlendur. »Cool.«

Auch der junge Medizinstudent war mit seinem kleinen Bruder nach Hause gegangen. Erlendur und Sigurður Óli hatten kurz mit ihm darüber gesprochen, wie er den Knochen entdeckt hatte. Er beschrieb ihnen, dass er das kleine Mädchen beobachtet hatte, aber erst nach einer ganzen Weile bemerkt hatte, dass sie auf einem Knochen herumkaute. Als er das Teil näher in Augenschein nahm, hatte sich herausgestellt, dass es eine zerbrochene Rippe war.

»Und wieso hast du gleich gewusst, dass es ein menschlicher Knochen war?«, fragte Erlendur. »Er hätte ja auch beispielsweise von einem Schaf sein können.«

»Ja, wäre nicht ein Schaf viel wahrscheinlicher gewesen?«, fügte Sigurður Óli hinzu, der ein ausgesprochener Stadtmensch war und keinen blassen Schimmer von Vierbeinern hatte.

»Da konnte überhaupt kein Zweifel bestehen«, sagte der Medizinstudent. »Ich habe an Obduktionen teilgenommen, und ich war mir sofort sicher.«

»Hast du eine Vermutung, wie lange die Knochen hier in der Erde gelegen haben?«, fragte Erlendur. Er wusste, dass er noch die Ergebnisse des Geologen bekommen würde, den Elínborg hinzugezogen hatte, sowie die des Archäologen und des Gerichtsmediziners, aber ihm war auch an der Meinung dieses Studenten gelegen.

»Ich hab mir den Boden ein wenig näher angeschaut, und gemessen an dem Verwesungsstadium würde ich sagen, etwa siebzig Jahre. Nicht viel mehr. Aber ich bin da kein Experte.«

»Nein, genau«, sagte Erlendur. »Der Archäologe tippte auf dasselbe, aber er ist auch kein Spezialist.«

Er wandte sich an Sigurður Óli.

»Wir müssen uns jetzt mal an die Vermisstenmeldungen aus dieser Zeit heranmachen, neunzehnhundertdreißig oder -vierzig. Möglicherweise sogar noch früher. Mal sehen, ob wir da was finden.«

Erlendur stand am Rand der Baugrube und wurde von der Abendsonne angestrahlt. Er blickte Richtung Norden, wo die Häuser von Mosfellsbær und die kleine Meeresbucht Kollafjörður sich zu Füßen der Esja ausbreiteten, noch etwas weiter seitlich des Berges waren die Häuser auf Kjalarnes. Von hier oben sah er die Autos auf der Ausfallstraße unterhalb von Úlfarsfell aus der Stadt strömen. Dann hörte er ein Auto, das an die Baustelle heranfuhr, und ihm entstieg ein Mann in Erlendurs Alter, um die fünfzig und kräftig gebaut. Er trug eine kurze blaue Windjacke und eine Baseball-Kappe. Er knallte die Autotür zu und blickte auf Erlendur und den Streifenwagen, dann auf die freigelegten Stellen und die Zeltplane, die das Skelett verhüllte.

»Seid ihr von der Steuerbehörde?«, fragte er schroff, indem er auf Erlendur zuging.

»Von der Steuerbehörde?«, echote Erlendur.

»Ihr sitzt einem doch dauernd im Nacken. Kommt ihr schon wieder mit so einem Vollstreckungswisch?«

»Ist das dein Grundstück?«, fragte Erlendur.

»Wer bist du eigentlich? Was für ein Zelt ist das? Was geht hier eigentlich vor?«

Der Mann hieß Jón, und Erlendur erklärte ihm, was passiert war. Es stellte sich heraus, dass Jón sowohl Bauunternehmer als auch Besitzer dieses Grundstücks war, aber kurz vor dem Bankrott stand und eine ziemliche Aversion gegen gewisse Behörden hatte. Die Arbeit am Bau hatte eine ganze Weile geruht, aber er erklärte, er käme ziemlich regelmäßig zur Baustelle, um nach dem Rechten zu sehen. Denn da wären die verdammten Blagen, die hier in diesen Neubauvierteln herumstreunten und alles Mögliche anrichten könnten. Nachrichten über den Skelettfund hatte er weder gehört noch gesehen, und er blickte ungläubig in die Grube hinunter, während Erlendur ihm erklärte, welche Maßnahmen seitens der Kriminalpolizei und der Archäologen in Angriff genommen werden müssten.

»Ich habe nicht das Geringste bemerkt, und die Bauarbeiter bestimmt auch nicht. Ist das womöglich eine historische Grabstätte?«, fragte Jón.

»Das wissen wir noch nicht«, sagte Erlendur und war nicht willens, weitere Auskünfte zu geben. »Weißt du irgendwas über das Gebiet, das sich hier in östlicher Richtung anschließt?«, fragte er dann und deutete in Richtung der Johannisbeersträucher.

»Das ist gutes Bauland, mehr weiß ich nicht«, sagte Jón. »Ich hätte eigentlich nie gedacht, dass ich es erleben würde, dass sich Reykjavík bis hierher ausbreitet.«

»Hier grassiert so eine Bauwut, dass es schon an Größenwahnsinn grenzt«, sagte Erlendur. »Weißt du zufällig, ob Johannisbeersträucher wild in Island wachsen?«

»Johannisbeersträucher? Keine Ahnung. Hab ich noch nie gehört.«

Sie redeten noch eine Weile miteinander, bevor Jón sich verabschiedete und wieder losfuhr. Erlendur hatte ihn so verstanden, dass er möglicherweise das Grundstück an seine Gläubiger verlieren würde, falls es ihm nicht gelingen würde, irgendwo noch ein Darlehen aufzutun.

Erlendur wollte endlich selbst nach Hause. Am westlichen Himmel zauberte die Abendsonne einen schönen rötlichen Schimmer, der sich vom Meer her bis aufs Land erstreckte. Es war kühl geworden.

Er kam jetzt zu der Stelle, wo ausgegraben wurde, und starrte auf das dunkle Erdreich. Mit dem einen Fuß scharrte er an ein paar Stellen herum und fragte sich selbst, wieso er eigentlich noch hier herumhing. Aber so war es halt, wenn einen zu Hause nichts und niemand erwartete, dachte er bei sich, und trat so fest zu, dass die Erde hochflog. Keine Familie, keine Ehefrau, die ihm erzählen würde, wie ihr Tag verlaufen war. Keine Kinder, die ihm berichten würden, wie es ihnen in der Schule ergangen war. Nur ein klappriger alter Fernseher, ein Ohrensessel, ein abgenutzter Teppich, Schachteln und Verpackungen von Take-away-Essen und Fertiggerichten und Wände voller Bücher, die er in seinem Einsiedlerdasein las. Viele handelten von Menschen, die urplötzlich verschwanden, oder von mörderischen Strapazen und Katastrophen in Islands Einöden.

Plötzlich trat er gegen etwas. Es fühlte sich so an, als ob ein kleiner spitzer Stein aus dem Boden herausragte. Er trat mit der Fußspitze ein paarmal vorsichtig dagegen, aber da bewegte sich nichts. Er bückte sich und kratzte vorsichtig mit den Händen die Erde weg. Skarphéðinn hatte ihm eingeschärft, dass in Abwesenheit der Archäologen nichts angerührt werden dürfe. Erlendur versuchte halbherzig, den Stein zu bewegen, aber es gelang ihm nicht, ihn aus dem Boden zu bekommen.

Deswegen grub er tiefer und hatte sich die Hände ganz schön mit Erde beschmiert, als er auf einen weiteren spitzen Stein stieß, und dann noch auf einen dritten, einen vierten und einen fünften. Erlendur kniete nieder und kratzte so heftig, dass die Erde in alle Richtungen flog. Das vergrabene Objekt kam immer besser zum Vorschein, und bald starrte Erlendur auf etwas, was nichts anderes als eine Hand sein konnte. Fünf Fingerknochen und ein Mittelhandknochen, die aus der Erde herausragten.

Die fünf Finger waren gespreizt, und es hatte ganz den Anschein, als hätte der, der da unten lag, die Hand hochgereckt, um etwas zu greifen oder um sich zu wehren, oder vielleicht hatte er um Gnade gebeten? Erlendur zuckte zusammen. Die Knochen streckten sich ihm aus der Erde entgegen als ob sie um Gnade flehen würden, und in der Abendbrise durchfuhr ihn ein Schauder.

Lebendig begraben, dachte Erlendur bei sich. Er schaute zu den Johannisbeersträuchern hinüber.

»Warst du noch am Leben?«, sagte er laut und vernehmlich.

Im gleichen Augenblick klingelte sein Handy. Völlig gedankenverloren stand er in der Abendsonne da und brauchte eine ganze Weile, um das Klingeln zu registrieren, fischte dann aber den Apparat aus der Manteltasche und nahm das Gespräch entgegen. Zuerst hörte er nichts als Rauschen.

»Hilf mir«, sagte eine Stimme, die er sofort erkannte. »Pliis.«

Dann brach die Verbindung ab.

4

Das Display auf seinem Handy zeigte keine Nummer an, sondern auf dem kleinen Bildschirm stand ›Anonym‹. Das war Eva Lind. Seine Tochter. Er starrte mit schmerzverzerrtem Gesichtsausdruck auf den Apparat, so, als wäre er ihm wie ein Splitter in die Hand gefahren, aber es klingelte nicht nochmal. Eva Lind hatte seine Nummer, und er erinnerte sich daran, dass sie beim letzten Mal, als sie miteinander gesprochen hatten, ihn angerufen hatte, um ihm mitzuteilen, dass sie ihn nie wieder sehen wollte. Er stand ratlos und unbeweglich da und wartete, dass sie sich noch einmal melden würde, aber das war nicht der Fall.

Dann hastete er los.

Seit zwei Monaten hatte er keine Verbindung zu Eva Lind gehabt. Das war im Grunde genommen nichts Ungewöhnliches. Seine Tochter lebte ihr Leben, ohne dass er eine Chance hatte, sich da einzumischen. Sie war Mitte zwanzig und drogenabhängig. Bei ihrem letzten Treffen hatten sie sich wieder einmal heftig gestritten. Das war zu Hause in seiner Wohnung gewesen, und sie war mit den Worten aus der Tür gestürzt, dass er ein Kotzbrocken sei.

Erlendurs Sohn Sindri Snær hatte kaum Verbindung zu seinem Vater. Er und Eva Lind waren sehr klein gewesen, als Erlendur seine Frau verließ und die Kinder ganz ihr überlassen musste. Seine Frau hatte ihm nie verziehen und ihm keinerlei Umgang mit den Kindern gestattet. Er hatte seine Rechte nicht geltend gemacht, aber mit der Zeit bereute er diese Entscheidung immer mehr. Als sie älter wurden, hatten seine Kinder aber von sich aus Verbindung zu ihm aufgenommen.

Die kühle Dämmerung des Frühlingsabends legte sich über Reykjavík, als Erlendur von dem Millenniumsviertel wegfuhr. Er bog auf die Hauptstraße ein und raste zurück in die Stadt. Er kontrollierte noch einmal, ob das Telefon eingeschaltet war, und legte es auf den Beifahrersitz. Erlendur wusste sehr wenig über das Privatleben seiner Tochter und hatte keine Ahnung, wo er anfangen sollte zu suchen. Aber mit einem Mal erinnerte er sich an eine Souterrainwohnung im Vogar-Viertel, wo sie vor etwa einem Jahr gewohnt hatte.

Zuerst aber checkte er ab, ob sie womöglich bei ihm zu Hause war, denn sie hatte einen Schlüssel zu seiner Wohnung, aber in der Nähe des Hauses, in dem er lebte, war sie nirgends zu sehen. Er lief einmal um den Block herum und dann die Treppen hinauf. Er rief nach ihr, aber die Wohnung war leer. Er überlegte, ob er ihre Mutter anrufen sollte, konnte sich aber nicht dazu aufraffen. Sie hatten zwanzig Jahre so gut wie gar nicht miteinander gesprochen. Er nahm den Hörer ab, um seinen Sohn anzurufen. Er wusste, dass die Geschwister in Kontakt standen, wenn auch nur ziemlich sporadisch. Er rief bei der Auskunft an und erhielt die Handynummer von Sindri Snær. Es stellte sich heraus, dass Sindri irgendwo auf dem Land arbeitete und keine Ahnung hatte, wo Eva Lind sich herumtrieb.

Erlendur zögerte einen Augenblick.

»Verdammte Scheiße«, stöhnte er.

Dann rief er wieder bei der Auskunft an und ließ sich die Nummer seiner früheren Frau geben.

»Erlendur am Apparat«, sagte er, als sie antwortete. »Ich glaube, dass Eva Lind in Schwierigkeiten ist. Weißt du, wo sie zu finden sein könnte?«

Schweigen am anderen Ende der Leitung.

»Sie hat mich angerufen und mich um Hilfe gebeten, aber die Verbindung brach ab, und ich weiß nicht, wo sie steckt. Ich hab das Gefühl, da stimmt was nicht.

Sie antwortete ihm nicht.

»Halldóra?«

» Du rufst mich nach zwanzig Jahren an?«

Nach all diesen Jahren spürte er immer noch den kalten

Hass in ihrer Stimme, und ihm wurde klar, dass er einen Fehler gemacht hatte.

»Eva Lind braucht Hilfe, aber ich weiß nicht, wo sie steckt.«

»Hilfe?«

»Ich glaube, da ist was passiert.«

»Ist das etwa meine Schuld?«

»Schuld? Nein. Es ist nicht dei...«

»Glaubst du nicht, dass ich Hilfe gebraucht hätte? Allein mit zwei kleinen Kindern. Du hast mir nicht geholfen.«

»Halldó...«

»Und jetzt sind deine Kinder vor die Hunde gegangen. Beide! Fängst du jetzt langsam an zu begreifen, was du getan hast? Was du uns angetan hast? Was du mir und deinen Kindern angetan hast?«

»Du hast mir den Umgang mit den Kindern ...«

»Glaubst du nicht, dass ich sie hunderttausendmal habe retten müssen? Glaubst du nicht, dass ich immer für sie da sein musste? Wo warst du damals?«

»Halldóra, ich ...«

»Du Scheißkerl«, stieß sie hervor.

Dann knallte sie den Hörer auf die Gabel. Erlendur verfluchte sich selbst, dass er so blöd gewesen war anzurufen. Er saß schon wieder im Auto, fuhr ins Vogar-Viertel und hielt vor einem ziemlich heruntergekommenen Mehrfamilienhaus mit Souterrainwohnungen, die im Grunde genommen Kellerwohnungen waren. Er betätigte eine Türklingel, die halb aus der Fassung heraushing, aber als er kein Läuten hörte, klopfte er an die Tür. Er wartete ungeduldig auf irgendwelche Geräusche oder darauf, dass sich die Tür öffnete, aber nichts dergleichen geschah. Die Tür war nicht verschlossen, und Erlendur trat vorsichtig ein. Er gelangte zunächst in eine kleine Diele, und dort vernahm er das leise Weinen eines Kindes, das irgendwoher aus der Wohnung kam. Gestank von Urin und Kot drang ihm entgegen, als er sich dem Wohnzimmer näherte.

Ein etwa ein Jahr altes kleines Mädchen saß auf dem Fußboden und war vor lauter Weinen ganz geschwächt. Der Fußboden war bedeckt mit leeren Bierdosen und Wodkaflaschen und leeren Verpackungen von Fastfood und Milchprodukten, die offenbar sauer geworden waren, und dieser stark säuerliche Geruch vermischte sich mit dem Gestank der kindlichen Exkremente. Außer einem Sofa, auf dem eine nackte Frau lag und Erlendur den Rücken zudrehte, gab es kaum Einrichtungsgegenstände in dem Zimmer. Das Kind schien Erlendur, der sich Schritt für Schritt dem Sofa näherte, nicht zu bemerken. Er packte die Frau am Handgelenk und fühlte ihren Puls. Am Arm waren Einstichspuren.

Die Küche lag neben dem Wohnzimmer, und daran schloss sich ein kleines Zimmer an, in dem Erlendur eine Decke fand, die er über die Frau breitete. Aus diesem Zimmer führte eine Tür in ein kleines Badezimmer mit Dusche. Er hob das Kind vom Boden hoch, ging mit ihm ins Badezimmer und wusch es gründlich mit warmem Wasser, um es dann in ein Handtuch zu wickeln. Das Kind hörte auf zu weinen. Zwischen den Beinen war die Haut von Urin zerfressen. Er nahm an, dass das Kind sehr hungrig sein müsste, fand aber nirgendwo etwas Essbares. In der Manteltasche hatte er eine kleine Tafel Schokolade, brach ein Stück davon ab und gab es dem Kind, während er ruhig auf es einredete. Er bemerkte Wunden an den Armen und auf dem Rücken, und sein Gesicht verzerrte sich.

Er fand ein kleines Kinderbett, aus dem er eine Bierdose und leere Verpackungen von Hamburgern herausfischte, bevor er das Kind vorsichtig hinlegte. Er kochte innerlich vor Wut, als er wieder ins Wohnzimmer kam. Er wusste nicht, ob die Gestalt auf dem Sofa die Mutter des Kindes war. Aber das interessierte ihn auch nicht. Er riss die Frau hoch und schleifte sie ins Bad, legte ihren Kopf auf den Boden der Dusche und drehte den Kaltwasserhahn voll auf. Sie war wie tot gewesen, aber als das Wasser auf sie niederprasselte, erwachten irgendwelche Lebensgeister. Sie zuckte zusammen, rang nach Atem und schrie laut auf, während sie versuchte, den Strahl von sich abzuwehren.

Erlendur ließ das kalte Wasser eine ganze Weile auf sie herunterbrausen, bevor er den Hahn zudrehte. Dann warf er der Frau die Decke um, führte sie ins Wohnzimmer und ließ sie sich aufs Sofa setzen. Sie war wach, aber völlig durcheinander, und blickte Erlendur mit verschleiertem Blick an. Dann schaute sie sich um, als ob sie nach etwas suchte, und auf einmal schien sie sich zu erinnern, was das war.

»Wo ist Perla?«, fragte sie und zitterte unter der Decke.

»Perla?«, fragte Erlendur wütend. »Ist das ein Hund?«

»Wo ist mein Kind?«, sagte die Frau. Sie war um die dreißig, hatte kurze Haare und war grell geschminkt, wobei die Schminke jetzt allerdings im ganzen Gesicht verteilt war. Die Oberlippe war geschwollen, auf der Stirn hatte sie eine dicke Beule, und das rechte Auge war blau und geschwollen.

»Du hast überhaupt kein Recht, nach ihr zu fragen«, sagte Erlendur.

»Waas?«

»Du hast deine Zigaretten auf dem Kind ausgedrückt!«

»Waas? Nein! Wer ...? Wer bist du?«

»Oder macht das der Kerl, der dich prügelt?«

»Mich prügelt? Ha? Wer bist du eigentlich?«

»Ich werde dafür sorgen, dass Perla dir weggenommen wird«, sagte Erlendur. »Und ich werde den Mann finden, der ihr das angetan hat. Und jetzt sagst du mir gefälligst zweierlei.«

»Sie mir wegnehmen?«

»Hier hat vor einigen Monaten ein Mädchen gewohnt, weißt du, wo sie ist? Sie heißt Eva Lind. Schmal, schwarzhaarig ...«

»Perla ist schwierig. Sie brüllt ewig rum. Die ganze Zeit.«

»Versuch bloß nicht, mir einen auf schwer geprüfte Mutter vorzumachen.«

»Und dann ist er ausgerastet.«

»Ich hab nach Eva Lind gefragt. Kennst du sie?«

»Du darfst sie mir nicht wegnehmen. Please.«

»Weißt du, wo Eva Lind ist?«

»Eva ist schon lange hier ausgezogen.«

»Weißt du, wohin?«

»Nein. Sie war mit Baddi zusammen.«

»Baddi?«

»Er ist Türsteher. Ich geh damit an die Zeitungen, wenn du sie mir wegnimmst. Hörst du? Ich mach das publik!«

»Wo ist er Türsteher?«

Sie sagte es ihm. Erlendur stand auf und rief zunächst einen Krankenwagen und dann den Bereitschaftsdienst der Kinderfürsorge an. Er beschrieb kurz die Zustände.

»Und dann das andere«, sagte Erlendur, während er auf den Krankenwagen wartete. »Wo ist dieser Scheißkerl, der dich prügelt?«

»Halt ihn da raus«, sagte sie.
»Damit er weitermachen kann. Willst du das?«
»Nein.«
»Und wo finde ich ihn?«
»Es ist bloß ...«
»Ja. Was? Was ist bloß?«
»Wenn du sie mir wegnehmen willst ...«
»Ja.«
»Wenn du sie mir wegnehmen willst, dann musst du ihn umbringen, denn sonst bringt er mich um«, sagte sie und lächelte Erlendur feindselig an.

Baddi war ein wahrer Muskelprotz, aber im Verhältnis zu den Muskelpaketen war sein Kopf geradezu mikroskopisch klein. Türsteher in einem Stripteaselokal, das Conte Rosso hieß und sich in der Stadtmitte befand. Er stand aber nicht an der Tür, als Erlendur dort eintraf, sondern ein anderer Kraftbulle mit ähnlichem Körperbau, von dem er den Hinweis bekam, wo er Baddi finden könnte.

»Er beaufsichtigt die Show«, erklärte der Türsteher. Erlendur verstand ihn nicht gleich. Er stand da und betrachtete den Kopf des Mannes.

»Die Privatshow«, sagte der Türsteher. »Privatvorführung.« Dann verdrehte er die Augen, so als sei Erlendur ein hoffnungsloser Fall.

Erlendur betrat die Lokalitäten, die von schwachen roten Lampen erleuchtet wurden. Im Saal gab es eine Bar, ein paar Tische und Stühle und ein paar Gestalten, die einem jungen Mädchen zuschauten, das zu monotonen Poprhythmen an einer Stahlsäule herummachte. Als sie Erlendur erblickte, fing sie an, vor ihm zu tanzen, so als sei er ein viel versprechender Kunde, und sie entledigte sich ihres winzigen BHs. Erlendur schaute sie zutiefst mitleidig an, was sie ziemlich verwirrte. Sie geriet aus dem Takt, knickte mit dem Fuß um, gewann dann das Gleichgewicht zurück und zog sich hüftschwenkend zurück, wobei sie in dem Versuch, souverän zu wirken, lässig den BH fallenließ.

Er sah sich forschend um, um herauszufinden, wo diese Privatshows wohl abliefen. Direkt gegenüber der Tanzfläche öffnete sich ein dunkler Gang, und er begab sich dorthin. Der Gang war schwarz gestrichen, und an seinem Ende führte eine Treppe in den Keller. Erlendur konnte fast nichts erkennen, tastete sich vorsichtig nach unten und gelangte in einen weiteren schwarz gestrichenen Gang. Eine einsame rote Birne hing von der Decke, und am Ende des Gangs stand wieder ein Muskelberg, der die stämmigen Arme auf der Brust gekreuzt hielt und Erlendur anstarrte. Auf dem Gang waren Türen zu sechs Zimmern, drei zu beiden Seiten. Aus einem der Zimmer drangen melancholische Geigentöne.

Das muskulöse Kraftpaket bewegte sich auf Erlendur zu.

»Bist du Baddi?«, fragte Erlendur.

»Und wo ist dein Mädchen?«, fragte das Paket mit dem kleinen Kopf, der auf dem dicken Hals wie eine Warze wirkte.

»Danach wollte ich dich fragen«, sagte Erlendur verwundert.

»Mich? Nee, ich besorg dir keine Girls. Du musst dir da oben eine aufreißen, und dann kannst du runterkommen.«

»Ach so ist das«, sagte Erlendur, als er kapierte, worum es ging. »Aber ich suche nach Eva Lind.«

»Eva? Die ist schon lange nicht mehr hier. Warst du mal bei ihr?«

Erlendur starrte den Mann an.

»Schon lange nicht mehr hier? Was meinst du damit?«

»Sie ist hier manchmal gewesen. Wieso kennst du sie?«

Eine Tür öffnete sich auf dem Gang, und ein junger Mann trat heraus, der gerade den Reißverschluss an seinem Schlitz hochzog. Drinnen im Zimmer sah Erlendur ein nacktes Mädchen, das sich nach ihren Kleidern auf dem Fußboden bückte. Der Mann drückte sich an ihnen vorbei, klopfte Baddi leicht auf die Schulter und verschwand die Treppe hoch. Das Mädchen im Zimmer blickte Erlendur an und machte die Tür zu.

»Meinst du hier unten?«, sagte Erlendur, der seinen Ohren nicht traute. »War Eva Lind hier unten?«

»Das ist lange her. Aber hier in diesem Zimmer ist eine, die ihr sehr ähnlich ist«, erklärte Baddi und klang wie ein beflissener Autoverkäufer. Er deutete auf eine Tür. »Eine Medizinstudentin aus Litauen. Das Mädchen mit der Geige. Hörst du nicht? Die studiert an irgendeinem berühmten Konservatorium in Polen. Die kommen hierher, um Kohle zu machen. Dann machen sie mit der Ausbildung weiter.«

»Weißt du, wo ich Eva Lind finden kann?«

»Wir sagen niemandem, wo die Mädchen wohnen«, sagte Baddi und setzte eine Unschuldsmiene auf.

»Ich will nicht wissen, wo die Mädchen wohnen«, sagte Erlendur müde. Er war darauf bedacht, nicht die Kontrolle über sich zu verlieren. Er wusste, dass er sich keine Blöße geben durfte, wenn er irgendwelche Informationen bekommen wollte, obwohl er dem Kerl am liebsten die Warze auf seinem Hals umgedreht hätte. »Ich glaube, dass Eva Lind in Schwierigkeiten ist. Sie hat mich gebeten, ihr zu helfen«, sagte er und zwang sich, ruhig zu klingen.

»Und wer bist du eigentlich, vielleicht ihr Vater?«, fragte Baddi höhnisch feixend.

Erlendur schaute ihn an und überlegte, wie er diesen winzigen Schädel am besten packen könnte. Das Grinsen gefror auf Baddis Gesicht, als ihm klar wurde, dass er den Nagel auf den Kopf getroffen hatte. Zufällig, wie gewöhnlich. Er trat einen Schritt rückwärts.

»Der Bulle?«, fragte er, und Erlendur nickte mit dem Kopf.

»Hier geht es völlig legal zu.«

»Interessiert mich nicht. Weißt du was über Eva Lind?«

»Wird sie vermisst?«

»Keine Ahnung«, sagte Erlendur. »Ich weiß nicht, wo sie ist. Sie hat mich vorhin angerufen und mich um Hilfe gebeten, aber ich habe keine Ahnung, von woher. Mir wurde gesagt, dass du sie kennst.«

»Ich war eine Zeit lang mit ihr zusammen, hat sie dir das gesagt?«

Erlendur schüttelte den Kopf.

»Mit der zusammen zu sein, ist ein Unding. Die ist total abgedreht.«

»Kannst du mir sagen, wo sie ist?«

»Ich hab sie schon lange nicht mehr gesehen. Sie hasst dich. Wusstest du das?«

»Als du mit ihr zusammen warst, von wem hat sie den Stoff gekriegt?«

»Du meinst, wer ihr Dealer war?«

»Jawohl, der Dealer.«

»Willst du ihn einbuchten?«

»Ich habe nicht vor, irgendjemanden einzubuchten. Ich muss Eva Lind finden. Kannst du mir helfen oder nicht?«

Baddi dachte nach. Er war keineswegs verpflichtet, diesem Mann zu helfen oder Eva Lind. Sie konnte seinetwegen vor die Hunde gehen. Aber irgendwas in der Miene des Bullen gab ihm zu verstehen, dass man ihn besser auf seiner Seite hatte als gegen sich.

»Ich weiß nichts von Eva«, sagte er. »Sprich mit Alli.«

»Alli?«

»Aber sag ihm bloß nicht, dass ich dich ihm auf den Hals gehetzt habe.«

5

Erlendur fuhr in den ältesten Teil der Stadt unten am Hafen. Er dachte über Eva Lind nach, er dachte über Reykjavík nach. Er selbst stammte nicht aus der Hauptstadt, er war als Kind hierher gezogen, betrachtete sich aber immer noch nicht als Reykjavíker, obwohl er den größten Teil seines Lebens in dieser Stadt verbracht und mit angesehen hatte, wie sie sich proportional zur Entvölkerung des Landes ausgebreitet hatte. An der Küste entlang war alles zugebaut worden, und ein Hügel nach dem anderen verschwand unter Beton. Eine moderne Stadt, voll gestopft mit Menschen, die nicht mehr auf dem Land oder in den Fischerdörfern rings um die Insel leben wollten oder es nicht länger konnten, weil es dort keine Arbeit mehr gab. Sie kamen in die Stadt, um ein neues Leben zu beginnen und verloren ihre Wurzeln, sie standen ohne Vergangenheit da und mit ungewisser Zukunft. Er hatte sich in dieser Stadt nie wohl gefühlt.

Er hatte sich wie ein Ausländer gefühlt.

Alli war um die zwanzig, hager und sommersprossig. Ihm fehlten ein paar Vorderzähne, er machte einen schwächlichen Eindruck und hatte einen hässlichen Husten. Er fand ihn dort, wo Baddi ihn vermutet hatte, nämlich im Kaffi Austurstræti. Er saß allein am Tisch und hatte ein leeres Bierglas vor sich stehen. Es hatte den Anschein, als schliefe er, der Kopf hing auf seiner Brust, und er hatte die Arme vor sich verschränkt. Er trug einen dreckigen grünen Parka mit Fellbesatz an der Kapuze. Baddi hatte ihn gut beschrieben. Erlendur setzte sich zu ihm an den Tisch.

»Bist du Alli?«, fragte er, bekam aber keine Antwort. Er schaute sich um. Im Lokal war es ziemlich dunkel, und nur wenige Gäste saßen verstreut an den Tischen. Aus den Lautsprechern über ihnen drang der melancholische Song eines nicht gerade umwerfenden Countrysängers. Ein Barkeeper mittleren Alters saß hinter der Theke auf einem Barhocker und las einen Groschenroman.

Erlendur wiederholte die Frage und rüttelte den Mann an der Schulter, der daraufhin aufwachte und Erlendur mit tranigem Blick anstarrte.

»Noch ein Bier?«, fragte Erlendur und versuchte, so gut es ging zu lächeln. Das geriet ihm aber eher zu einer Grimasse.

»Und wer bist du?«, fragte Alli apathisch. Er bemühte

sich erst gar nicht, seinen dämlichen Gesichtsausdruck zu kaschieren.

»Ich bin auf der Suche nach Eva Lind. Ich bin ihr Vater, und die Sache ist äußerst dringend. Sie hat mich angerufen und um Hilfe gebeten.«

»Bist du der Bulle?«, fragte Alli.

»Ja, ich bin der Bulle«, sagte Erlendur.

Alli richtete sich auf seinem Stuhl auf und blickte sich ängstlich um.

»Und warum fragst du mich?«

»Ich weiß, dass du Eva Lind kennst.«

»Wieso?«

»Weißt du, wo sie steckt?«

»Gibst du mir ein Bier aus?«

Erlendur schaute ihn an und überlegte einen Moment, ob das wohl die richtige Methode war, ließ es dann aber dabei bewenden, denn die Zeit drängte. Er stand auf und ging rasch zur Theke. Der Barkeeper blickte widerwillig aus seinem Roman hoch, legte das Buch genervt zur Seite und hievte sich von seinem Hocker herunter. Erlendur bestellte ein großes Bier. Während er nach seiner Brieftasche fummelte, bemerkte er aus den Augenwinkeln, dass Alli sich aus dem Staub gemacht hatte. Er blickte sich rasch um und sah, wie die Tür nach draußen ins Schloss fiel. Er ließ den Barkeeper mit dem vollen Bierglas dastehen, lief los und sah Alli in Richtung des alten Stadtkerns Grjótaþorp verschwinden.

Alli rannte nicht sehr schnell und hielt auch nicht lange durch. Er blickte sich um, sah, dass Erlendur ihn verfolgte, und versuchte, noch etwas Tempo zuzulegen, aber er war viel zu geschwächt dazu. Erlendur holte ihn bald ein und rempelte ihn so heftig an, dass er wimmernd zu Boden ging. Zwei Pillengläser kollerten aus seinen Taschen, und Erlendur hob sie auf. Wahrscheinlich Ecstasy. Er riss Alli den Parka runter und hörte, wie weitere Gläser aneinander klirrten.

»Die ... machen mich ... alle«, sagte Alli völlig außer Atem und stand wieder auf. Es waren nur wenige Leute unterwegs. Ein älteres Ehepaar auf der anderen Seite der Straße hatte die Szene mitverfolgt, sich aber davongemacht, als sie sahen, wie Erlendur ein Pillenglas nach dem anderen aus den Taschen fischte.

»Ist mir doch egal«, sagte Erlendur.

»Nimm mir das nicht weg. Du weißt nicht, wie die sind ...«

»Wer, die?«

Alli drückte sich an der Hauswand herum und hatte angefangen zu flennen.

»Das hier ist meine allerletzte Chance«, sagte er, während ihm die Schnodder aus der Nase lief.

»Ist mir scheißegal, was für Chancen du hast. Wann hast du Eva Lind zuletzt gesehen?«

Alli zog die Nase geräuschvoll hoch und blickte Erlendur auf einmal konzentriert an, so als sähe er auf einmal einen Ausweg.

»Okay.«

»Okay, was?«

»Wenn ich dir das verrate, gibst du mir dann das Zeugs zurück?«, fragte er.

Erlendur überlegte.

»Wenn du mir was über Eva sagen kannst, kriegst du das wieder. Wenn du lügst, komme ich zurück und mach meine Trampolinübungen auf dir.«

»Okay, okay. Eva ist heute zu mir gekommen. Wenn du

sie triffst, kannst du ihr sagen, dass ich Geld sehen will. Von mir hat sie nichts mehr gekriegt. Mit schwangeren Tussis gebe ich mich nicht ab.«.

»Natürlich nicht«, sagte Erlendur. »Jemand wie du hat ja schließlich seine Prinzipien.«

»Sie kam da an und schob diesen Bauch vor sich her und hat mir einen vorgeheult. Hat sich ganz schön angestellt, als ich mich geweigert hab, ihr was zu geben, und dann ist sie abgehauen.«

»Weißt du, wohin?«

»Keine Ahnung.«

»Wo wohnt sie?«

»Eine Schnalle, die kein Geld hat. Mir fehlt Kohle, kapierst du. Sonst bringen die mich um.«

»Weißt du, wo sie wohnt?«

»Wohnt? Nirgends. Die ist doch ewig auf Trebe. Hängt überall rum und schnorrt. Glaubt, dass sie das Zeug für nix bekommen könnte.« Alli schnaubte verächtlich. »Als ob man so was verschenken könnte. Als ob das Zeug umsonst zu kriegen wäre.«

Zischende s-Laute drangen durch die Zahnlücke, während er redete, und auf einmal wirkte er in seinem dreckigen Anorak wie ein zu groß geratenes Kind, das auf erwachsen macht.

Der Rotz lief ihm wieder aus der Nase.

»Krieg ich das Zeugs wieder?«

»Wo ist sie?«

»Krieg ich das Zeug wieder, wenn ich dir alles sage?«

»Was?«

»Über Eva Lind.«

»Wenn du nicht lügst. Wo ist sie?«

»Sie war da mit noch 'ner anderen Tussi zusammen.«

»Wer war das?«

»Ich weiß nur, wo die wohnt.«

Erlendur trat einen Schritt auf ihn zu.

»Du kriegst alles zurück«, sagte er. »Wer war das Mädchen?«

»Ragga. Die wohnt hier ganz in der Nähe. Ganz oben in dem großen Haus gegenüber von der Hafenmole.« Alli streckte zögernd die Hand aus. »Okay? Du hast es versprochen. Gib mir jetzt das Zeug wieder. Du hast es versprochen.«

»Das kannst du dir abschminken, dass du das von mir wiederkriegst, du Idiot«, sagte Erlendur. »Völlig ausgeschlossen. Wenn ich Zeit hätte, würde ich dich mit zur Hverfisgata nehmen und dich einbuchten lassen. Insofern hast du doch einen richtigen Profit gemacht.«

»Nein! Mensch, die bringen mich um! Nein! Gib mir das, pliiis. Gib mir das Zeug!«

Erlendur schenkte ihm keinerlei Gehör, sondern marschierte los und ließ Alli schluchzend an der Hauswand zurück, der sich selber nach Strich und Faden verfluchte und in ohnmächtiger Wut mit dem Kopf gegen die Hauswand anging.

Erlendur hörte die Verwünschungen noch eine ganze Weile, und zu seiner Verwunderung richteten sie sich nicht gegen ihn, sondern gegen Alli selber.

»Was bin ich für ein durchgeknallter Idiot!«

Er schaute sich um und sah, wie Alli sich selbst eine Ohrfeige verpasste.

Ein kleiner, vielleicht vierjähriger Junge mit dreckigen Haaren, barfuß und nur mit einer Schlafanzughose bekleidet, öffnete die Tür und schaute zu Erlendur hoch. Erlendur bückte sich zu ihm hinunter. Als er die Hand ausstreckte, um dem Jungen über den Kopf zu streicheln, wich der Kleine zurück. Erlendur fragte nach seiner Mama, ob sie zu Hause war, aber der Junge blickte ihn nur forschend an und antwortete ihm nicht.

»Ist Eva Lind vielleicht hier, mein Kleiner?«, fragte er den Jungen.

Erlendur hatte das Gefühl, die Zeit renne ihm davon. Fast zwei Stunden waren vergangen, seit Eva Lind angerufen hatte. Er versuchte, den Gedanken zu verdrängen, dass seine Hilfe zu spät kommen würde. Er versuchte sich vorzustellen, in was sie hineingeraten sein könnte, gab das aber bald wieder auf und konzentrierte sich stattdessen auf die Suche. Er wusste, mit wem sie zusammen gewesen war, als Alli sie am frühen Abend zuletzt gesehen hatte. Er wusste, dass er ihr auf der Spur war.

Der Junge antwortete ihm nicht. Er sauste zurück in die Wohnung und verschwand. Erlendur lief ihm hinterher, aber er sah nicht, wo er hingelaufen war. Die Wohnung lag in tiefstem Dunkel, und Erlendur tastete die Wände nach Lichtschaltern ab. Erst fand er welche, die nicht funktionierten, aber als er sich in ein kleines Zimmer vorgearbeitet hatte, kam endlich Licht aus einer kahlen Birne, die von der Decke herunterbaumelte. Kein Fußbodenbelag, nur der nackte Beton. Dreckige Matratzen waren in der Wohnung verstreut, und auf einer lag ein Mädchen, etwas jünger als Eva Lind, das abgewetzte Jeans und ein rotes ärmelloses T-Shirt anhatte. Eine kleine Blechschachtel mit zwei Spritzen lag offen an ihrer Seite. Ein dünner Kunststoffschlauch ringelte sich auf dem Boden. Zwei Männer schliefen rechts und links von ihr auf den Matratzen.

Erlendur kniete bei dem Mädchen nieder und stieß sie vorsichtig an, aber sie zeigte keinerlei Reaktion. Er hob ihren Kopf an, richtete sie etwas auf und schlug ihr ein paarmal leicht gegen die Wange. Sie gab ein Röcheln von sich. Er stand auf, winkelte ihre Beine an, zog sie hoch und versuchte, ein paar Schritte mit ihr zu machen. Sie öffnete die Augen. Erlendur sah in dem trüben Licht einen Küchenstuhl und setzte sie dort ab. Sie schaute ihn an, und dann sank der Kopf wieder auf die Brust. Er versetzte ihr ein paar leichte Schläge ins Gesicht, und sie kam wieder zu sich.

»Wo ist Eva Lind?«, fragte Erlendur.

»Eva«, murmelte das Mädchen.

»Ihr wart doch heute zusammen. Wo ist sie hin?«

»Eva ...«

Wieder sank der Kopf auf die Brust. Erlendur sah den kleinen Jungen in der Tür. Er hielt eine Puppe unter dem Arm und in der anderen Hand ein leeres Fläschchen, das er Erlendur hinstreckte. Dann steckte er den Nuckel des Fläschchens in den Mund, und Erlendur hörte, wie er Luft saugte. Er schaute den kleinen Burschen in der Tür an und schüttelte traurig den Kopf, bevor er das Handy nahm und einen Krankenwagen herbeibeorderte.

Wie Erlendur verlangt hatte, kam ein Arzt mit dem Krankenwagen.

»Ich muss dich bitten, ihr eine Spritze zu geben«, sagte Erlendur.

»Spritze?«, fragte der Arzt.

»Ich glaube, sie ist auf Heroin. Hast du Naloxon dabei oder Narcanti?«

»Ja, ich ...«

»Ich muss mit ihr sprechen. Sofort. Meine Tochter ist in Gefahr. Die hier weiß, wo sie ist.«

Der Arzt schaute auf das Mädchen und dann wieder auf Erlendur. Er nickte.

Erlendur hatte das Mädchen wieder auf die Matratze zurückgelegt. Es verging eine ganze Weile, bis sie ein Lebenszeichen von sich gab. Die Sanitäter waren bei ihr und hatten eine Krankenbahre zwischen sich. Das Kind versteckte sich irgendwo in einem anderen Zimmer. Die beiden Männer lagen immer noch wie erschlagen auf den Matratzen.

Erlendur kniete bei dem Mädchen, das so langsam wieder zu sich kam. Sie blickte auf Erlendur und den Arzt und dann auf die Sanitäter mit der Bahre.

»Weißt du was über Eva Lind?«, fragte Erlendur.

»Eva?«

»Ihr wart heute Abend zusammen. Ich glaube, dass sie in Gefahr ist. Weißt du, wo sie hingegangen ist?«

»Ist was nicht in Ordnung mit Eva?«, fragte sie dann und blickte sich um. »Wo ist Kiddi?«

»Da hinten in dem Zimmer ist ein kleiner Junge«, sagte Erlendur. »Er wartet auf dich. Sag mir, wo ich Eva Lind finden kann.«

»Und wer bist du überhaupt?«

»Ich bin ihr Vater.«

»Der Bulle?«

»Ja.«

»Sie hasst dich.«

»Ich weiß. Weißt du, wo sie ist?«

»Sie kriegte Schmerzen. Ich hab ihr gesagt, sie soll ins Krankenhaus gehen. Da wollte sie hin.«

»Schmerzen?«
»Es hat ihr wie verrückt wehgetan im Bauch.«
»Von wo aus wollte sie gehen? Von hier aus?«
»Wir waren bei der Buszentrale am Hlemmur.«
»Hlemmur?«
»Sie wollte ins Krankenhaus. Ist sie da nicht?«

Erlendur richtete sich auf und ließ sich vom Arzt die Nummer des Nationalkrankenhauses geben. Er rief an, und ihm wurde gesagt, dass keine Eva Lind in den letzten Stunden eingewiesen worden sei. Er wurde mit der gynäkologischen Abteilung verbunden und versuchte so gut es ging seine Tochter zu beschreiben, aber die wachhabende Hebamme war sich ganz sicher, dass niemand gekommen war, auf den diese Beschreibung gepasst hätte.

Er rannte aus der Wohnung, warf sich ins Auto und raste los in Richtung Hlemmur. Dort war keine Menschenseele zu sehen, denn die Buszentrale war ab Mitternacht geschlossen. Er ließ das Auto da stehen und eilte dann im Sturmschritt die Snorrabraut entlang. Bei den Häusern am Nordrand von Nordermoor spähte er auf der Suche nach seiner Tochter in die Gärten. Er begann ihren Namen zu rufen, als er sich den weitläufigen Gebäuden des Krankenhauses näherte, aber er bekam keine Antwort.

Er fand sie schließlich in etwa fünfzig Metern Entfernung von der ehemaligen Entbindungsstation. Sie lag in einer Blutlache auf dem Rasen zwischen ein paar Bäumen. Er hatte nicht lange gebraucht, um sie zu finden. Trotzdem kam er zu spät. Ihre Hose war blutig gefärbt, und das Gras, auf dem sie lag, schwamm im Blut.

Erlendur kniete an der Seite seiner Tochter nieder und schaute dann zum Entbindungsheim hinüber, wo er sich selbst an einem Regentag vor vielen Jahren mit Halldóra hineingehen sah, als Eva Lind zur Welt kam. Wollte sie am gleichen Ort sterben?

Erlendur strich Eva über die Stirn, er war sich nicht sicher, ob er sie bewegen durfte.

Soweit er wusste, war sie im siebten Monat.

Sie hatte versucht zu fliehen, aber inzwischen hatte sie es längst aufgegeben.

Zweimal hatte sie ihn verlassen. Beide Male, während sie noch in der Kellerwohnung auf der Lindargata wohnten. Nachdem er sie das erste Mal zusammengeschlagen hatte, verging ein ganzes Jahr, bis er wieder ›die Kontrolle über sich verlor‹, wie er sich damals ausdrückte. Als er noch bereit war, über seine Gewalttätigkeit zu reden. Aus ihrer Sicht ging es aber gar nicht darum, dass er die Beherrschung verlor. Sie fand, dass er gerade dann die Kontrolle über sich zu verlieren schien, wenn er auf sie losschlug und sie mit Beschimpfungen überschüttete. Trotz seiner blinden Wut war er kalt und überlegen, und er wusste ganz genau, was er tat.

Mit der Zeit wurde ihr klar, dass sie genauso werden musste, falls sie jemals eine Chance gegen ihn haben wollte.

Der erste Fluchtversuch war von vornherein zum Scheitern verurteilt. Sie hatte nichts vorbereitet, wusste nicht, welche Möglichkeiten ihr zu Gebote standen, hatte keine Ahnung, wohin sie sich wenden sollte, und stand eines Abends im Februar mit ihren beiden Kindern draußen in der Kälte.

Símon, den sie an der Hand hielt, und Mikkelína, die sie auf dem Rücken trug. Sie wusste nicht, wohin sie gehen sollte. Sie wusste nur, dass sie aus dem Keller herausmusste.

Sie hatte mit ihrem Pastor gesprochen, der ihr erklärt hatte, eine gute Ehefrau ließe sich nicht von ihrem Mann scheiden. Die Ehe sei ein heiliger Bund, man müsse vieles erdulden und auf sich nehmen, um solche Bande nicht aufs Spiel zu setzen.

»Denk an die Kinder«, sagte der Pfarrer.

»Ich denke an die Kinder«, sagte sie, und der Pfarrer lächelte freundlich.

Sie machte keinen Versuch, sich an die Polizei zu wenden. Zweimal hatten ihre Nachbarn die Polizei gerufen, als er sie attackierte, und die Polizisten waren in die Kellerwohnung gekommen, um den häuslichen Unfrieden zu unterbinden, waren dann aber einfach wieder gegangen. Sie hatte mit einem geschwollenen Auge und aufgeplatzten Lippen vor den Polizisten gestanden, die den Eheleuten erklärten, sie sollten ihre Streitigkeiten etwas ruhiger austragen. Beim zweiten Mal, zwei Jahre später, hatten die Polizisten sich ihn immerhin vorgeknöpft. Hatten ihn hinausgeführt. Damals hatte sie ihnen schreiend erklärt, dass er sie angegriffen und gedroht hatte, sie umzubringen, und dass es nicht das erste Mal gewesen sei. Die Polizisten fragten sie, ob sie etwas getrunken hätte. Sie verstand die Frage nicht. Alkohol, sagten sie. Sie verneinte. Sie hatte keinen Alkohol angerührt. Sie sprachen dann draußen vor der Tür mit ihm und verabschiedeten sich mit einem Händedruck.

Als sie weg waren, hatte er ihr mit einem Rasiermesser über die Wange gestrichen.

Später an dem gleichen Abend, als er fest eingeschlafen war, packte sie sich Mikkelína auf den Rücken und schob den kleinen Símon leise vor sich her zur Tür hinaus und die Kellertreppe hoch. Sie hatte eine kleine Karre für Mikkelína konstruiert, aus dem Untergestell eines Kinderwagens, den sie auf der Müllhalde gefunden hatte, aber er hatte das Gefährt an dem Abend in seinem Zorn demoliert, so als hätte er gespürt, dass sie ihn verlassen wollte und er sie auf diese Weise daran hindern könnte.

Ihre Flucht war völlig ungeplant gewesen. Sie landete schließlich bei der Heilsarmee, wo sie über Nacht aufgenommen wurde. Sie hatte keine Verwandten, weder in Reykjavík noch andernorts. Als er am nächsten Morgen erwachte, begriff er sofort, dass sie weg waren. Er rannte auf der Stelle los und begann sie zu suchen. Nur in Hemd und Hose raste er in der Kälte durch die Stadt, um dann zufällig Zeuge zu werden, wie sie aus dem Haus der Heilsarmee heraustraten. Sie bemerkte ihn erst, als er den Jungen von ihr wegriss und ihre Tochter auf die Arme nahm. Er ging ohne ein Wort zu sagen direkt nach Hause, blickte weder nach rechts oder links, schaute sich kein einziges Mal um. Die Kinder waren zu erschrocken, um Widerstand zu leisten, aber als sie sah, wie Mikkelína flehend die Hände nach ihr ausstreckte, begann sie lautlos zu weinen.

Wie hatte sie sich das eigentlich vorgestellt?

Dann schlich sie hinter ihnen her nach Hause.

Nach dem zweiten Versuch begann er mit einer neuen Taktik und drohte ihr damit, dass er ihre Kinder umbringen würde, und danach versuchte sie nie wieder zu fliehen. Für diesen zweiten Versuch hatte sie alles besser vorbereitet. Sie bildete sich ein, ein neues Leben beginnen zu können, indem sie mit den Kindern in ein kleines Fischerdorf im Norden Islands zog, dort ein Zimmer oder eine kleine Wohnung mietete. In der Fischverarbeitung würde sie Geld verdienen und dafür sorgen können, dass es ihnen an nichts mangelte. Diesmal hatte sie sich viel Zeit für die Vorbereitungen genommen. Sie hatte beschlossen, nach Siglufjörður zu gehen, denn dort gab es nach den schlimmen Krisenjahren wieder genug Arbeit. Die Leute strömten von überallher nach Siglufjörður, und sie mit ihren Kindern würde gar nicht auffallen. Sie könnte zunächst in einem Seemannsheim unterkommen, bis sie eine Bleibe finden würde.

Eine Reise mit dem Überlandbus für sie und die Kinder war nicht billig, und er passte auf jede Krone auf, die er mit seiner Arbeit am Hafen verdiente. Über einen langen Zeitraum hinweg hatte sie mühsam Krone für Krone zusammengespart, bis sie glaubte, dass es reichen würde. Sie hatte ein paar Anziehsachen für die Kinder in eine kleine Reisetasche gepackt, dazu ein paar persönliche Dinge und das reparierte Wägelchen, das immer noch für Mikkelína zu verwenden war. Sie ging so schnell sie es vermochte zum Busbahnhof, blickte sich aber immer wieder angstvoll um, so als erwartete sie, dass er hinter jeder Straßenecke auf der Lauer liegen würde.

Er kam wie immer mittags nach Hause und wusste sofort, dass sie ihn wieder verlassen hatte. Das Essen musste mittags immer fertig auf dem Tisch stehen, wenn er nach Hause kam, und sie hatte es nie gewagt, diese Routine nicht einzuhalten. Er sah, dass die kleine Karre weg war. Der Kleiderschrank stand offen. Die Tasche fehlte. Eingedenk des ersten Fluchtversuchs marschierte er unverzüglich zur Heilsarmee und bekam einen Wutanfall, als ihm erklärt wurde, dass sie dort nicht aufgetaucht war. Er glaubte ihnen nicht und tobte durch das ganze Haus, schaute in sämtlichen Zimmern und im Keller nach. Als er sie nicht fand, fiel er über den Heimleiter her, einen Kapitän der Heilsarmee, der zu Boden ging. Er drohte, ihn umzubringen, wenn er ihm nicht sagte, wo sie wären.

Schließlich begriff er, dass sie sich diesmal nicht an die Heilsarmee gewandt hatte. Er durchkämmte die ganze Stadt, ohne sie irgendwo zu entdecken. Er stürmte durch Geschäfte und Lokale, und als er sie im Laufe des Tages nirgends ausfindig machen konnte, steigerte er sich immer mehr in seine Wut hinein. Als er zurück in die Wohnung kam, fing er an zu toben. Er stellte die ganze Wohnung auf den Kopf, um möglicherweise einen Hinweis darauf zu finden, wo sie hingegangen sein könnte. Er rannte zu ihren beiden Freundinnen aus der Zeit, als sie noch als Dienstmädchen gearbeitet hatte, und drang bei ihnen in die Wohnungen ein, tobte und brüllte nach ihr und den Kindern und lief schließlich wieder hinaus, ohne sich für sein Benehmen zu entschuldigen.

Sie kam nachts um zwei in Siglufjörður an, nachdem sie den ganzen Tag unterwegs gewesen waren. Der Bus hatte an drei Orten gehalten, um den Leuten Gelegenheit zu geben, sich die Beine zu vertreten und den Reiseproviant zu verzehren. Sie hatte Proviant dabeigehabt, Brote und auf Flaschen abgefüllte Milch, aber trotzdem waren sie sehr hungrig, als sie in Haganesvik ankamen, wo ein Boot auf sie wartete, das sie auf dem Seewege nach Siglufjörður brachte. Dann stand sie in der kalten Nacht plötzlich dort auf dem Kai. Sie fand die Unterkunft für Saisonarbeiter, das Seemannsheim; der Heimleiter wies ihr eine kleine Kammer mit einem Einzelbett zu und lieh ihr eine Matratze und zwei Decken für die Kinder, und dort verbrachten sie die erste Nacht in der Freiheit. Die Kinder schliefen sofort ein, als sie sich auf der Matratze ausgestreckt hatten, aber sie lag wach in ihrem Bett und starrte in die Dunkelheit. Plötzlich brach das Weinen aus ihr heraus, und sie zitterte am ganzen Körper.

Ein paar Tage später hatte er sie gefunden. Ihm war eingefallen, dass sie womöglich in einem Überlandbus die Stadt verlassen haben könnte. Deswegen ging er zum Busbahnhof und erkundigte sich dort. So fand er heraus, dass seine Frau und die Kinder mit dem Bus Richtung Norden nach Siglufjörður gefahren waren. Er sprach mit dem Busfahrer, der sich gut an die Frau und die Kinder erinnern konnte, besonders an das behinderte Mädchen. Er nahm den nächsten Bus nach Siglufjörður und kam kurz nach Mitternacht dort an. Er ging von einem Seemannsheim zum anderen und fand sie schlafend in ihrer Kammer, nachdem der Heimleiter ihm einen Hinweis gegeben hatte. Dem Mann gegenüber behauptete er, seine Frau sei mit den Kindern etwas vor ihm eingetroffen, aber voraussichtlich würden sie nicht lange bleiben.

Er schlich sich in die Kammer. Eine schwache Helligkeit drang von der Straße durch ein kleines Fenster herein. Er stieg über die Kinder auf dem Boden und trat an ihr Bett, beugte sich über sie, bis ihre Gesichter sich beinahe berührten, und gab ihr einen Stoß. Sie schlief fest und tief, und er gab ihr noch einen Stoß, diesmal fester, so fest, dass sie die Augen öffnete. Er grinste, als er die nackte Angst in ihren Augen sah. Sie wollte um Hilfe rufen, aber er hielt ihr den Mund zu.

»Hast du im Ernst geglaubt, dass du damit durchkommen würdest?«, flüsterte er leise und drohend.

Sie starrte zu ihm hoch.

»Hast du wirklich geglaubt, dass das so einfach sein würde?«

Sie schüttelte langsam den Kopf.

»Weißt du, was ich jetzt am liebsten machen würde?«, zischte er zwischen zusammengebissenen Zähnen. »Am liebsten würde ich mit deinem Gör hier auf den Berg hinauf, um sie dort umzubringen und irgendwo zu verscharren, wo niemand sie finden würde. Und dann würde ich sagen, dass der Kretin wahrscheinlich ins Meer gekrochen ist. Und weißt du was? Das tu ich auch. Das werde ich jetzt auf der Stelle erledigen. Wenn ich auch nur einen Mucks von dir höre, bringe ich den Jungen ebenfalls um und sage, dass er hinter ihr hergelaufen ist.«

Sie gab ein kleines Wimmern von sich, während sie zu den Kindern hinüberblickte, und er grinste wieder. Er nahm die Hand von ihrem Mund.

»Ich werde es nie wieder tun«, stöhnte sie. »Niemals. Ich werde es niemals wieder tun. Verzeih mir. Verzeih. Ich weiß nicht, was in mich gefahren ist. Verzeih mir. Ich bin verrückt, ich weiß es. Ich bin verrückt. Lass es nicht an den Kindern aus. Schlag lieber mich. Schlag mich. So fest wie du kannst. Schlag zu, so fest wie du kannst. Wir können rausgehen, wenn du willst.«

Ihre Verzweiflung erfüllte ihn mit Ekel.

»Das willst du also«, sagte er, »das ist es also, was du willst. Dann ist es also abgemacht.«

Er tat, als würde er sich nach Mikkelína ausstrecken, die an Símons Seite schlief, aber sie war wie von Sinnen vor Entsetzen und griff nach seinem Arm.

»Sieh doch«, sagte sie und fing an, sich selbst ins Gesicht zu schlagen. »Sieh doch!« Sie riss sich an den Haaren. »Sieh doch!« Sie richtete sich auf und warf sich dann zurück. Ihr Kopf prallte gegen den eisernen Bettrahmen, und ob es ihre Absicht war oder nicht, sie verlor das Bewusstsein und sank vor ihm zusammen.

Der Bus fuhr gleich am nächsten Morgen wieder zurück nach Reykjavík. Sie hatte ein paar Tage Heringe auf der

Hafenmole ausgenommen, eingesalzen und in Tonnen geschichtet. Dabei hatte sie ihre Kinder im Auge haben können, die in der Nähe herumspielten. Jetzt ging er mit ihr los, um ihren Lohn einzukassieren. Er erklärte dem Aufseher, dass sie wieder nach Reykjavík zurückgehen würden. Sie hätten Nachricht aus Reykjavík bekommen, weswegen sich ihre Pläne geändert hätten, aber sie müsste noch ihren Lohn bekommen. Der Aufseher kritzelte etwas auf ein Blatt Papier und wies sie ins Büro. Er schaute sie an, als er ihr das Blatt reichte. Er legte ihre Angst als Schüchternheit aus.

»Ist etwas nicht in Ordnung?«, fragte der Aufseher.

»Alles in Ordnung mit ihr«, antwortete er an ihrer Stelle und marschierte mit ihr davon.

Als sie wieder in der Kellerwohnung in Reykjavík waren, rührte er sie nicht an. Sie stand in ihrem ärmlichen Mantel im Wohnzimmer, hatte die Reisetasche in der Hand und war auf erbarmungslosere Schläge als je zuvor gefasst, aber nichts geschah. Durch die Verletzungen, die sie sich selbst zugefügt hatte, war er aus der Fassung gebracht worden. Er hatte niemanden zu Hilfe holen wollen, sondern hatte versucht, sich um sie zu kümmern und sie wieder zu Bewusstsein zu bringen, und damit erwies er ihr zum ersten Mal in ihrer Ehe so etwas wie Fürsorge. Als sie wieder zu sich gekommen war, erklärte er ihr, dass sie begreifen müsste, dass sie niemals mehr von ihm loskomme. Eher würde er sie und die Kinder umbringen. Sie wäre seine Frau, und so würde es immer sein.

Immer.

Seitdem hatte sie nie wieder zu fliehen versucht.

Die Jahre vergingen. Seine Pläne, zur See zu fahren, hatten sich bereits nach dem dritten Anlauf zerschlagen. Er wurde nämlich seekrank und gehörte nicht zu denen, die davon zu kurieren sind. Hinzu kam, dass er Angst vor dem Meer hatte, die er ebenfalls nicht loswerden konnte. Angst, dass der Kahn absaufen würde. Angst, über Bord zu gehen. Angst vor Unwettern. Auf seiner letzten Tour gerieten sie in einen Orkan, und er war davon überzeugt, dass der Trawler kentern würde. Er saß in der Messe und heulte wie ein Schlosshund, weil er glaubte, sein letztes Stündlein hätte geschlagen. Danach fuhr er nie wieder zur See.

Er schien nicht im Stande zu sein, ihr Freundlichkeit entgegenbringen zu können. Im besten Fall zeigte er ihr totale Gleichgültigkeit. In den ersten zwei Jahren ihrer Ehe hatte es noch den Anschein gehabt, als ob er irgendwelche Reuegefühle bekam, wenn er sie geschlagen oder mit erniedrigenden Schimpftiraden überhäuft hatte, sodass ihr die Tränen kamen. Aber mit der Zeit hatte er es sich völlig abgewöhnt, irgendwelche Anzeichen von Gewissensbissen an den Tag zu legen. Das, was er ihr antat, war nicht länger unnatürlich oder ein Zerrbild ehelichen Zusammenlebens, sondern notwendig und richtig. Manchmal kam ihr der Gedanke, und vielleicht war er sich im Innersten auch darüber im Klaren, dass seine Gewalttätigkeit eher ein Zeichen von Schwäche war als von Überlegenheit. Je mehr er sie schlug, desto erbärmlicher wurde er selbst. Er gab ihr die Schuld daran. Brüllte sie an, dass es ihre Schuld sei, dass er sie so behandelte. Sie sei es, die ihn dazu brachte, weil sie unfähig sei, es ihm recht zu machen.

Sie hatten kaum Freunde, und schon gar keine gemeinsamen. Schon bald nach der Hochzeit waren viele ihrer Kontakte zu anderen Menschen abgebrochen. Die seltenen Male, wenn sie ihre Freundinnen aus der Zeit, als sie noch als Dienstmädchen gearbeitet hatte, traf, sprach sie nie über die Misshandlungen, die sie vonseiten ihres Ehemanns zu ertragen hatte, und mit der Zeit verlor sie die Verbindung zu ihnen. Sie schämte sich. Schämte sich, ohne jeglichen Anlass geprügelt und getreten zu werden. Schämte sich für die blutunterlaufenen Augen und die aufgeplatzten Lippen und die blauen Flecken am ganzen Körper. Schämte sich wegen des Lebens, das sie führte, das für andere völlig unbegreiflich sein musste, das hässliche Zerrbild einer Ehe. Sie wollte das geheim halten. Wollte sich in dem Gefängnis verstecken, in das er sie gebracht hatte. Wollte sich einschließen und den Schlüssel wegwerfen, damit niemand ihn finden würde. Sie musste allein damit fertig werden, dass er sie misshandelte. Das war einfach ihr Schicksal, unausweichlich und unabänderlich.

Ihre Kinder bedeuteten alles für sie. Sie waren ihr Freunde und Seelengefährten. Nur für sie lebte sie, vor allem für Mikkelína, aber auch für Símon, als er älter wurde, und für den Jüngsten, der Tómas getauft worden war. Sie hatte selbst die Namen ihrer Söhne ausgewählt. Er kümmerte sich nie um die Kinder, außer, wenn er etwas an ihnen auszusetzen hatte. Was sie alles verschlingen würden. Der Krach, den sie machten. Die Kinder litten Qualen wegen der brutalen Gewalt, die ihrer Mutter angetan wurde, aber sie waren es, die ihr einen Funken Hoffnung gaben, wenn sie es am meisten brauchte.

Er prügelte den letzten Rest an Selbstachtung aus ihr heraus, den sie noch hatte. Sie war von Natur aus zurückhaltend und bescheiden, immer bereit, es allen recht zu machen, hilfsbereit und gefällig, und sogar unterwürfig. Sie lächelte immer verlegen, wenn sie angeredet wurde, und sie musste sich wahnsinnig zusammenreißen, um nicht eingeschüchtert zu wirken. Auf ihn wirkte das wie Feigheit, und das gab ihm die Kraft, sie derart zu unterdrücken und zu quälen, bis nichts mehr von ihrem eigenen Ich übrig war. Ihr ganzes Dasein hatte sich auf ihn auszurichten. Seine Launen zu ertragen, ihm zu Diensten zu sein. Sie fing an, sich selbst zu vernachlässigen, und hörte auf, über ihr Aussehen nachzudenken. Sie bekam Ringe unter den Augen, ihre Haut wurde schlaff, ihr Gesicht fahl. Gesenkte Schultern, gesenkter Kopf, so als hätte sie Angst davor, anderen ganz normal in die Augen zu schauen. Ihr dichtes, schönes Haar verlor Farbe und Glanz und hing ungepflegt und strähnig herunter. Sie schnitt es selbst mit der Küchenschere, wenn sie fand, dass es zu lang geworden war.

Oder wenn er fand, dass es zu lang geworden war.

»Du hässliche Schlampe.«

6

Am Morgen nach dem Knochenfund machten die Archäologen schon in aller Frühe mit den Ausgrabungen weiter. Die Polizisten, die nachtsüber Wache gehalten hatten, zeigten ihnen, wo Erlendur am Werk gewesen war, und Skarphéðinn wurde fuchsteufelswild, als er sah, dass Erlendur im Boden herumgescharrt hatte. Verdammte Amateure, hörte man ihn bis mittags immer wieder knurren. In seinen Augen war eine Ausgrabung so etwas wie ein heiliger Akt, bei dem nach und nach eine Erdschicht nach der anderen abgetragen wurde, bis sich die komplette Vorgeschichte mit all ihren Geheimnissen offenbarte. Jedes kleinste Detail war wichtig, jedes bisschen Erde konnte wertvolle Indizien enthalten, und Pfuscher konnten wichtiges Beweismaterial vernichten.

Diese ganze Litanei betete er Elínborg und Sigurður Óli vor, die sich keiner Schuld bewusst waren, während er zwischendurch seinen Leuten Anweisungen gab. Wegen der äußerst präzisen archäologischen Arbeitsmethoden ging die Arbeit sehr langsam voran. Über das ganze Areal waren kreuz und quer Seile gespannt, die den Ausgrabungsort nach ganz bestimmten archäologischen Vorgaben aufteilten. Es war außerordentlich wichtig, dass die Position des Skeletts durch die Ausgrabarbeiten in keiner Weise beeinträchtigt wurde, und es wurde peinlich genau darauf geachtet, dass die Hand genau in ihrer Stellung blieb, auch wenn ringsherum die Erde weggeschaufelt wurde. Außerdem wurde jedes einzelne Körnchen Erde genau untersucht.

»Warum ragt die Hand aus der Erde heraus?«, fragte Elínborg und hielt Skarphéðinn an, der geschäftig an ihr vorbeieilen wollte.

»Schwer zu sagen«, sagte Skarphéðinn. »Im schlimmsten Fall kann der, der dort unten begraben liegt, am Leben gewesen sein, als er zugeschaufelt wurde, und hat vielleicht versucht, Widerstand zu leisten. Hat versucht, sich wieder auszugraben.«

»Lebendig begraben!« Elínborg war entsetzt. »Hat sich wieder ausgraben wollen?«

»Das muss aber nicht so gewesen sein. Es ist nicht auszuschließen, dass die Hand in dieser Stellung gelandet ist, als man die Leiche vergraben hat. Es ist zu früh, um darüber irgendwelche Aussagen zu machen. Und jetzt stör mich bitte nicht.«

Sigurður Óli und Elínborg wunderten sich, dass Erlendur sich nicht am Ausgrabungsort blicken ließ. Er war zwar ein durch und durch unberechenbarer Mensch, und ihm konnte alles Mögliche einfallen, aber sie wussten auch, dass ihn nichts mehr faszinierte als verschollene Personen, sei es in früheren Zeiten oder heute. Ein Skelett, das irgendwo vergraben worden war, konnte ein Hinweis auf einen solchen Fall sein. Erlendur würde sein Vergnügen daran haben, in alten vergilbten Papieren herumzukramen. Kurz nach Mittag versuchte Elínborg, ihn anzurufen, sowohl zu Hause als auch auf dem Handy, aber ohne Erfolg.

Gegen zwei klingelte ihr Handy.

»Bist du da draußen bei den Ausgrabungen?«, sagte eine tiefe Stimme, und sie brauchte einige Zeit, um sie zu erkennen.

»Und wo bist du?«

»Ich bin mit was beschäftigt. Seid ihr bei der Baugrube?«

»Ja.«

»Siehst du die Büsche ganz in der Nähe? Ich glaube, das sind Johannisbeersträucher. Sie stehen in etwa dreißig Metern Entfernung von der Baustelle, fast in gerader Linie nach Süden.«

»Johannisbeersträucher?« Elínborg kniff die Augen zusammen und hielt Ausschau nach Büschen. »Ja«, sagte sie, »die sehe ich.«

»Die sind dort vor ziemlich langer Zeit eingepflanzt worden.«

»Ja.«

»Versuch herauszufinden, weshalb. Ob dort jemand gewohnt hat. Ob dort früher mal ein Haus gestanden hat. Geh ins Stadtplanungsamt, und hol dir Pläne von dem Gebiet, auch Luftaufnahmen, falls es welche gibt. Die musst du vielleicht sogar vom Anfang des Jahrhunderts bis etwa neunzehnhundertsechzig einsehen, aber vielleicht auch noch später.«

»Glaubst du, dass hier auf dem Hügel Häuser gestanden haben?«, fragte Elínborg und blickte sich um. Sie versuchte nicht einmal, ihr ungläubiges Erstaunen zu verbergen.

»Meiner Meinung nach sollten wir diese Möglichkeit ins Auge fassen. Was macht Sigurður Óli?«

»Er ist dabei, die Vermisstenmeldungen nach dem Krieg zu untersuchen. Er hat auf dich gewartet und gemeint, dass du eigentlich am meisten Spaß daran hättest, in so etwas herumzustöbern.«

»Ich habe gerade mit Skarphéðinn gesprochen, und er sagt, dass er sich an ein Camp auf der anderen Seite des Grafarholt-Hügels erinnert, während des Kriegs. Da, wo jetzt der Golfplatz ist.«

»Ein Camp?«

»Ja, so ein britisches oder amerikanisches Camp. Ein Militärlager. Nissenhütten. Konnte sich aber nicht erinnern, wie es geheißen hat. Du solltest das auch mal unter die Lupe nehmen. Möglicherweise haben die Briten in diesem Camp ja einen Vermissten gemeldet. Oder die Amis, die nach ihnen kamen.«

»Die Engländer? Die Amerikaner? Im Krieg? Mach mal langsam, wo komm ich denn an so was ran?«, fragte Elínborg erstaunt. »Wann sind die Amerikaner gekommen?«

»1941. Kann womöglich ein Depot für die Besatzungstruppen gewesen sein. Das glaubte Skarphéðinn zumindest. Und dann ist die Frage, ob dort in der näheren Umgebung Sommerhäuser gestanden haben. Ob das irgendwas mit denen zu tun haben kann. Vielleicht sogar irgendwelche Geschichten oder Gerüchte. Wir müssen mit den Leuten in den Sommerhäusern ringsum reden.«

»Das ist aber ein ziemlicher Aufstand wegen ein paar alter Knochen«, sagte Elínborg etwas ungehalten und kickte mit dem Fuß nach dem Geröll an der Baustelle. »Und was machst du eigentlich?«, fragte sie dann mit einem vorwurfsvollen Unterton.

»Nichts, was Spaß macht«, sagte Erlendur und brach die Verbindung ab.

Er betrat wieder die Intensivstation. Er trug einen dünnen grünen Kittel, der für einmaligen Gebrauch bestimmt war, und eine Gesichtsmaske. Eva Lind lag in einem großen Bett in einem Einzelzimmer auf der Intensivstation. Sie war an alle möglichen Geräte angeschlossen, von denen Erlendur kaum eine Ahnung hatte, wozu sie da waren. Eine Sauerstoffmaske bedeckte Mund und Nase. Er stand am Fußende des Bettes und blickte auf seine Tochter hinunter. Sie war immer noch nicht wieder bei Bewusstsein. Über ihrem Gesicht lag eine Art Frieden, den Erlendur noch nie an ihr gesehen hatte. Eine Ruhe, die er nicht kannte. Wie sie da so lag, traten ihre Gesichtszüge schärfer hervor, die Brauen waren spitzer, die Haut spannte sich straff über den Wangenknochen, und ihre Augen schienen in den Höhlen zu versinken.

Er hatte sofort die Ambulanz angerufen, nachdem es

ihm nicht gelungen war, sie wieder zu Bewusstsein zu bringen, dort vor dem früheren Entbindungsheim. Er fühlte den schwachen Puls, breitete seinen Mantel über sie und versuchte, ihr so gut er konnte beizustehen, aber sie gleichzeitig so wenig wie möglich zu bewegen. Bevor er sich's versah, war der gleiche Krankenwagen gekommen, den er in die Tryggvagata beordert hatte, und immer noch war derselbe Arzt an Bord. Eva Lind wurde vorsichtig auf die Bahre und in das Auto gehoben, das die kurze Strecke bis zur Notaufnahme in Rekordzeit zurücklegte.

Sie kam sofort auf den Operationstisch. Erlendur tigerte in der chirurgischen Abteilung in dem kleinen Aufenthaltszimmer für Angehörige auf und ab und überlegte, ob er Halldóra Bescheid sagen sollte. Er konnte sich aber nicht dazu überwinden, sie anzurufen. Fand dann aber so etwas wie eine Lösung. Er weckte Sindri Snær, berichtete ihm, was mit seiner Schwester passiert war, und bat ihn, seiner Mutter Bescheid zu sagen, damit sie ins Krankenhaus kommen könnte. Sindri selbst hatte nicht vor, in absehbarer Zeit in die Stadt zu kommen. Sah keinen Grund, extra wegen Eva Lind in die Stadt zu kommen. Das Gespräch versiegte.

Erlendur zündete sich eine Zigarette nach der anderen an, obwohl ein Schild mehr als deutlich Auskunft darüber gab, dass das Rauchen strengstens verboten war; ein Chirurg mit einer Maske vor dem Gesicht kam schließlich vorbei und stauchte ihn deswegen zusammen. Sein Handy klingelte, als der Arzt wieder weg war. Sindri gab eine Nachricht von Halldóra weiter: Es würde Erlendur nur recht geschehen, wenn er wenigstens einmal seinen Mann stehen müsste.

Der Chirurg, der die Operation geleitet hatte, sprach

gegen Morgen mit Erlendur. Ihr Zustand war nicht gut. Es war ihnen nicht gelungen, den Embryo zu retten, und es war nicht sicher, ob Eva überleben würde.

»Sie ist in einem sehr kritischen Zustand«, sagte der Arzt, ein großer schlanker Mann um die vierzig.

»Ja«, sagte Erlendur.

»Über einen langen Zeitraum hinweg mangelhafte Ernährung und dann Drogen. Es bestanden eigentlich kaum Aussichten, dass sie ein gesundes Kind zur Welt bringen würde, deswegen ist es vielleicht ...«

»Ich verstehe«, sagte Erlendur.

»Hat sie nie eine Abtreibung in Erwägung gezogen? In Fällen wie diesem ist ...«

»Sie wollte das Kind haben«, sagte Erlendur. »Sie glaubte, dass es ihr helfen könnte, und ich habe ihr auch stark zugeredet. Sie hat versucht aufzuhören. Da gibt's noch einen winzig kleinen Teil in ihr, der damit aufhören will, aber er kommt nur allzu selten zum Vorschein. Die meiste Zeit ist es eine ganz andere Eva, die den Ton angibt. Eine Eva, an die ich nicht herankomme, eine brutalere und erbarmungslosere. Irgendeine Eva, die auf Zerstörung aus ist. Auf diese Hölle.«

Erlendur wurde auf einmal klar, dass er mit einem Mann sprach, den er überhaupt nicht kannte, und er verstummte.

»Ich kann mir schon vorstellen, dass es für Eltern schwierig ist, mit so etwas umzugehen«, sagte der Arzt.

»Was ist eigentlich passiert?«

»Das Fruchtwasser ging ab. Es kam zu massiven inneren Blutungen, als die Fruchtblase geplatzt ist. Außerdem Vergiftungssymptome, die wir erst noch untersuchen müssen. Sie hat viel Blut verloren, und uns ist es noch nicht gelungen, sie wieder zu Bewusstsein zu bringen. Das will aber nichts besagen. Sie ist unglaublich geschwächt.«

Sie schweigen.

»Hast du deine Familie verständigen können?«, fragte der Arzt. »Damit jemand mit dir oder ...«

»Da ist keine Familie«, sagte Erlendur. »Wir sind geschieden. Ihre Mutter und ich. Ich habe ihr Bescheid gegeben, auch Evas Bruder. Er arbeitet irgendwo auf dem Land. Ich weiß nicht, ob ihre Mutter hierher kommen wird. Es hat den Anschein, als hätte sie so langsam genug. Es ist sehr schwierig für sie gewesen, die ganze Zeit.«

»Ich verstehe.«

»Das bezweifle ich«, sagte Erlendur. »Ich verstehe es ja nicht einmal selbst.«

Er nahm einige durchsichtige Tüten und Medikamentengläser aus seiner Manteltasche und zeigte sie dem Arzt.

»Es kann sein, dass sie etwas davon geschluckt hat«, sagte er.

Der Arzt schaute sich das an.

»Ecstasy?«

»Sieht mir ganz danach aus.«

»Das ist natürlich eine Erklärung. Wir haben alle möglichen Stoffe in ihrem Blut gefunden.«

Erlendur trat von einem Fuß auf den anderen. Der Arzt und er schwiegen eine Weile.

»Hast du eine Ahnung, wer der Vater ist?«, fragte der Arzt.

»Nein.«

»Glaubst du, dass sie es weiß?«

Erlendur blickte den Arzt an und zuckte teilnahmslos mit den Schultern. Dann schwiegen sie wieder.

»Wird sie sterben?«, fragte Erlendur schließlich nach einer Weile.

»Ich weiß es nicht«, sagte der Arzt. »Wir wollen das Beste hoffen.«

Erlendur zögerte, die Frage auszusprechen. Er hatte mit sich gerungen, weil sie eigentlich grauenvoll klang, ohne dass er zu einem Ergebnis gekommen war. Er war sich nicht sicher, ob er darauf bestehen sollte. Schließlich aber ließ er es darauf ankommen.

»Kann ich ihn sehen?«, fragte er.

»Ihn? Meinst du ...?«

»Kann ich den Embryo sehen? Kann ich das Kind sehen?«

Der Arzt schaute auf Erlendur, aber es gab keine Anzeichen von Verwunderung in seinem Gesicht, nur Verständnis. Er nickte zustimmend und bedeutete Erlendur, ihm zu folgen. Sie gingen den Gang entlang und traten in ein kleines menschenleeres Zimmer. Der Arzt drückte auf einen Schalter, und Neonleuchten blinkten auf und warfen ein bläuliches Licht auf den Raum. Er ging zu einem kalten Stahltisch und hob ein kleines Laken auf, unter dem das tot geborene Kind zum Vorschein kam.

Erlendur betrachtete es und strich ihm mit einem Finger über die Wange. Es war ein Mädchen.

»Wird meine Tochter aus diesem Koma erwachen? Kannst du mir das sagen?«

»Ich weiß es nicht«, sagte der Arzt. »Darüber lässt sich im Augenblick gar nichts sagen. Sie muss es selber wollen. Es hängt viel von ihr selber ab.«

»Das arme Mädchen«, sagte Erlendur.

»Es heißt, dass die Zeit alle Wunden heilt«, sagte der Arzt, als es ihm so vorkam, als würde Erlendur in Tränen ausbrechen. »Das gilt für den Körper genauso gut wie für die Seele.«

»Die Zeit«, sagte Erlendur, indem er das Laken wieder über das Kind breitete. »Die heilt keine Wunden.«

7

Er blieb den ganzen Tag bis etwa gegen sechs am Bett seiner Tochter sitzen. Halldóra ließ sich nicht blicken. Sindri Snær stand ebenfalls zu seinem Wort und kam nicht in die Stadt. Weitere Angehörige gab es nicht. Eva Linds Zustand war unverändert. Erlendur hatte seit dem Abend vorher weder geschlafen noch gegessen und war am Ende seiner Kräfte. Tagsüber hatte er telefonisch mit Elínborg in Verbindung gestanden und sich abends mit ihr und Sigurður Óli im Büro verabredet. Bevor er ging, streichelte er seiner Tochter die Wange und küsste sie auf die Stirn.

Er erwähnte mit keinem Wort, was vorgefallen war, als er sich mit Sigurður Óli und Elínborg zur Besprechung zusammensetzte. Die beiden hatten zwar nachmittags gerüchteweise im Dezernat erfahren, was mit seiner Tochter passiert war, aber sie trauten sich nicht, ihn direkt danach zu fragen.

»Die sind dabei, sich zu dem Skelett hinunterzukratzen«, sagte Elínborg. »Das geht ja entsetzlich langsam voran. Ich hab bald den Eindruck, als würden die jetzt schon mit Zahnstochern arbeiten. Die Hand, die du gefunden hast, ragt jetzt aus der Erde hoch, sie sind bis zum Handgelenk gekommen. Der Amtsarzt hat sich das angeschaut, aber der kann auch nicht mehr sagen, als dass es ein menschliches Wesen ist, das ziemlich kleine Hände gehabt hat. Der wird uns wohl nicht viel weiterhelfen können. Die Archäologen haben noch nichts in den Erdschichten gefunden, was einen Hinweis darauf geben könnte, was da passiert ist oder wer da begraben liegt. Sie gehen davon aus, dass sie morgen Nachmittag oder Abend bis zu dem Gerippe vorstoßen können, aber das bedeutet noch lange nicht, dass wir dann irgendwelche schlüssigen Antworten darauf bekommen, wer das ist. Danach muss man wohl woanders suchen.«

»Ich habe mich damit beschäftigt, wie viele Leute in Reykjavík und Umgebung in der Zeit als vermisst gemeldet worden sind«, sagte Sigurður Óli. »Seit den dreißiger und vierziger Jahren gibt es etwa vierzig bis fünfzig Fälle von verschollenen Personen, die nicht aufgeklärt werden konnten, und das hier könnte ganz gut einer von denen sein. Ich habe die entsprechenden Daten herausgesucht und sie nach Geschlecht und Alter sortiert, und jetzt warte ich eigentlich nur darauf, was der Befund des Gerichtsmediziners ergeben wird.«

»Glaubst du, dass in diesem Gebiet um den Grafarholt-Hügel jemand verschollen ist?«, fragte Erlendur.

»Nach den Adressen, die in den Vermisstenanzeigen angegeben sind, nein«, sagte Sigurður Óli, »aber ich habe sie noch nicht alle durchforstet; einige von den Adressen kann ich überhaupt nicht identifizieren. Wenn das Skelett endlich ausgegraben ist und die Ergebnisse des Gerichtsmediziners in Bezug auf Alter, Größe und Geschlecht vorliegen, können wir diese Gruppe sicherlich ein wenig einschränken, vielleicht sogar beträchtlich. Ich gehe davon aus, dass das jemand aus Reykjavík ist. Es ist doch wohl nicht abwegig, so zu verfahren?«

»Wo ist der Gerichtsmediziner?«, fragte Erlendur. »Der eine, den wir haben.«

»Der ist im Urlaub«, sagte Elínborg. »In Spanien.«

»Hast du feststellen können, ob da ein Haus bei diesen Sträuchern gestanden hat?«, fragte Erlendur Elínborg.

»Was für ein Haus?«, warf Sigurður Óli ein.

»Nein, ich bin noch nicht dazu gekommen«, sagte Elínborg. Sie schaute Sigurður Óli an. »Erlendur ist der Meinung, dass auf der Nordseite des Hügels möglicherweise ein Haus gestanden hat, und außerdem nimmt er an, dass die Briten oder Amerikaner auf der Südseite des Hügels ein Depot gehabt haben. Er will, dass wir mit sämtlichen Sommerhausbesitzern in diesem Gebiet reden, und womöglich sogar mit deren Großmüttern, und dann soll ich noch an einer spiritistischen Sitzung teilnehmen und möglichst Kontakt mit Churchill aufnehmen.«

»Und das ist nur der Anfang!«, erklärte Erlendur. »Was habt ihr denn für Theorien, was das für Knochen sind?«

»Es handelt sich ziemlich eindeutig um einen Mord«, sagte Sigurður Óli. »Vor einem halben Jahrhundert oder mehr begangen. Das Opfer wurde eingebuddelt, und niemand weiß etwas.«

»Er, oder diese Person«, korrigierte Elínborg sich selbst, »wurde dort offenbar zu dem Zweck unter die Erde gebracht, um ein Verbrechen zu verschleiern. Meiner Meinung nach liegt das vollkommen auf der Hand.«

»Wieso sollte es niemanden geben, der etwas weiß«, sagte Erlendur. »Es gibt immer jemanden, der etwas weiß.«

»Wir wissen mit Bestimmtheit, dass einige Rippen gebrochen sind«, sagte Elínborg. »Das gibt uns vielleicht einen Hinweis auf Gewaltanwendung.«

»Tatsächlich?«, sagte Sigurður Óli.

»Aber natürlich!«, sagte Elínborg im Brustton der Überzeugung.

»Kann das nicht auch dadurch gekommen sein, dass die Knochen so lange in der Erde gelegen haben?«, fragte Sigurður Óli. »Die Schwere des Erdbodens. Oder womöglich auch Temperaturschwankungen. Abwechselnd Frost und Tauwetter. Ich hab mit diesem Geologen gesprochen, den du hinzugezogen hast, und er hält das auch für möglich.«

»Es muss doch irgendeine Gewalttat passiert sein, wenn da ein menschliches Wesen verscharrt worden ist. Das liegt doch auf der Hand, oder nicht?« Elínborg schaute Erlendur an und sah, dass er mit seinen Gedanken ganz woanders war. »Erlendur?«, fragte sie. »Meinst du nicht auch?«

»Falls es sich um einen Mord handelt«, sagte Erlendur und kam wieder zu sich.

»Falls es sich um einen Mord handelt?«, wiederholte Sigurður Óli.

»Darüber wissen wir einfach nichts«, erklärte Erlendur. »Vielleicht ist das ein altes Familiengrab. Vielleicht haben die Leute kein Geld für eine anständige Beerdigung gehabt. Vielleicht sind das die Knochen von einem alten Zausel, der ganz plötzlich abgekratzt ist und hier eingegraben wurde, und alle wussten davon. Muss kein Geheimnis sein. Vielleicht ist die Leiche da vor hundert Jahren verscharrt worden. Oder vor fünfzig. Was uns fehlt, sind konkrete Informationen, auf die man sich verlassen kann. Dann können wir endlich aufhören, einfach nur ins Blaue hinein Hypothesen aufzustellen.«

»Aber ist es nicht gesetzlich vorgeschrieben, dass alle Leute in geweihter Erde begraben werden?«, sagte Sigurður Óli.

»Ich glaub du kannst dich begraben lassen, wo du willst«, sagte Erlendur, »falls jemand dich auf seiner Wiese haben will.«

»Aber was ist mit der Hand, die aus der Erde hochsteht?«, fragte Elínborg. »Ist das nicht ein deutliches Indiz dafür, dass es Auseinandersetzungen gegeben hat?«

»Doch«, sagte Erlendur, »ich bin schon der Meinung, dass dort etwas vorgefallen ist, was all die Jahre über ein Geheimnis geblieben ist. Dort ist jemand vergraben worden, der nie gefunden werden sollte. Aber jetzt ist ihm die Stadt Reykjavík sozusagen auf die Pelle gerückt, und wir müssen herausfinden, was passiert ist.«

»Wenn der, sagen wir einfach mal der«, sagte Sigurður Óli, »also, wenn der Millenniumsmann vor all diesen Jahren ermordet worden ist, ist es dann nicht so gut wie sicher, dass auch der Mörder inzwischen an Altersschwäche gestorben ist? Und falls er noch am Leben sein sollte, dann ist er steinalt und steht mit einem Bein im Grab, und irgendwie ist es doch reichlich bescheuert, hinter so einem her zu sein, um ihn vor Gericht zu stellen. Und höchstwahrscheinlich sind alle tot, die was mit diesem Toten zu tun gehabt haben, also fehlen uns Zeugen, falls wir denn jemals herausfinden sollten, was da passiert ist. Also ...«

»Worauf willst du hinaus?«

»Meines Erachtens gibt es gute Gründe darüber nachzudenken, ob wir tatsächlich unsere Kräfte auf diese Ermittlung verschwenden sollten. Ich meine, kommt da irgendwas bei rum?«

»Also deiner Meinung nach sollten wir die Sache ganz einfach auf sich beruhen lassen?«, fragte Erlendur.

Sigurður Óli zuckte die Achseln, so als sei es ihm persönlich vollkommen egal.

»Mord ist Mord«, sagte Erlendur. »Egal, wie viel Zeit verstreicht. Falls es sich hier um einen Mord handelt, müssen wir herausfinden, was da geschehen ist, wer ermordet wurde und warum, und wer der Mörder war. Ich bin der Meinung, dass wir an diese Sache wie an jede andere Ermittlung herangehen müssen. Uns Informationen verschaffen. Mit Leuten reden. Und irgendwie langsam, aber sicher an die Lösung heranpirschen.«

Erlendur stand auf.

»Irgendwas wird dabei schon zum Vorschein kommen«, sagte er. »Befassen wir uns mit den Sommerhauseigentümern und im Zweifelsfalle ihren Großmüttern.« Er blickte auf Elínborg. »Finden wir heraus, was für ein Haus bei den Johannisbeersträuchern gestanden hat. Was für eine Bewandtnis es damit hat. Versuchen wir, so etwas wie Interesse für das Problem aufzubringen.«

Er verabschiedete sich geistesabwesend von ihnen und ging auf den Korridor hinaus. Elínborg und Sigurður Óli schauten sich an, und Sigurður Óli nickte in Richtung Korridor. Elínborg stand auf und ging hinter Erlendur her.

»Erlendur«, sagte sie, als sie ihn eingeholt hatte.

»Ja, was?«

»Wie geht es Eva Lind?«

Erlendur schaute sie an und schwieg.

»Wir haben es hier im Dezernat erfahren. Wie sie gefunden worden ist. Es war furchtbar, das zu hören. Falls es irgendwas gibt, was ich oder Sigurður Óli für dich tun können, dann sag uns das bitte.«

»Man kann überhaupt nichts machen«, sagte Erlendur müde. »Sie liegt einfach da auf der Intensivstation, und niemand kann was machen.«

Er zögerte.

»Ihre Welt kannte ich bereits, bevor ich mich auf die Suche nach ihr machte. Einiges kannte ich, weil ich sie schon früher mal an solchen Orten gesucht habe, in solchen Straßen, solchen Häusern. Trotzdem überrascht es mich immer wieder gleichermaßen, was für ein Leben sie da lebt, was sie sich antut, wie sie sich selbst zu Grunde richtet. Ich habe die Leute gesehen, mit denen sie Umgang hat, Leute, denen sie auf Gedeih und Verderb ausgeliefert ist, Leute, für die sie unter Bedingungen arbeitet, die ich mir ersparen möchte zu beschreiben.«

Er verstummte eine Weile.

»Aber das ist nicht das Schlimmste«, fuhr er dann fort. »Nicht die Spelunken oder die Bruchbuden und die Kleinkriminellen oder die Dealer. Es ist schon ganz richtig, was die Alte, ich meine ihre Mutter, behauptet.«

Erlendur schaute Elínborg an.

»Ich bin der Schlimmste«, sagte er, »denn ich war es, der versagt hat.«

Als Erlendur nach Hause in seine Wohnung kam, setzte er sich vollkommen erschöpft in den Sessel. Er hatte im Krankenhaus angerufen und erfahren, dass der Zustand unverändert sei. Man würde ihm sofort Bescheid geben, falls es irgendwelche Veränderungen gäbe. Er bedankte sich und legte auf. Saß dann einfach nur da und schaute vor sich hin. Er dachte über Eva Lind nach, wie sie da auf der Intensivstation lag, er dachte an seine ehemalige Frau und den Hass, der immer noch ihr Leben prägte, an seinen Sohn, mit dem er nur dann Verbindung aufnahm, wenn irgendetwas schief gelaufen war.

Indem er diesen Gedanken nachhing, drang er in das tiefe Schweigen vor, das in seinem Leben herrschte. Spürte die Einsamkeit um sich herum. Spürte, wie farblose Tage sich zu einer unauflöslichen Kette zusammenfügten, die schwer auf ihm lastete, die ihn umfing, ihn einschnürte und ihn zu strangulieren schien.

Als ihn der Schlaf zu übermannen begann, schweiften seine Gedanken in seine eigene Vergangenheit zurück, seine Jugend, wo es nach dunklen Wintermonaten immer wieder heller wurde, wo das Leben unschuldig, unbeschwert und sorglos war. Es geschah nicht oft, aber manchmal gelang es ihm, an eine schöne und friedliche Vergangenheit zurückzudenken, und dann, für einen kurzen Moment, hatte es beinahe den Anschein, als ginge es ihm gut.

Aber nur, wenn er den Verlust verdrängen konnte.

Er schreckte aus tiefem Schlaf auf, als das Telefon eine ganze Weile unablässig geklingelt hatte, zuerst das Handy in der Manteltasche und dann das normale Telefon auf dem alten Schreibtisch, einem der wenigen Möbelstücke in der Wohnung.

»Du hattest Recht«, sagte Elínborg, als er endlich den Hörer aufgenommen hatte. »Verzeihung, hab ich dich geweckt?«, fragte sie dann. »Es ist erst zehn Uhr«, fügte sie entschuldigend hinzu.

»Was denn? Womit hatte ich Recht?«, fragte Erlendur schlaftrunken.

»Da stand ein Haus auf diesem Grundstück. Bei diesen Sträuchern.«

»Sträuchern?«

»Bei den Johannisbeersträuchern. Da draußen in Grafarholt. Es wurde in den vierziger Jahren gebaut und so etwa um 1980 abgerissen. Ich hatte die beim Stadtplanungsamt gebeten, mir sofort Bescheid zu geben, wenn sie irgendetwas herausfinden würden, und die haben gerade bei mir angerufen, haben den ganzen Abend danach gesucht.«

»Und was für ein Haus war das?«, fragte Erlendur noch ziemlich benommen. »Wohnhaus, Pferdestall, Hundehütte, Sommerhaus, Kuhstall, Scheune, Nissenhütte?«

»Ein Wohnhaus«, sagte Elínborg. »Ja, eine Art Sommerhaus oder so etwas Ähnliches.«

»Was?«

»Ein Sommerhaus!«

»Aus welcher Zeit?«

»Kurz vor 1940.«

»Und wer war der Besitzer?«

»Er hieß Benjamín. Benjamín Knudsen. Ein Kaufmann.«

»Er hieß?«

»Ja, er ist tot. Schon vor vielen Jahren gestorben.«

8

Viele der Hausbesitzer auf dem flachen Gelände nördlich des Hügels werkelten im Garten herum und erledigten typische Frühjahrsarbeiten, als Sigurður Óli am Hügel entlangfuhr und nach befahrbaren Zufahrtswegen

Ausschau hielt. Elínborg begleitete ihn. Einige stutzten Hecken, Sträucher und Bäume, andere pinselten an ihren Verandas oder Hauswänden herum, und wieder andere brachten die Zäune in Ordnung. Zwei hatten ihre Pferde gesattelt und wollten offensichtlich einen Ausritt machen.

Die Sonne stand im Zenit, und das Wetter war windstill und mild. Sigurður Óli und Elínborg hatten bereits mit einigen Hausbesitzern geredet, ohne dass irgendetwas dabei herausgekommen war, und sie hatten sich jetzt zu den Häusern vorgearbeitet, die in der unmittelbaren Umgebung des Grafarholt-Hügels lagen. Bei dem schönen Wetter hatten sie keinerlei Eile, sondern genossen es, aus der Stadt heraus zu sein und in der Sonne von Haus zu Haus zu schlendern und mit den Sommerhauseigentümern zu plaudern, die über diesen Polizeibesuch so früh am Morgen ziemlich erstaunt waren. Einige hatten von dem Knochenfund gehört, andere fielen aus allen Wolken.

»Wird sie das überleben, was meinst du ...?«, fragte Sigurður Óli, als sie wieder einmal ins Auto stiegen, um zu einem anderen Sommerhaus zu fahren. Sie waren auf Eva Lind zu sprechen gekommen, als sie die Stadt verließen, und in regelmäßigen Abständen kamen sie wieder auf das Mädchen zurück.

»Ich weiß es nicht«, sagte Elínborg. »Wahrscheinlich weiß niemand das. Das arme Mädchen«, sagte sie und seufzte tief. »Und er«, fügte sie hinzu. »Der arme Erlendur.«

»Das Mädchen ist ein Junkie«, sagte Sigurður Óli kategorisch. »Kriegt ein Kind und dröhnt sich auf Deubel komm raus zu, und am Ende bringt sie das Kind um. Ich habe kein Mitleid mit solchen Leuten. Ich kann einfach kein Mitleid mit denen haben. Ich verstehe sie nicht und werde sie niemals verstehen.«

»Darum hat dich auch niemand gebeten«, entgegnete Elínborg.

»Ach nee. Über diese Leute heißt es doch ständig, wie arm sie dran sind. Die, die ich kennen gelernt habe ...« Er machte eine Pause. »Ich kann kein Mitleid mit diesen Leuten empfinden«, wiederholte er nochmal. »Das sind Versager. Nichts anderes. Jammergestalten und hoffnungslose Versager.«

Elínborg stöhnte.

»Wie das wohl sein mag, wenn man so absolut vollkommen ist? Immer tipptopp angezogen, rasiert und gestylt, mit amerikanischem Diplom, keine abgekauten Fingernägel, und die einzigen Sorgen sind die, genug Geld für schicke Klamotten zu haben. Kriegst du das nie über? Gehst du dir nie selber auf den Geist?«

»Nope«, sagte Sigurður Óli.

»Was spricht dagegen, dass man solchen Leuten gegenüber ein bisschen Verständnis aufbringt?«

»Das sind verkrachte Existenzen und Versager, und das weißt du ganz genau. Und sie ist zwar die Tochter des Alten, aber deswegen ist sie keinen Deut besser. Sie ist genau wie all die anderen Nieten, die auf der Straße liegen und sich zudröhnen und das Therapiecenter als Zwischenstopp betrachten, bevor sie sich weiter in diesen Sumpf stürzen. Denn das ist das Einzige, woran sie interessiert sind. Herumsumpfen und sich mit irgendwas zudröhnen.«

»Wie läuft es bei dir und Bergþóra?«, fragte Elínborg, die sich keine Hoffnungen machte, irgendwelchen Einfluss auf seine Ansichten haben zu können.

»Ganz gut, danke der Nachfrage«, sagte Sigurður Óli etwas lahm und hielt vor dem nächsten Haus. Bergþóra machte ihm die Hölle heiß. Sie war ständig auf Sex aus, abends, morgens und mitten am Tag, in allen möglichen Stellungen und an allen möglichen Stellen in der Wohnung, in der Küche, im Wohnzimmer und sogar in der winzigen Waschküche. Mal liegend, mal im Stehen. Anfangs hatte er das zwar noch genossen, aber inzwischen hatten sich gewisse Ermüdungserscheinungen bei ihm eingestellt, und er war argwöhnisch geworden, was sie eigentlich damit bezweckte. Nicht, dass ihr Sexleben jemals langweilig gewesen war, ganz und gar nicht. Aber ihre sexuellen Bedürfnisse waren noch nie so groß und so extrem gewesen. Über Kinder hatten sie nie sonderlich ernsthaft gesprochen, obwohl das wahrscheinlich schon längst überfällig war. Schließlich waren sie ja lange genug zusammen. Er wusste, dass sie die Pille nahm, aber er konnte sich des Gedankens nicht erwehren, dass Bergþóra womöglich vorhatte, ihn mit einem Kind an sich zu krallen. Aber sie brauchte ihn ja eigentlich überhaupt nicht zu krallen, er mochte sie sehr gern und konnte sich nicht vorstellen, mit einer anderen Frau zusammenzuleben. Aber Frauen sind halt unberechenbar, dachte er bei sich. Man weiß nie, woran man mit ihnen ist.

»Komisch, dass die beim Einwohnermeldeamt keinerlei Namen von Leuten finden können, die in diesem Haus gewohnt haben, falls hier welche gewohnt haben«, sagte Elínborg, während sie aus dem Auto stieg.

»Da muss in Bezug auf diesen Zeitraum irgendwie der Wurm drin sein. In den Kriegsjahren und danach sind unglaublich viele Menschen nach Reykjavík geströmt, und die Leute wurden hier und da registriert, bevor sie was Endgültiges gefunden hatten. Außerdem habe ich den Verdacht, dass da aus dem Einwohnerverzeichnis was verloren gegangen ist. Die reagieren da eigentlich ziemlich merkwürdig. Der Mann, mit dem ich gesprochen habe, erklärte, dass er das so auf die Schnelle nicht rauskriegen könnte.«

»Vielleicht hat hier nie jemand gewohnt.«

»Die Leute müssen ja nicht lange hier gewesen sein. Sind womöglich ganz woanders registriert gewesen und haben die Adresse nie geändert. Vielleicht haben sie hier auf dem Hügel ein paar Jahre verbracht, oder nur ein paar Monate, während die Wohnungsnot in den Kriegsjahren in Reykjavík am größten war, und sind dann womöglich in ein Barackenviertel in der Stadt gezogen. Gehören zu diesem Gesocks, das in diesen ehemaligen Militärbaracken gehaust hat. Wie findest du diese Theorie?«

»Passt haargenau zu einem Mann in einem Burberry.«

Der Besitzer des Sommerhauses nahm sie in der Tür in Empfang, ein sehr alter Mann, schlank, aber etwas steif in seinen Bewegungen. Er hatte schütteres weißes Haar und trug ein dünnes hellblaues Hemd, das das Achselhemd darunter durchscheinen ließ, und graue Cordhosen. Seine Füße steckten in neuen Sportschuhen. Er lud sie ein, ins Haus zu kommen, und als Elínborg den ganzen Krempel drinnen sah, überlegte sie, ob er wohl das ganze Jahr über hier lebte. Sie fragte ihn danach.

»Wenn man so will, ja«, erwiderte der Mann und setzte sich in einen Ohrensessel, während er sie mit einer kleinen Geste aufforderte, auf den Esstischstühlen Platz zu nehmen, die mitten im Zimmer standen. »Hab vor vierzig Jahren hier angefangen zu bauen, und vor fünf Jahren hab ich mit meinem Lada hier alles rübergeschafft, wenn ich mich richtig erinnere. Oder vielleicht sind es sechs Jahre her. Ich kann das nicht mehr so genau auseinander halten. Ich hatte keine Lust mehr, in Reykjavík zu leben. Eine scheußliche Stadt und ...«

»Hat damals da oben am Hügel ein Haus gestanden, ein Sommerhaus vielleicht wie dieses, das aber vielleicht nicht unbedingt als solches verwendet worden ist?«, fragte Sigurður Óli, der nicht vorhatte, sich irgendeine Litanei über Reykjavík anzuhören. »Ich meine damals vor vierzig Jahren, als du angefangen hast, hier zu bauen?«

»Ein Sommerhaus, oder vielleicht auch nicht, was ...?«

»Es muss da ganz allein auf weiter Flur gestanden haben, auf dieser Seite von Grafarholt«, sagte Elínborg. »Wahrscheinlich irgendwann vor dem Krieg gebaut.« Sie schaute zum Fenster hinaus. »Du hättest das Haus hier aus diesem Fenster sehen müssen.«

»Ich kann mich an ein Haus da erinnern. Es war nicht angestrichen, und auch wohl nicht ganz fertig. Das ist aber schon lange nicht mehr da. Es war bestimmt ein ziemlich solides Haus, oder sollte es zumindest werden, recht groß, auf jeden Fall größer als meins, aber zu meiner Zeit war es schon ziemlich heruntergekommen. Regelrecht baufällig. Die Türen fehlten, und die Scheiben waren zerbrochen. Ich bin da oft vorbeigekommen, als ich noch im Reynisvatn geangelt habe. Aber das ist schon lange her.«

»Es hat also niemand in dem Haus gewohnt?«, fragte Sigurður Óli.

»Nein, da war niemand in dem Haus. Da hätte auch niemand leben können, denn es war total baufällig.«

»Und du kannst dich auch vorher an niemanden erinnern?«, fragte Elínborg. »An irgendjemanden, der mit dem Haus hier zu tun hatte?«

»Warum interessiert ihr euch eigentlich so für dieses Haus?«

»Wir haben da unterhalb des Hügels menschliche Knochen gefunden«, sagte Sigurður Óli. »Hast du das nicht in den Nachrichten gesehen?«

»Menschenknochen? Nein. Sind das Knochen von Leuten aus dem Haus da?«

»Das wissen wir nicht. Wir kennen die Geschichte dieses Hauses und der Leute, die darin gelebt haben, noch nicht«, sagte Elínborg. »Wir wissen, wer der Besitzer war, aber der ist schon lange tot, und wir haben immer noch nicht herausfinden können, ob hier andere Mieter gemeldet waren. Kannst du dich vielleicht erinnern, ob da auf der anderen Seite des Hügels Militärbaracken waren? An der Südseite. Ein Depot oder so was Ähnliches?«

»Diese Nissenhütten gab's ja überall«, sagte der alte Mann. »Von den Briten und von den Amis. Ich kann mich nicht so richtig erinnern, ob hier auch welche waren, das war ja auch vor meiner Zeit hier. Und zwar schon eine geraume Zeit früher. Ihr solltet mal mit Róbert sprechen.«

»Róbert?«, sagte Elínborg.

»Er war einer von den Ersten, die hier oben Sommerhäuser gebaut haben. Falls er noch nicht gestorben ist. Ich weiß, dass er ins Altersheim gekommen ist. Róbert Sigurðsson. Den findet ihr bestimmt, falls er noch am Leben ist.«

Es gab keine Klingel am Eingang, deswegen pochte Erlendur an die massive Eichentür und hoffte, dass das Klopfen drinnen gehört würde. Das Haus war im Besitz von Benjamín Knudsen gewesen, seines Zeichens Geschäftsinhaber und Großkaufmann in Reykjavík, der Ende der siebziger Jahre gestorben war. Sein Bruder und seine Schwester hatten das Haus geerbt, waren nach seinem Tod dort eingezogen und hatten dort gelebt, bis sie selber gestorben waren. Sie waren beide nicht verheiratet, aber die Schwester hatte eine außereheliche Tochter. Die war Ärztin und Erlendurs Informationen zufolge unverheiratet. Sie wohnte im Erdgeschoss und vermietete das obere Stockwerk. Erlendur hatte mit ihr telefoniert, und sie hatten sich für mittags verabredet.

Eva Linds Zustand war immer noch derselbe. Er hatte zu ihr hereingeschaut, bevor er zur Arbeit ging, hatte eine ganze Weile an ihrem Bett gesessen und all die Geräte betrachtet, die anzeigten, dass sie noch am Leben war, die Infusionsschläuche, die Sauerstoff, Nahrung und Medikamente zuführten. Sie konnte nicht ohne diese Geräte atmen, und die Pumpe gab beim Senken und Heben Sauggeräusche von sich. Die Herzstromkurve auf dem Monitor war regelmäßig. Bevor er die Intensivstation verließ, sprach er mit einem Arzt, der ihm erklärte, dass keinerlei Veränderungen in Bezug auf Eva Linds Befinden eingetreten seien. Erlendur fragte, ob er irgendetwas tun könnte, und der Arzt hatte ihm gesagt, dass er, auch wenn seine Tochter im Koma läge, so viel wie möglich mit ihr sprechen sollte. Damit sie seine Stimme hören könnte. Das würde in solchen Fällen nicht zuletzt auch den Angehörigen helfen, mit einer solchen Krisensituation fertig zu werden. Eva Lind sei keineswegs von ihm gegangen, und er müsse versuchen, sich das bei seinen Besuchen vor Augen zu halten.

Endlich wurde die schwere Eichentür von einer schlanken Frau um die sechzig geöffnet, die ihm die Hand reichte und sich vorstellte. Elsa. Ihr freundliches Gesicht war ein klein wenig geschminkt, und sie hatte dunkel gefärbtes, kurz geschnittenes Haar, das sie aus dem Gesicht kämmte. Sie trug Jeans und eine weiße Bluse, aber keinerlei Schmuck, weder Ringe, Armbänder noch Ketten. Sie führte ihn in das Wohnzimmer und bot ihm einen Platz an, wobei sie einen sicheren und entschlossenen Eindruck machte.

»Und was glaubt ihr, was das für Knochen sind?«, fragte sie, nachdem er ihr erklärt hatte, weshalb er gekommen war.

»Wir wissen es nicht, aber eine Theorie läuft darauf hinaus, dass sie mit dem Sommerhaus in Verbindung stehen, das da ganz in der Nähe gestanden hat, das Haus von deinem Onkel Benjamín. Hat er sich häufig dort aufgehalten?«

»Ich glaube, er ist nie in diesem Haus gewesen«, sagte sie leise. »Es war eine sehr tragische Geschichte. Mama hat häufig darüber gesprochen, wie attraktiv und wie intelligent er war und wie er zu Reichtum kam, aber dann verlor er seine Verlobte. Sie ist eines Tages verschwunden. Ganz einfach so. Sie erwartete ein Kind.«

Erlendur dachte an seine Tochter.

»Er fiel in Depressionen. Kümmerte sich kaum noch um die Geschäfte oder seinen Besitz, und alles ging den Bach runter, glaube ich, bis er dann auf einmal nichts mehr besaß, nur noch dieses Haus. Er starb im besten Alter, so gesehen.«

»Wie ist sie verschwunden? Seine Verlobte?«

»Man nahm an, dass sie ins Meer gegangen ist«, sagte Elsa. »Zumindest wurde es mir so erzählt.«

»War sie depressiv veranlagt?«

»Das wurde nie erwähnt, wenn über sie gesprochen wurde.«

»Und sie wurde nie gefunden?«

»Nein. Sie ...«

Elsa stockte mitten im Satz. Es schien ihr plötzlich aufzugehen, worauf er hinauswollte. Sie starrte ihn zunächst ungläubig an, dann betroffen, schockiert und wütend, alles zugleich.

»Das darf doch wohl nicht wahr sein.«

»Was?«, sagte Erlendur, der beobachtete, wie sie innehielt und augenblicklich eine feindselige Haltung ihm gegenüber annahm.

»Du glaubst, dass sie das ist. Dass das ihre Knochen sind!«

»Ich glaube gar nichts. Ich hab ja gerade eben zum ersten Mal von dieser Frau gehört. Wir haben keine Ahnung, wer da oben begraben liegt. Es ist viel zu früh, um irgendwelche Aussagen darüber zu machen, wer das sein kann oder nicht sein kann.«

»Und warum hast du dann solches Interesse an ihr? Was weißt du, wovon ich nichts weiß?«

»Nichts«, sagte Erlendur verblüfft. »Ist dir das nicht selbst in den Sinn gekommen, als ich dir von dem Knochenfund an diesem Ort erzählt habe? Dein Onkel besaß dort oben ein Haus. Seine Verlobte verschwindet. Wir finden Knochen. Das ist doch nur natürlich, dass man Rückschlüsse zieht.«

»Bist du verrückt! Willst du damit andeuten, dass ...«

»Ich will überhaupt nichts andeuten.«

»... dass er sie umgebracht hat? Dass Benjamin seine Verlobte ermordet und verscharrt hat, dass er dieses furchtbare Geheimnis die ganze Zeit bis zu seinem Tod bei sich behalten hat und deswegen seelisch am Ende war?«

Elsa war aufgestanden und ging erregt im Zimmer auf und ab.

»Moment mal, halt, ich habe nichts dergleichen gesagt«, stöhnte Erlendur und überlegte, ob er etwas behutsamer hätte vorgehen können. »Rein gar nichts.«

»Glaubst du, dass sie das ist? Ich meine, die Knochen, die ihr gefunden habt? Ist sie das?«

»Bestimmt nicht«, erwiderte Erlendur, ohne einen stichhaltigen Grund für diese Behauptung zu haben. Er wollte um jeden Preis, dass sie sich wieder beruhigte. Er hatte sie wohl etwas zu direkt angegangen. Hatte irgendetwas zu verstehen gegeben, was weder hieb- noch stichfest war, und er bereute das.

»Weißt du irgendwas über dieses Sommerhaus?«, fragte er dann, um das Thema zu wechseln. »Ob da vielleicht vor etwa fünfzig, sechzig Jahren jemand gewohnt hat? Während des Kriegs oder kurz danach? Beim Einwohnermeldeamt kann man das auf die Schnelle nicht feststellen.«

»Mein Gott, dass man sich so was anhören muss«, seufzte Elsa. »Wie bitte? Was hast du gesagt?«

»Es könnte sein, dass er das Sommerhaus vermietet hat«, sagte Erlendur rasch. »Dein Onkel. Während des Krieges und in den Jahren danach herrschte in Reykjavík ziemliche Wohnungsnot, und die Mietpreise waren immens. Mir ist eingefallen, dass er das Haus vielleicht gegen eine geringe Miete an jemanden vermietet haben könnte. Oder womöglich sogar verkauft. Weißt du etwas darüber?«

»Doch, ich meine mal etwas darüber gehört zu haben,

dass er das Haus vermietet hat, aber ich habe keine Ahnung, an wen, falls du das wissen willst. Entschuldige bitte, dass ich vorhin etwas aus dem Gleichgewicht geriet. Das ist bloß alles so ... Was für Knochen sind das eigentlich? Ist das ein vollständiges Skelett, ein Mann, eine Frau oder ein Kind?«

Sie war etwas ruhiger geworden, setzte sich wieder hin und schaute ihn fragend an.

»Es hat den Anschein, als ob es sich um ein vollständiges Skelett handelt, aber wir sind mit den Ausgrabungen noch nicht so weit nach unten gekommen«, sagte Erlendur. »Hat Benjamín vielleicht irgendwelche Unterlagen über seine Geschäfte und seine Besitztümer hinterlassen? Etwas, was noch nicht weggeworfen worden ist?«

»Der Keller hier unten ist voll von altem Kram aus seiner Zeit. Alle möglichen Aktenstapel und Kartons. Ich hab mich noch nicht dazu aufraffen können, das ganze durchzugehen beziehungsweise wegzuschmeißen. Sein Schreibtisch ist da unten und irgendwelche Büroschränke. Aber in naher Zukunft werde ich wohl Zeit haben, mir das in aller Ruhe anzuschauen.«

So, wie sie das sagte, klang es irgendwie nach Bedauern, und Erlendur dachte bei sich, dass sie vielleicht mit ihrem Schicksal haderte, mit diesem Einsiedlerdasein in einem großen Haus, das sie zwang, das Erbe der Vergangenheit anzutreten. Er blickte sich um, und ihm kam es so vor, als sei ihr ganzes Leben irgendwie davon geprägt, dass die Vergangenheit auf ihr lastete.

»Dürften wir vielleicht ...?«

»Bitte sehr. Du kannst dir das nach Belieben anschauen«, erklärte sie und lächelte zerstreut.

»Eins beschäftigt mich wirklich«, sagte Erlendur, indem

er aufstand. »Weißt du, warum Benjamín das Sommerhaus vermietet hat? Brauchte er Geld? Eigentlich hat es ja nicht den Anschein, als hätte er finanziell in der Bredouille gesteckt. Mit diesem Haus hier und mit dem Geschäft. Du hast gesagt, dass ihm das mit der Zeit unter den Händen zerronnen ist, aber während des Krieges wird er doch wohl mehr als genug verdient haben, um für den Rest des Lebens ein gutes Auskommen zu haben.«

»Nein, ich glaube nicht, dass er das Geld gebraucht hat.«

»Weswegen dann?«

»Irgendwie erinnere ich mich dunkel, dass er darum gebeten worden ist. Damals, als die Landflucht einsetzte und alle Leute nach Reykjavík strömten. Ich meine, dass er da irgendeinem Bedürftigen unter die Arme gegriffen hat.«

»Und kann es womöglich sein, dass er gar keine Miete dafür genommen hat?«

»Darüber weiß ich leider nichts. Ich komme nicht darüber hinweg, dass du davon ausgehst, dass Benjamín ...«

Sie brach mitten im Satz ab, so als könnte sie es nicht über sich bringen, das, was sie dachte, in Worte zu fassen.

»Ich glaube gar nichts«, sagte er und versuchte zu lächeln. »Es ist viel zu früh für irgendwelche Mutmaßungen.«

»Ich kann es einfach nicht glauben.«

»Sag mir noch eins.«

»Ja.«

»Sind noch irgendwelche Verwandte von ihr am Leben?«

»Von wem?«

»Von Benjamíns Verlobter. Gibt es da jemanden, mit dem man sprechen könnte?«

»Wozu? Wozu willst du diese Sache wieder ausgraben? Er wäre nie im Stande gewesen, ihr auch nur ein Härchen zu krümmen.«

»Ich glaube dir ja. Trotzdem haben wir das Problem mit den Knochen, denn die gehören zu irgendjemandem, und die lassen sich nicht wegdiskutieren. Ich muss alle Möglichkeiten in Betracht ziehen.«

»Sie hatte eine Schwester, die soweit ich weiß noch am Leben ist. Sie heißt Bára.«

»Und wann genau ist dieses Mädchen verschwunden?«

»1940«, sagte Elsa. »Man hat mir erzählt, dass es an einem schönen Frühlingstag geschehen ist.«.

9

Róbert Sigurðsson war zwar noch am Leben, aber dieses Leben hing wirklich nur noch an einem seidenen Faden, dachte Sigurður Óli bei sich. Er und Elínborg saßen in Róberts Zimmer dem alten Mann gegenüber, und während er das farblose und eingefallene Gesicht betrachtete, konnte Sigurður Óli sich des Gedankens nicht erwehren, dass er auf keinen Fall so alt werden wollte. Er fand das entsetzlich. Der alte Kerl war zahnlos, die Lippen blutleer, die Wangen eingefallen, und am ganzen Kopf standen fahle Haarbüschel in alle Richtungen ab. Er war an ein Sauerstoffgerät angeschlossen, das auf einem kleinen fahrbaren Untersatz neben ihm stand. Jedes Mal, wenn er etwas sagen wollte, nahm er mit zittriger Hand die Maske vom Gesicht und konnte gerade mal zwei oder drei Worte von sich geben, bevor er sie wieder aufsetzte.

Róbert hatte sein Sommerhaus schon vor vielen Jahren verkauft, und dann war es noch in die Hände eines anderen übergegangen, aber schließlich war es abgerissen worden, und auf dem Grundstück war ein neues Haus gebaut worden. Elínborg und Sigurður Óli hatten kurz nach Mittag bei den Besitzern dieses Hauses angeklopft und sie um den Mittagsschlaf gebracht. Sie bekamen die Geschichte erzählt, allerdings etwas unklar und unzusammenhängend.

Während sie in die Stadt zurückfuhren, hatte man im Dezernat den alten Mann für sie ausfindig gemacht. Es stellte sich heraus, dass er in der geriatrischen Abteilung im Fossvogur-Krankenhaus lag und vor kurzem neunzig geworden war.

Im Krankenhaus übernahm Elínborg die Gesprächsführung und erklärte Róbert, um was es ging. Der hockte zusammengesunken im Rollstuhl vor ihnen und saugte den reinen Sauerstoff aus dem Gerät ein. Hatte sein Leben lang geraucht. Er schien aber trotz seines körperlichen Zustands geistig völlig präsent zu sein und nickte zustimmend mit dem Kopf, dass er sie verstanden hatte und ihm klar war, worum es den Kriminalbeamten ging. Die Krankenschwester, die sie zu ihm hingebracht hatte, stand jetzt hinter dem Rollstuhl. Sie wies Elínborg und Sigurður Óli darauf hin, dass sie nicht zu lange bei ihm bleiben und ihm nicht zu sehr zusetzen dürften. Er nahm sich mit zittriger Hand die Maske ab.

»Kann mich erinnern ...«, sagte er mit sehr schwacher und heiserer Stimme, setzte sich die Maske wieder auf und saugte den Sauerstoff ein. Dann nahm er die Maske wieder ab.

»... an dieses Haus, aber ...«

Maske hoch.

Sigurður Óli schaute auf Elínborg und dann auf seine Armbanduhr, und er machte keinen Versuch, seine Ungeduld zu kaschieren.

»Möchtest du nicht ...«, begann sie, aber dann wurde die Maske wieder abgenommen.

»... erinnere mich nur an ...« warf Róbert ein, von Atemnot gepeinigt.

Maske hoch.

»Geh doch einfach in die Cafeteria, und iss dir was«, sagte Elínborg zu Sigurður Óli, der wieder auf die Uhr schaute, dann auf den alten Mann und auf Elínborg. Der ächzte, stand auf und verließ das Zimmer.

Maske runter.

»... eine Familie hat da gewohnt ...«

Maske auf. Elínborg wartete einen Augenblick, um zu sehen, ob er von selbst weitermachen würde, doch Róbert schwieg. Sie überlegte, wie sie die Fragen so formulieren könnte, dass er nur mit Ja oder Nein antworten musste. Dazu bräuchte er nur Kopfbewegungen zu machen und nicht zu sprechen.

»Hast du da während des Krieges ein Haus gehabt?«

Róbert nickte.

»Und lebte diese Familie in diesen Jahren da in dem anderen Haus?«

Róbert nickte.

»Erinnerst du dich vielleicht an irgendwelche Namen von denen, die damals dort gelebt haben?«

Róbert schüttelte den Kopf.

»War es eine große Familie?«

Róbert schüttelte wieder den Kopf.

»Ein Ehepaar mit zwei, drei Kindern, oder mehr?«

Jetzt nickte Róbert wieder zustimmend und hob drei blutleere Finger.

»Also ein Ehepaar mit drei Kindern. Hast du diese Leute jemals kennen gelernt? Gab es da nachbarliche Kontakte, oder kanntet ihr euch gar nicht?« Elínborg hatte das mit den Ja- und Nein-Antworten schon wieder vergessen, und Róbert nahm die Maske wieder ab.

»Kannte nicht.« Und schon war die Maske wieder oben. Die Krankenschwester hinter dem Rollstuhl wurde langsam unruhig und fixierte Elínborg, um ihr zu verstehen zu geben, dass sie aufhören sollte. Sie machte den Eindruck, als sei sie jeden Augenblick bereit, dazwischenzufunken. Róbert nahm die Maske ab.

»... sterben.«

»Wer? Diese Leute? Wer ist gestorben?« Elínborg beugte sich zu ihm hin und wartete darauf, dass er die Maske abnahm. Er hob die zittrige Hand nochmal zur Sauerstoffmaske, um sie abzunehmen.

»Schlimm dran ...«

Elínborg spürte, wie schrecklich schwer ihm das Sprechen fiel, und nahm richtig Anteil an seinen Anstrengungen. Sie schaute ihn unverwandt an und wartete darauf, dass er weitermachte.

Maske runter.

»Ein armer Schlucker ...«

Róbert fiel die Maske aus der Hand, die Augen schlossen sich, und der Kopf sank auf die Brust.

»Also bitte, jetzt reicht es aber«, sagte die Krankenschwester schroff, »jetzt hast du ihm den Rest gegeben.«

Sie nahm die Maske und legte sie Róbert sanft wieder an, der mit geschlossenen Augen so dasaß, als sei er eingeschlafen. Vielleicht lag er ja wirklich im Sterben, dachte Elínborg bei sich. Sie stand auf und sah zu, wie die Krankenschwester Róbert zu seinem Bett hinschob und ihn hochhob wie ein Federgewicht, um ihn dann zurechtzubetten.

»Willst du vielleicht den armen alten Mann mit diesem Quatsch umbringen?«, fragte die Krankenschwester, ein dragonerhaftes Weibsbild um die fünfzig, das Haar im Nacken zu einem Knoten zusammengebunden. Weißer Kittel, weiße Hose, weiße Clogs. Sie schaute Elínborg grimmig an. »Ich hätte das nie zulassen sollen«, brummte sie vor sich hin und schien sich selbst Vorwürfe zu machen. »Der wird den Tag wohl kaum überleben«, sagte sie dann laut. Diese Worte waren auf Elínborg gemünzt, und der vorwurfsvolle Unterton war nicht zu überhören.

»Entschuldige bitte«, sagte Elínborg, ohne zu wissen, weshalb sie sich entschuldigte. »Wir gehen davon aus, dass er uns weiterhelfen kann in Bezug auf dieses alte Skelett. Ich hoffe bloß, dass sich sein Zustand nicht verschlechtert hat.«

Róbert, der teilnahmslos dagelegen hatte, öffnete plötzlich die Augen. Er blickte sich auf einmal um, so als würde er begreifen, wo er sich befände, und nahm trotz der Proteste der Krankenschwester die Maske ab.

»Oft gekommen«, sagt er kurzatmig, »... später. Grüne Frau ... Sträucher.«

»Sträucher?«, fragte Elínborg. Sie schaltete blitzschnell. »Meinst du die Johannisbeersträucher?«

Die Krankenschwester setzte Róbert die Maske wieder auf, aber Elínborg glaubte zu sehen, wie er ihr zunickte.

»Wer war das deiner Meinung nach? Erinnerst du dich an die Johannisbeersträucher? Bist du da hingegangen? Zu diesen Sträuchern?«

Róbert schüttelte langsam den Kopf.

»Jetzt sieh aber zu, dass du rauskommst, und lass ihn gefälligst in Ruhe«, befahl die Krankenschwester Elínborg, die aufgestanden war und sich zu Róbert hinbeugte, aber nicht zu nah, um den Drachen nicht noch mehr zu provozieren.

»Kannst du mir darüber etwas sagen?«, fuhr Elínborg fort. »Hast du gewusst, wer das war? Wer ist oft zu den Johannisbeersträuchern gekommen?«

Róbert hatte die Augen wieder geschlossen.

»Später?«, machte Elínborg weiter. »Was meinst du mit später?«

Róbert öffnete die Augen und hob seine alten, knochigen Hände wie zum Zeichen, dass er ein Blatt Papier und etwas zu schreiben bräuchte. Die Krankenschwester schüttelte den Kopf und sagte zu ihm, dass er sich jetzt ausruhen müsse, das sei zu anstrengend für ihn gewesen. Er fasste nach ihrer Hand und schaute sie bittend an.

»Kommt nicht in Frage«, erklärte die Krankenschwester. »Würdest du jetzt bitte diesen Raum verlassen«, sagte sie zu Elínborg.

»Warum überlassen wir ihm das nicht selber? Wenn er heute Abend stirbt ...«

»Wir?«, sagte die Frau. »Was meinst du mit wir? Ich wüsste nicht, dass du hier dreißig Jahre gearbeitet und Patienten gepflegt hättest.« Sie schnaubte verächtlich. »Mach jetzt, dass du rauskommst, bevor ich jemanden hole und dich rauswerfen lasse.«

Elínborg blickte auf Róbert hinunter, der jetzt wieder

die Augen geschlossen hatte und zu schlafen schien. Sie schaute die Krankenschwester an und bewegte sich widerstrebend auf die Tür zu. Die Krankenschwester folgte Elínborg auf den Fersen und machte ihr dann die Tür vor der Nase zu, als Elínborg auf den Gang hinausgetreten war und sich noch einmal umgedreht hatte. Sie überlegte, ob sie Sigurður Óli holen und ihn auf diesen Dragoner ansetzen sollte, damit er ihr klar machte, wie wichtig es war, dass Róbert das, was er zu erzählen hatte, loswerden konnte. Sie ließ es aber bleiben. Sigurður Óli würde die Frau bestimmt noch mehr in Rage bringen.

Elínborg ging den Flur entlang und spähte in die Cafeteria, wo Sigurður Óli saß und sich ziemlich übel gelaunt eine Banane zu Gemüte führte. Sie machte wieder kehrt und behielt die Tür zu Róberts Zimmer im Auge. Eine kleine Nische mit einem Fernseher befand sich am anderen Ende des Gangs. Dorthin zog sie sich zurück und versteckte sich hinter einem riesigen Blumentopf mit einem baumartigen Gewächs, das fast bis zur Decke reichte. Da lauerte sie wie eine Löwin im Dickicht und behielt die Tür im Auge.

Sie brauchte nicht lange zu warten, bis die Krankenschwester aus Róberts Zimmer herauskam, den Gang entlangrauschte und durch die Cafeteria in die nächste Station marschierte. Sie nahm keine Notiz von Sigurður Óli, der an seiner Banane mampfte, und er auch nicht von ihr.

Elínborg wagte sich aus ihrem Versteck hervor und betrat vorsichtig Róberts Zimmer. Er lag genauso da, wie sie ihn verlassen hatte, und schien unter der übergestülpten Sauerstoffmaske zu schlafen. Die Gardinen waren zugezogen, und ein schwacher Schein kam von einer kleinen Nachttischlampe neben seinem Bett. Sie ging zögernd zu ihm hinüber und schaute sich verstohlen um, bevor sie sich einen Ruck gab und dem Greis einen ganz leichten Stoß versetzte.

Róbert reagierte nicht. Sie versuchte es noch einmal, aber er war fest eingeschlafen. Elínborg überlegte, wie tief dieser Schlaf wohl wäre, oder ob er womöglich schon in den ewigen Schlaf hinüberglitt. Sie überlegte hin und her, ob sie ihm noch mehr zusetzen oder lieber verschwinden und alles auf sich beruhen lassen sollte. Viel hatte er ja schließlich nicht gesagt. Eigentlich nur, dass irgendjemand bei den Sträuchern gewesen war. Eine Frau in Grün.

Sie wollte sich gerade umdrehen und hinausgehen, als Róbert plötzlich seine Augen öffnete und sie anstarrte. Elínborg wusste nicht, ob er sie wiedererkannte, aber als er mit dem Kopf nickte, glaubte sie sogar zu erkennen, dass er hinter der Sauerstoffmaske lächelte. Genau wie vorhin bedeutete er ihr jetzt, dass er Papier und etwas zu schreiben bräuchte. Sie kramte in ihrer Handtasche nach ihrem Notizblock und einem Stift, die sie in seinen Händen platzierte, und er begann, zittrige Druckbuchstaben niederzuschreiben, für die er lange brauchte. Währenddessen schaute Elínborg immer wieder unruhig zur Tür und rechnete jeden Augenblick damit, dass die Krankenschwester wieder hereinkommen und sie wüst beschimpfen würde. Sie hätte Róbert gerne gesagt, dass er sich beeilen solle, traute sich aber einfach nicht, ihn noch mehr unter Druck zu setzen.

Als er mit dem Schreiben fertig war, sanken die blutleeren Hände mit Notizbuch und Kugelschreiber kraftlos auf die Bettdecke. Er schloss die Augen. Im gleichen Augenblick, als Elínborg den Notizblock wieder an sich nahm, begann eines der Geräte, an das Róbert angeschlossen war, zu schrillen. Das Geräusch ging durch Mark und Bein, und Elínborg erschrak so heftig, dass sie einen Satz zur Seite machte. Sie warf einen Blick auf Róbert und war zunächst unschlüssig, wie sie sich verhalten sollte, aber dann hastete sie aus dem Zimmer hinaus, den Gang entlang und in die Cafeteria zu Sigurður Óli, der immer noch nicht mit seiner Banane fertig war. Irgendwo bimmelte eine Alarmglocke.

»Hast du was aus dem Alten rauskriegen können?«, fragte Sigurður Óli, als sich Elínborg ziemlich außer Atem neben ihn setzte. »Was denn, stimmt irgendwas nicht?«, fügte er hinzu, als er bemerkte, wie Elínborg keuchte.

»Doch, alles in Ordnung«, sagte Elínborg.

Ein ganzer Trupp Ärzte und Krankenschwestern stürmte durch die Cafeteria und lief in Richtung von Róberts Zimmer. Kurz darauf erschien ein Mann in weißem Kittel und schob ein Gerät vor sich her, das Elínborg für ein Herzmassagegerät hielt. Er verschwand ebenfalls in dem Gang. Sigurður Óli beobachtete diese Phalanx, bis sie um die Ecke verschwunden war.

»In was hast du dich da hineingeritten, verdammt nochmal?«, sagte er, indem er sich zu Elínborg umdrehte.

»Ich?«, stöhnte Elínborg. »In gar nichts. Ich! Was meinst du eigentlich?«

»Wieso dann diese Hektik?«, fragte Sigurður Óli.

»Ich bin kein bisschen hektisch.«

»Was ist los? Wieso rennen die auf einmal alle so rum? Und du bist völlig aus der Puste.«

»Keine Ahnung.«

»Hast du was aus ihm rausholen können? Kratzt der jetzt da womöglich ab?«

»Mensch, versuch doch mal, diesen Leuten etwas Achtung entgegenzubringen«, sagte Elínborg und blickte sich unruhig um.

»Was hast du aus ihm rausgeholt?«

»Ich muss mir das erst anschauen«, sagte Elínborg. »Sollten wir hier nicht so langsam verschwinden?« Sie standen auf und verließen die Cafeteria und das Krankenhaus und setzten sich ins Auto. Sigurður Óli fuhr los.

»Er hat was für mich auf ein Blatt geschrieben«, stöhnte Elínborg. »Der Ärmste.«

»Auf ein Blatt?«

Sie nahm den Notizblock aus der Tasche und suchte nach der Seite, auf die Róbert geschrieben hatte. Es stand nur ein Wort darauf, das von der zitternden Hand eines sterbenden Mannes stammte und fast unleserlich war. Sie brauchte eine ganze Weile, um sich darüber klarzuwerden, was da stand. Aber dann war sie sich ziemlich sicher, obwohl sie nicht begriff, was das zu bedeuten hatte. Sie starrte auf Róberts letztes Wort in diesem Dasein:

SCHIEF

Heute Abend waren es die Kartoffeln. Er behauptete, dass sie nicht gar waren. Oder zumindest hatte sie ihn so verstanden. Aber sie konnten genauso gut auch überkocht sein, zu Matsch gekocht, roh, ungepellt, schlecht gepellt, nicht durchgeschnitten, ohne Sauce, mit Sauce, gebraten, ungebraten, das Püree konnte zu dick, zu dünn sein, zu viel Muskat, zu wenig Muskat ...

Sie wusste nie, woran sie mit ihm war.

Das war eine seiner stärksten Waffen. Die Angriffe kamen immer ohne jegliche Vorwarnung und immer genau dann, wenn sie am allerwenigsten darauf gefasst war. Sie konnten ebenso gut vorkommen, wenn eigentlich alles zum Besten stand, oder wenn sie spürte, dass er in gereizter Stimmung war. Er verstand sich meisterhaft darauf, sie in Ungewissheit zu halten, damit sie sich nie sicher fühlen konnte. In seiner Gegenwart war sie immer panisch darauf bedacht, ihm alles recht zu machen. Das Essen zur rechten Zeit auf dem Tisch stehen zu haben. Morgens seine Sachen für ihn zurechtgelegt zu haben. Die Jungen in Schach zu halten und Mikkelína von ihm fern zu halten. Ihm in jeder Hinsicht zu Diensten zu sein, auch wenn sie genau wusste, dass es überhaupt nichts nutzte.

Sie hatte bereits seit langem die Hoffnung aufgegeben, dass sich das irgendwann ändern könnte, dass er sich ändern würde. Sein Heim war ihr Gefängnis.

Er nahm seinen Teller, als er fertig gegessen hatte, wortkarg wie gewöhnlich, und stellte ihn in die Spüle. Ging dann in Richtung Tisch, und es hatte den Anschein, als wollte er die Küche verlassen, aber er blieb neben ihr stehen. Sie wagte nicht, hochzublicken, sondern schaute auf ihre Söhne, die mit ihr am Tisch saßen und noch aßen. Jeder Muskel des Körpers war gespannt bis zum Äußersten. Vielleicht würde er aus dem Haus gehen, ohne sie anzurühren. Die Jungen sahen sie an und legten langsam die Gabeln auf ihre Teller.

In der Küche herrschte Totenstille.

Urplötzlich packte er sie am Kopf und ließ ihn mit solcher Wucht auf den Teller niedergehen, dass er zerbrach, riss sie dann an den Haaren wieder hoch und schleuderte sie mit einem Ruck nach hinten, sodass der Stuhl umkippte und sie auf den Boden knallte. Mit einer Handbewegung fegte er das Geschirr vom Tisch und trat nach dem Stuhl, der gegen die Wand krachte. Ihr schwindelte. Die ganze Küche schien sich um sie zu drehen. Sie versuchte aufzustehen, obwohl sie aus Erfahrung wusste, dass es besser war, regungslos liegen zu bleiben, aber da war etwas in ihr, was sich gegen diese Brutalität zur Wehr setzen musste.

»Bleib da liegen, du verdammte Kuh«, schrie er sie an, und als sie auf die Knie gekommen war, beugte er sich über sie und brüllte:

»Ach, du willst aufstehen?« Dann riss er sie an den Haaren hoch und schleuderte sie gegen die Wand, wo sie mit dem Gesicht aufprallte, und er trat ihr so gegen den Schenkel, dass der Schmerz ihr jegliches Gefühl im Bein raubte. Sie schrie gequält auf und fiel wieder zu Boden. Das Blut schoss ihr aus der Nase, ihr dröhnten die Ohren, und sie konnte ihn kaum noch hören.

»Jetzt kannst du ja mal versuchen aufzustehen, du Dreckstück!«, brüllte er.

Diesmal blieb sie unbeweglich liegen, kauerte sich zusammen und versuchte, den Kopf mit den Armen zu schützen. Er hob das Bein und trat ihr erbarmungslos in die Seite, so fest er konnte. Sie rang nach Atem, als sie den Schmerz in der Brust verspürte. Er bückte sich, riss sie noch einmal an den Haaren hoch und spuckte ihr ins Gesicht, bevor er ihren Kopf wieder auf den Boden schleuderte.

»Du verfluchtes Dreckstück«, zischte er. Dann richtete er sich auf und schaute sich in der verwüsteten Küche um. »Sieh dir das an, wie du hier mit den Sachen umgehst, du verdammte Schlampe«, schrie er sie an. »Bring das gefälligst auf der Stelle in Ordnung, oder ich bringe dich um.«

Er trat langsam ein paar Schritte zurück und wollte sie

nochmal anspucken, aber jetzt war ihm der Mund trocken geworden.

»Verdammte Jammergestalt«, sagte er. »Zu nichts nutze. Kannst du niemals was richtig machen, du dämliche, nichtsnutzige Hure? Wann willst du das endlich mal kapieren?«

Ihm war es egal, wenn man ihr etwas ansehen konnte. Es gab niemanden, der sich dafür interessierte oder der eingreifen würde. Es kam kaum jemals vor, dass jemand sich zu ihnen hinaus verirrte. In einiger Entfernung von ihnen standen vereinzelt ein paar Sommerhäuser, aber der Weg dahin führte nicht bei ihnen vorbei, auch wenn die Hauptstraße gar nicht mal so weit entfernt war. Es gab niemanden, der etwas mit dieser Familie zu tun haben wollte.

Das Haus, in dem sie wohnten, war ein geräumiges Sommerhaus, das er von einem Geschäftsmann in Reykjavík gemietet hatte. Es war erst halb fertig, als der Mann das Interesse an dem Haus verlor und es gegen eine geringfügige Miete an ihn vermietete, mit der Bedingung, dass er das Ausstehende zu Ende brachte. Zunächst hatte er sich auch alle Mühe gegeben und war auch schon fast fertig damit, aber dann stellte er fest, dass es dem Besitzer völlig gleichgültig war, ob er sich an dem Haus zu schaffen machte oder nicht, und danach verfiel es zusehends. Es war ein Holzhaus, das aus Wohnzimmer mit angrenzender Küche und Kohleherd bestand und dann noch aus zwei Zimmern mit Kohleöfchen und einem kleinen Flur. Nicht weit vom Haus gab es einen Brunnen, wo sie morgens Wasser holten, jeden Tag zwei Eimer, die auf einem Tisch in der Küche standen.

Sie waren vor gut einem Jahr hier hinaus gezogen. Nachdem die Engländer das Land besetzt hatten, strömten Leute aus allen Landesteilen nach Reykjavík, um Arbeit zu finden. Sie konnten ihre Kellerwohnung nicht halten, weil sie zu teuer geworden war. Die Mieten waren gewaltig gestiegen, seitdem es so viel Arbeit bei den Engländern gab. Nachdem er dieses halbfertige Sommerhaus gemietet hatte und mit seiner Familie dorthin gezogen war, suchte er sich eine Arbeit, die von dort aus gut zu erreichen war. Er wurde bei einem Fuhrunternehmen eingestellt, das Reykjavík und Umgebung mit Kohle versorgte. Jeden Morgen ging er zur Hauptstraße hinunter, dort kam das Kohlenauto vorbei und setzte ihn dann abends an der gleichen Stelle wieder ab. Manchmal kam ihr der Gedanke, ob er vielleicht nur deshalb so weit aus Reykjavík weggezogen war, damit niemand ihre Schreie hören könnte, wenn er sie zusammenschlug.

Schon kurz nach ihrem Einzug hatte sie sich die Johannisbeersträucher besorgt. Ihr kam die Umgebung so kahl vor, und sie pflanzte die Büsche südlich des Hauses ein. Sie sollten als Hecke den Garten eingrenzen, den sie beim Haus anlegen wollte. Sie hatte vor, auch einige Bäume zu pflanzen, aber er befand, dass sie ihre Zeit nur mit unnützen Dingen vergeudete, und verbot ihr strikt, sich mit so etwas zu beschäftigen.

Sie lag unbeweglich auf dem Fußboden und wartete darauf, dass er wieder ruhiger wurde oder womöglich in die Stadt ging, um sich mit Freunden zu treffen. Er ging des Öfteren nach Reykjavík und blieb dann manchmal über Nacht dort, ohne ihr irgendeine Erklärung zu geben. Ihr Gesicht brannte vor Schmerz, und die messerscharfen Stiche in der Brust waren wie vor zwei Jahren, als er ihr ein paar Rippen gebrochen hatte. Sie wusste, dass es nicht um die Kartoffeln gegangen war. Genauso wenig wie um den Fleck, den er auf seinem frisch gewaschenen Hemd entdeckt hatte. Oder das Kleid, das sie sich genäht hatte, das er zu aufreizend fand und in Stücke riss. Oder das Weinen der Kinder in der Nacht, an dem er ihr die Schuld gab. Eine miserable Mutter! Bring sie zum Schweigen, oder ich bring sie um! Sie wusste, dass er dazu im Stande war. Wusste, dass er im Stande war, so weit zu gehen.

Die beiden Jungen verließen fluchtartig die Küche, als sie sahen, dass er über ihre Mutter herfiel, aber Mikkelína blieb wie immer zurück. Sie konnte sich ohne Hilfe kaum bewegen. Sie lag auf ihrer Pritsche in der Küche, wo sie tagsüber spielte oder schlummerte, denn da war es am einfachsten, sie im Auge zu behalten. Sie rührte sich normalerweise nicht vom Fleck, wenn er anfing zu toben und ihre Mutter zu beschimpfen, sondern zog sich mit der gesunden Hand die Decke über den Kopf, so als ob sie sich auf diese Weise heraushalten könnte.

Sie sah nicht, was geschah. Wollte es nicht sehen. Sie hörte sein Brüllen und die Schmerzensschreie ihrer Mutter, und sie zuckte zusammen, wenn sie hörte, wie sie gegen die Wand oder auf den Boden geschleudert wurde. Sie kauerte sich unter der Decke zusammen und sagte sich in Gedanken Kinderreime vor:

Das ist der Daumen,
der schüttelt die Pflaumen,
der ist in den Brunnen gefallen,
der hat ihn wieder rausgeholt,
der hat ihn ins Bett gelegt,
der hat ihn zugedeckt,
und der kleine Schelm da,
der hat ihn wieder aufgeweckt.

Als er aufhörte, wurde es wieder still in der Küche. Aber es verging noch eine ganze Weile, bis sie es wagte, die Decke wieder zu lüften. Sie lugte ganz vorsichtig darunter hervor, und als sie ihn nirgends erblicken konnte, schaute sie zum Eingang und sah, dass die Haustür offen stand. Er musste weg sein. Sie richtete sich auf und sah ihre Mutter auf dem Boden liegen. Sie schlug die Decke zurück, kroch von ihrer Pritsche herunter und schob sich auf dem Fußboden unter dem Küchentisch zu ihrer Mutter hin, die immer noch zusammengekrümmt dalag und sich nicht regte.

Mikkelína schmiegte sich dicht an ihre Mutter. Sie war so abgemagert und schwächlich, dass es ihr wehtat, über den harten Boden zu kriechen. Normalerweise wurde sie von ihren Brüdern oder ihrer Mutter getragen. Niemals von ihm. Er hatte oft gedroht, den Kretin umzubringen. Diese Schwachsinnige auf ihrer ekelhaften Pritsche da zu erwürgen. Den Krüppel!

Ihre Mutter rührte sich nicht. Sie spürte, wie Mikkelína sich an ihren Rücken schmiegte und ihr über den Kopf strich. Die Schmerzen in der Brust ließen nicht nach, und aus der Nase rann immer noch Blut. Sie wusste nicht, ob sie das Bewusstsein verloren hatte. Eigentlich hatte sie das Gefühl, dass er noch im Haus war, aber wenn Mikkelína sich von ihrer Pritsche traute, konnte das nicht der Fall sein. Mikkelína fürchtete sich vor nichts auf der Welt mehr als vor ihrem Stiefvater.

Sie versuchte vorsichtig, sich auszustrecken, und stöhnte vor Schmerzen laut auf, hielt sich die Seite, in die er getreten hatte. Er musste ihr einige Rippen gebrochen haben. Sie wälzte sich auf den Rücken und sah Mikkelína an. Das Mädchen war tränenüberströmt, und aus ihrem Gesicht sprach das nackte Entsetzen. Mikkelína erschrak, als sie das blutverschmierte Gesicht ihrer Mutter sah, und fing wieder an zu schluchzen.

»Nicht weinen, Mikkelína«, stöhnte die Mutter. »Es wird schon alles wieder gut.«

Langsam und unter großen Mühen stand sie auf und hielt sich dabei am Küchentisch fest.

»Wir werden das schon überleben.«

Sie hielt sich die Seite, und der Schmerz durchfuhr sie wie mit Messern.

»Wo sind die Jungen?«, fragte sie und schaute zu Mikkelína auf dem Fußboden hinunter. Mikkelína wies auf die Tür und stieß einen Laut aus, der von ihrer Erregung und ihrem Grauen zeugte. Ihre Mutter ging immer davon aus, dass sie ein normales Kind war. Ihr Stiefvater nannte sie dagegen immer nur die Schwachsinnige und Schlimmeres. Mit drei Jahren hatte Mikkelína eine Hirnhautentzündung bekommen und war nur ganz knapp mit dem Leben davongekommen. Das Mädchen hatte tagelang im Landakot-Krankenhaus zwischen Leben und Tod geschwebt, die Nonnen hatten sie gepflegt, und ihrer Mutter war trotz flehentlichen Bittens und Wehklagens nicht gestattet, bei ihr zu sein. Mikkelína überlebte, aber als sie den Höhepunkt der Krankheit überschritten hatte, war sie rechtsseitig wie gelähmt, denn sie hatte keinerlei Kraft im Arm oder im Bein, und auch die rechte Gesichtshälfte war irgendwie schief, das Auge halb geschlossen und der Mund verzerrt, weswegen ihr oft der Speichel herauslief.

Die Jungen wussten, dass sie zu klein waren, um ihre Mutter zu verteidigen, der jüngere war sieben, der ältere zwölf Jahre alt. Sie kannten inzwischen diese Tobsuchtsanfälle ihres Vaters, wenn er über ihre Mutter herfiel, und all die scheußlichen Dinge, die er ihr sagte, wenn er sich in seine Wut hineinsteigerte und schließlich vollkommen die Beherrschung über sich selbst verlor und sie nur noch mit Verwünschungen überschüttete. Dann machten sie, dass sie wegkamen, Símon, der ältere, voran. Er packte seinen Bruder bei der Hand und zog ihn mit sich, trieb ihn dann vor sich her wie ein verschrecktes Lamm, zitternd vor Angst bei dem Gedanken, dass ihr Vater seinen Zorn an ihnen auslassen würde.

Irgendwann würde er auch Mikkelína mitnehmen können.

Und irgendwann würde er seine Mutter verteidigen können.

Die Brüder waren zu Tode erschrocken aus dem Haus gelaufen und zu den Johannisbeersträuchern gerannt. Es war Herbst, die Blätter waren dunkelgrün, und die kleinen feuerroten Beeren waren so voller Saft, dass sie in den Händen der Kinder zerplatzten, wenn sie sie in die kleinen Behälter und Schälchen pflückten, die ihre Mutter ihnen gab.

Sie warfen sich jenseits der Sträucher auf den Boden, hörten aber immer noch die brutalen Flüche und Verwünschungen ihres Vaters, das Klirren von zerbrechendem Porzellan und die Angstschreie ihrer Mutter. Während sich der Jüngere die Ohren zuhielt, spähte Símon in die Richtung des Küchenfensters, aus dem ein gelblicher Schein die Dämmerung erhellte, und er zwang sich, den Schreien seiner Mutter zu lauschen.

Er hatte aufgehört, sich die Ohren zuzuhalten. Er musste zuhören und alles in sich aufnehmen, wenn er jemals das tun wollte, was er tun musste.

10

Es war keineswegs übertrieben, was Elsa über den Keller von Benjamíns Haus gesagt hatte. Er war voll gestopft mit Gerümpel und Krempel, und für einen Moment war Erlendur versucht, das Handtuch zu werfen. Er überlegte, ob er Elínborg und Sigurður Óli herbeiordern sollte, beschloss dann aber, damit zu warten. Der Keller hatte etwa 90 Quadratmeter und war in einige fensterlose Kabuffs unterteilt, in denen Kisten über Kisten gestapelt waren, einige beschriftet, aber die meisten ohne jeglichen Hinweis auf den Inhalt. Es handelte sich um starke Pappkartons, in denen Weinflaschen und Zigaretten für das staatliche Monopol angeliefert wurden, oder Holzkisten in allen möglichen Größen, voll gestopft mit allem möglichen Kram. Außerdem gab es im Keller noch alte Schränke, Koffer, Reisetaschen und Zeugs, das sich dort über einen langen Zeitraum hinweg angesammelt hatte, staubige Fahrräder, Rasenmäher, ein alter Gartengrill.

»Du kannst hier rumwühlen, so viel du willst«, sagte Elsa, als sie die Kellertreppe hinuntergingen. »Wenn ich dir mit irgendwas behilflich sein kann, dann ruf mich nur.« Halbwegs bemitleidete sie diesen griesgrämigen Kriminalbeamten, der mit seinen Gedanken ganz woanders zu sein schien. In seiner abgetragenen Strickweste unter dem Jackett mit den durchgewetzten Ellbogenschonern machte er einen reichlich nachlässigen Eindruck. Von ihm ging eine gewisse Trauer aus, die sie genau spürte, wenn sie mit ihm sprach und ihm in die Augen blickte.

Erlendur lächelte matt und bedankte sich. Zwei Stunden später hatte er sich zu den ersten Papieren von Benjamín

Knudsen vorgearbeitet, die sich auf Geschäftliches bezogen. Es war eine Heidenarbeit gewesen, sich durch das Zeugs hindurchzuwühlen, denn hier herrschte ein einziges Chaos. Alter und neuerer Plunder lag da zuhauf herum. Und das musste er alles durchsehen und es dann irgendwie so platzieren, dass er weiter in den Haufen vordringen konnte. Er hatte den Eindruck, dass er allmählich auf immer ältere Hinterlassenschaften stieß, je weiter er sich vorarbeitete. Er hätte gern einen Kaffee gehabt und eine Zigarette geraucht, und er überlegte, ob er Elsa um eine Tasse Kaffee bitten oder lieber eine Pause machen und in ein Café gehen sollte.

Seine Gedanken kreisten ständig um Eva Lind. Er hatte das Handy dabei und musste jederzeit auf einen Anruf aus dem Krankenhaus gefasst sein. Er hatte Gewissensbisse, weil er nicht bei ihr war. Vielleicht sollte er sich lieber ein paar Tage freinehmen, um bei seiner Tochter zu wachen und mit ihr zu sprechen, wie der Arzt ihm geraten hatte. Bei ihr zu sein, statt sie ganz allein und im Koma und auf der Intensivstation zurückzulassen. Ohne Familie, ohne tröstende Worte, ohne irgendwelchen Beistand. Aber er kannte sich und wusste, dass er überhaupt nicht dazu im Stande war, tatenlos an ihrem Krankenbett zu sitzen und einfach nur abzuwarten. Die Arbeit war in gewissem Sinne die Ablenkung, die er brauchte, um seine Gedanken auf etwas anderes zu richten. Es sich zu ersparen, präzise und in allen Einzelheiten sich das Schlimmste auszumalen, was passieren könnte. An das, was undenkbar war.

Er versuchte sich zu konzentrieren, während er im Keller herumwühlte. Er öffnete alte Schreibtischschubladen und fand Rechnungen von Großhändlern, die auf das

Knudsen-Magazin ausgestellt waren. Sie waren alle handgeschrieben, und er hatte seine liebe Müh und Not, das zu entziffern. Es schien sich um alte Warenlieferungen zu handeln. In den Fächern des Schreibtischaufsatzes fanden sich mehr Papiere dieser Art, und auf die Schnelle hatte Erlendur den Eindruck, dass Benjamín Knudsen eine Kolonialwarenhandlung betrieben hatte, denn Kaffee und Zucker kamen häufig auf den Rechnungen vor, dahinter Zahlen.

Keinerlei Unterlagen in Bezug auf ein Sommerhaus weit vor den Toren der Stadt, dort wo jetzt das Millenniumsviertel entstand.

Schließlich konnte Erlendur dem Drang nach einer Zigarette nicht mehr widerstehen. Er sah eine Tür, die in einen gut gepflegten Garten führte. Im Garten zeigten sich die ersten Anzeichen des Frühlings, aber Erlendur achtete nicht darauf, sondern stand nur da, saugte hektisch an der Zigarette und blies den Rauch ebenso hektisch wieder aus. Binnen kürzester Zeit hatte er zwei Zigaretten geraucht. Das Handy klingelte in seiner Jacketttasche, und er nahm das Gespräch an. Es war Elínborg.

»Wie geht es Eva Lind?«, fragte sie.

»Immer noch im Koma«, sagte Erlendur kurz angebunden. »Gibt's was Neues bei euch?«, fragte er.

»Ich habe mit dem alten Mann gesprochen, diesem Róbert, der auch da oben ein Sommerhaus hatte. Ich bin mir nicht ganz sicher, worauf er eigentlich hinauswollte, aber er konnte sich an jemand erinnern, der da draußen bei deinen Sträuchern herumgestrichen ist.«

»Bei meinen Sträuchern?«

»Diesen Johannisbeersträuchern, nicht weit von der Stelle, wo die Knochen sind.«

»Bei den Johannisbeersträuchern? Und wer war das?«

»Und dann ist er, glaube ich, gestorben.«

Erlendur glaubte, im Hintergrund das hämische Kichern von Sigurður Óli zu hören.

»Dieser Jemand bei den Sträuchern?«

»Nein, Róbert«, sagte Elínborg. »Aus dem kriegen wir also nichts mehr heraus.«

»Und wer ist diese Person da bei den Sträuchern?«

»Völlig unklar«, sagte Elínborg. »Irgendjemand, der relativ oft gekommen ist, und auch noch viel später. Es war eigentlich das Einzige, was ich aus ihm rausgekriegt habe. Und dann hat er noch versucht ›Grüne Frau‹ zu sagen, und das war's dann.«

»Grüne Frau?«

»Ja, grün.«

»Oft, und später, und grün«, wiederholte Erlendur. »Später als was? Was hat er damit gemeint?«

»Wie ich schon sagte, das war ziemlich unzusammenhängend. Ich glaube, dass es eine ... ich glaube, sie ist ...« Elínborg zögerte?

»Ist was?«, fragte Erlendur.

»Schief.«

»Schief?«

»Das war die einzige Beschreibung, die er von dieser Person geben konnte. Er konnte da schon nicht mehr sprechen, der arme Kerl, und er hat dieses eine Wort aufgeschrieben: SCHIEF. Dann ist er eingeschlafen, und dann muss da wohl was passiert sein, denn plötzlich rückte eine ganze Ärztetruppe im Sturmschritt an und ...«

Elínborgs Stimme verebbte. Erlendur dachte eine Weile über ihre Worte nach.

»Also es hat den Anschein, als sei in späteren Zeiten irgendeine Frau häufig zu den Johannisbeersträuchern gekommen.«

»Vielleicht nach dem Krieg«, warf Elínborg ein.

»Hat er sich an die Bewohner des Hauses erinnert?«

»Eine Familie«, sagte Elínborg. »Ein Ehepaar mit drei Kindern. Mehr habe ich dazu nicht aus ihm herausholen können.«

»Aber dort haben tatsächlich Leute gewohnt?«

»Sieht so aus.«

»Und sie war schief. Was bedeutet das, schief sein. Wie alt ist Róbert?«

»Er ist ... oder war, ich weiß nicht ... über neunzig gewesen.«

»Schwer zu sagen, was er mit diesem Wort gemeint hat«, sagte Erlendur wie zu sich selbst. »Eine schiefe Frau bei den Johannisbeersträuchern. Wohnt jetzt jemand in Róberts Haus, falls das noch steht?«

Elínborg erklärte ihm, dass sie und Sigurður Óli im Lauf des Tages mit dem gegenwärtigen Besitzer gesprochen hatten, aber diese Frau sei von niemandem erwähnt worden. Erlendur plädierte dafür, noch einmal mit diesen Leuten zu reden und nachzuhaken, ob sie dort bei den Sträuchern jemand bemerkt hätten und ob sie da eine Frau gesehen hätten. Außerdem sollten sie versuchen, Róberts Verwandte aufzufinden, falls es welche gab, und herauszubekommen, ob er jemals etwas über die Familie dort erzählt hatte. Erlendur erklärte, dass er selbst noch etwas in dem Keller weitermachen wollte, um dann zu seiner Tochter ins Krankenhaus zu gehen.

Dann machte er sich wieder daran, die Hinterlassenschaften des Kaufmanns Benjamín Knudsen zu durchforsten. Er ließ seine Blicke schweifen und überlegte, ob man nicht mehrere Tage dazu brauchen würde, das ganze Zeugs durchzugehen. Er bahnte sich einen Weg zu Benjamíns Schreibtisch und hatte den Eindruck, dass dort nur Geschäftsunterlagen in Bezug auf Knudsens Magazin zu finden waren. Erlendur konnte sich nicht an diesen Laden erinnern, aber den Papieren zufolge musste er an der Hverfisgata gewesen sein.

Zwei Stunden später – er hatte zwischendurch Kaffee mit Elsa getrunken und weitere zwei Zigaretten im Garten geraucht – stieß er auf dem Kellerfußboden auf einen grauen Überseekoffer. Er war verschlossen, doch der Schlüssel steckte im Schloss. Erlendur brauchte ziemlich viel Kraft, um den Schlüssel zu drehen und den Koffer zu öffnen. Zuoberst lagen weitere Dokumente und Briefumschläge, die mit einem Gummiband gebündelt waren, aber keine Rechnungen. Zwischen den Briefen waren auch diverse Fotos, einige gerahmt, andere nicht. Erlendur betrachtete die Fotos. Er hatte keine Ahnung, wer die Leute auf den Bildern waren, vermutete aber, dass Benjamín selbst auf einigen abgebildet war. Eines zeigte einen großen, gut aussehenden Mann mit recht stattlicher Figur, der vor einem Geschäft stand. Der Anlass für diese Aufnahme lag auf der Hand. Über der Eingangstür zum Geschäft wurde ein großes Schild angebracht. Knudsens Magazin.

Erlendur schaute sich noch weitere Fotos an und sah denselben Mann auf noch einigen anderen Bildern, manchmal allein und manchmal mit einer jungen Frau. Die beiden lächelten in die Kamera. Alle Fotos waren unter freiem Himmel aufgenommen worden, und auf allen schien die Sonne.

Er legte sie zur Seite und griff sich ein Bündel mit Briefumschlägen. Es stellte sich heraus, dass es sich um Liebesbriefe handelte, die Benjamín seiner Zukünftigen geschrieben hatte. Sie hieß Sólveig. Einige waren sehr kurz und enthielten Liebeserklärungen, andere waren ausführlicher und erzählten von alltäglichen Begebenheiten. Alle zeugten davon, mit wie viel Liebe sie verfasst worden waren. Die Briefe schienen chronologisch geordnet zu sein, und widerstrebend las Erlendur einen. Er hatte das Gefühl, als würde er in eine geheiligte Privatsphäre eindringen, und schämte sich geradezu. Er kam sich vor wie ein Voyeur, der auf der Lauer liegt und bei anderen Leuten in die Fenster glotzt.

Mein Herz,
wie ich meinen Liebling vermisse. Ich habe den ganzen Tag an Dich gedacht und zähle die Minuten, bis Du wieder in die Stadt zurückkehrst. Ohne Dich ist das Leben wie ein kalter Winter, so farblos, so leer, so tot. Unvorstellbar, dass Du ganze zwei Wochen weg sein wirst. Ehrlich gesagt weiß ich nicht, wie ich das ertragen soll.
Dein Dich liebender
Benjamín K.

Erlendur steckte den Brief wieder in den dazugehörigen Umschlag. Dann entnahm er weiter unten aus dem Bündel einen anderen, der sehr viel ausführlicher war und die Transaktionen eines künftigen Großkaufmanns erläuterte, der ein Geschäft in der Hverfisgata eröffnen wollte. Er hatte große Zukunftspläne. Hatte gelesen, dass es in Amerika riesige Magazine in den Städten gab, die ein breites Warenangebot von Lebensmitteln bis hin zu Kleidung hatten und wo die Menschen sich selber die Waren aus den

Regalen nahmen, um sie dann in Warenkörbe zu legen, die sie vor sich herschoben.

Gegen Abend fuhr er zum Krankenhaus, um eine Weile bei Eva Lind zu sitzen. Zuvor hatte er noch bei Skarphéðinn angerufen, der zwar erklärte, dass die Ausgrabung gute Fortschritte machte, sich aber nicht dazu äußern wollte, wann sie endlich bis zu dem Skelett vorstoßen würden. Im Erdreich hatten sie noch nichts gefunden, was einen Hinweis darauf geben könnte, weswegen der Millenniumsmann ums Leben gekommen war.

Bevor er losfuhr, hatte Erlendur auch noch Eva Linds behandelnden Arzt angerufen und erfahren, dass ihr Zustand unverändert war. Als er auf die Intensivstation kam, sah er eine Frau in braunem Mantel am Bett seiner Tochter sitzen und war schon halb im Zimmer, als er begriff, wer das war. Er erstarrte förmlich, hielt abrupt inne und schob sich dann rückwärts wieder zur Tür hinaus, blieb auf dem Gang stehen und betrachtete die Frau aus der Entfernung.

Sie drehte ihm den Rücken zu, aber trotzdem wusste er, wer sie war. Die Frau war in seinem Alter. Sie saß vornübergebeugt, und in ihrem knall-lila Jogginganzug unter dem braunen Mantel wirkte sie ziemlich korpulent. Sie hielt sich ein Taschentuch unter die Nase und redete mit leiser Stimme auf Eva Lind ein. Er hörte nicht, was sie sagte. Er bemerkte, dass sie gefärbte Haare hatte und geraume Zeit seit dem letzten Nachfärben verstrichen war, denn beim Scheitel machte sich an den Haarwurzeln ein grauer Rand bemerkbar. Unwillkürlich rechnete er im Kopf nach, wie alt sie war. Das war einfach, denn sie war drei Jahre älter als er.

Seit zwei Jahrzehnten hatte er sie nicht mehr so aus der Nähe gesehen. Nicht mehr seit ihrer Scheidung, nicht seit er sie und die beiden Kinder verlassen hatte. Sie hatte nie wieder geheiratet, ebenso wenig wie er, sie hatte aber einige Male versucht, mit anderen Männern zusammenzuleben, die sich als ziemlich unterschiedliche Charaktere herausgestellt hatten. Eva Lind hatte ihm später von diesen Typen erzählt, als sie älter geworden war und Kontakt mit ihm aufgenommen hatte. Das Mädchen war zunächst ziemlich misstrauisch ihm gegenüber gewesen, aber trotzdem hatte sich ein gewisses Vertrauensverhältnis zwischen ihnen beiden herausgebildet, und Erlendur hatte versucht, alles in seiner Macht Stehende für sie zu tun. Das galt auch für den Jungen, der ihm aber wesentlich weniger nahe stand. Er hatte fast keine Verbindung zu seinem Sohn. Und mit dieser Frau, die da am Bett ihrer gemeinsamen Tochter saß, hatte er während der letzten zwei Jahrzehnte kaum ein Wort gewechselt.

Erlendur schaute zu seiner ehemaligen Frau hinüber und wich weiter zurück. Er spielte mit dem Gedanken, ob er doch hineingehen sollte, aber er konnte sich nicht dazu aufraffen. Er rechnete mit Vorwürfen und einer Szene, und an einem Ort wie diesem war so etwas mehr als unangebracht. Solche Szenen fand er im Übrigen überall unangebracht, vor allem aber in seinem eigenen Leben, wenn es irgendwie zu vermeiden war. Sie hatten nie einen Schlussstrich unter ihre Beziehung gesetzt, und genau das gehörte zu dem, was sie ihm laut Eva Lind am meisten zum Vorwurf machte. Wie er sie verlassen hatte.

Er drehte sich um, ging langsam den Gang entlang, und dabei fielen ihm die Liebesbriefe im Keller von Benjamín ein. Erlendur ging eine Frage durch den Kopf, die immer noch unbeantwortet war, als er nach Hause kam und sich schwerfällig in den Sessel fallen ließ und dem Schlaf gestattete, sie aus seinen Gedanken zu vertreiben.

War sie jemals *sein Herz* gewesen?

11

Es war angeordnet worden, dass nur Erlendur, Sigurður Óli und Elínborg mit der Untersuchung des »Knochenfalls« beauftragt waren, wie der Fall in den Medien genannt wurde. Die Kriminalpolizei konnte zu diesem Zeitpunkt keine anderen Mitarbeiter entbehren, zumal der Fall auch keinerlei Priorität hatte. Die Ermittlung in einem komplizierten und übergreifenden Rauschgiftdelikt lief auf vollen Touren. Sie war Zeit raubend, personal- und arbeitsintensiv, deswegen konnten keine weiteren Mitarbeiter abgestellt werden, wie Hrólfur, ihr Vorgesetzter, sich ausdrückte. Und abgesehen davon sei es ja außerdem noch nicht einmal sicher, ob es sich überhaupt um einen Kriminalfall handelte.

Früh am nächsten Morgen schaute Erlendur im Krankenhaus herein, bevor er zur Arbeit fuhr. Er saß fast zwei Stunden lang am Bett seiner Tochter. Ihr Zustand war unverändert. Ihre Mutter war nirgends zu erblicken. Die meiste Zeit saß er schweigsam da und betrachtete ihr mageres Antlitz, in dem die Knochen hervortraten, und er dachte zurück. Versuchte sich an die Zeit zu erinnern, als Eva Lind klein war. Sie war noch keine drei Jahre alt gewesen, als er und Halldóra sich scheiden ließen, und er konnte sich daran erinnern, dass sie darauf bestand, im Ehebett zwischen ihnen zu schlafen. Sie weigerte sich, in ihrem Kinderbett zu liegen, obwohl es sich im gleichen Zimmer befand, weil die Wohnung so klein war. Schlafzimmer, Wohnzimmer, Küche. Sie kletterte aus ihrem Bettchen, hüpfte auf dem Ehebett herum und kuschelte sich zwischen die Eltern.

Und er erinnerte sich daran, wie sie auf einmal bei ihm in der Tür gestanden hatte, ein ausgewachsener Teenager, der herausgefunden hatte, wer ihr Vater war. Halldóra hatte ihm das Umgangsrecht damals rundheraus verweigert. Jedes Mal, wenn er versucht hatte, Kontakt aufzunehmen, überschüttete sie ihn mit Beschimpfungen, und zum Schluss kam es ihm schon beinahe selbst so vor, als ob alles, was sie da sagte, vollkommen richtig war. Als Eva Lind in der Tür stand, hatte er sie all die Jahre über nie gesehen, aber trotzdem war ihm das Gesicht vertraut. Er erkannte gewisse Züge aus seiner Familie wieder.

»Du könntest mich vielleicht mal fragen, ob ich reinkommen will«, sagte sie, als er sie eine ganze Weile angestarrt hatte. Sie trug eine schwarze Lederjacke und abgewetzte Jeans. Schwarzer Lippenstift und schwarz lackierte Fingernägel. Sie rauchte und blies den Rauch durch die Nase aus.

Damals hatte sie noch ganz jung gewirkt, fast unschuldig.

Er zögerte, weil er völlig perplex war. Dann bat er sie, hereinzukommen.

»Mama ist total ausgerastet, als ich sagte, dass ich zu dir wollte«, sagte sie, als sie in einer Wolke von Zigarettenrauch an ihm vorbeiging und sich dann auf seinen Ohrensessel fläzte. »In ihren Augen bist du das Allerletzte. Das hat sie Sindri und mir ewig und immer vorgeleiert. So ein erbärmlicher, verdammter Feigling, euer Vater. Und dann: Und ihr seid ganz genau wie er, das Allerletzte.«

Eva Lind lachte. Sie suchte einen Aschenbecher, um die Zigarette auszumachen, aber er nahm sie ihr ab und drückte sie selber aus.

»Warum ...«, begann er, konnte aber den Satz nicht zu Ende bringen.

»Ich wollte dich einfach mal sehen«, sagte sie. »Wollte bloß mal sehen, wie du aussiehst, verdammt nochmal.«

»Und wie seh ich aus?«, fragte er.

Sie schaute ihn an.

»Wie das Allerletzte«, sagte sie.

»Dann haben wir ja was gemeinsam«, sagte er.

Er schaute sie eine ganze Weile an, und es kam ihm so vor, als ob sie lächelte.

Als er ins Dezernat kam, setzten sich Elínborg und Sigurður Óli zu ihm ins Büro und berichteten, dass sie keine weiteren Informationen aus den Leuten hätten herausholen können, denen jetzt das Sommerhaus von Róbert gehörte. Sie hätten keine schiefe Gestalt da gesehen, wie sie sich ausdrückten, nirgendwo da am Hügel. Róberts Frau war schon vor etwa zehn Jahren gestorben. Sie hatten zwei Kinder. Ein Sohn war um die gleiche Zeit im Alter von sechzig Jahren gestorben, aber seine Tochter, eine Frau um die siebzig, erwartete Elínborgs Besuch.

»Und was ist mit Róbert, kriegen wir noch mehr aus dem heraus?«, fragte Erlendur.

»Róbert ist gestern Abend gestorben«, sagte Elínborg, wobei so etwas wie Gewissensbisse in ihrer Stimme mitschwangen. »In der Fülle seiner Zeit. Nein, im Ernst. Ich glaube, dass er genug hatte. Er war nur noch ein Pflegefall. Mehr hat er nicht gesagt. Du lieber Himmel, um keinen Preis der Welt möchte ich so im Krankenhaus dahinsiechen.«

»Aber bevor er gestorben ist«, sagte Sigurður Óli, »hat er noch eine kleine Nachricht auf seinem Taschencomputer hinterlassen können: Sie hat mich umgebracht.«

»Mein Gott, wie witzig«, sagte Elínborg, »das haut einen ja direkt um.«

»Du bist ihn für heute los«, sagte Erlendur und deutete mit dem Kopf auf Sigurður Óli. »Ich werde ihn in Benjamíns Keller schicken und ihn nach Beweismaterial suchen lassen. Benjamin war derjenige, der das Sommerhaus besessen hat.«

»Was glaubst du eigentlich, was da zu finden ist«, fragte Sigurður Óli, während ihm das Lächeln auf den Lippen gefror.

»Er muss doch irgendwie Buch darüber geführt haben, an wen er das Haus vermietet hat. Das liegt auf der Hand. Wir brauchen die Namen derjenigen, die dort gewohnt haben. Das Einwohnermeldeamt ist ja offensichtlich nicht im Stande, das für uns rauszukriegen. Wenn wir die Namen haben, können wir uns die Vermisstenmeldungen anschauen und untersuchen, ob noch jemand von diesen Leuten am Leben ist. Sobald die Knochen ausgegraben sind, brauchen wir außerdem eine Analyse in Bezug auf Alter und Geschlecht.«

»Róbert hat von drei Kindern gesprochen«, sagte Elínborg. »Die müssten doch eigentlich noch am Leben sein.«

»So viel steht jedenfalls fest«, sagte Erlendur, »auch wenn es nicht gerade viel ist. In einem Sommerhaus am Grafarholt hat eine Familie gewohnt, ein Ehepaar mit drei Kindern, wahrscheinlich während des Krieges. Das sind die einzigen Leute, von denen wir wissen, dass sie in dem Haus gelebt haben. Auf den ersten Blick hat es nicht den Anschein, als wären diese Leute da gemeldet gewesen. Solange wir nicht mehr wissen, können wir vorläufig davon ausgehen, dass einer aus dieser Familie dort in der Erde liegt, oder jemand, der mit ihnen in Verbindung stand. Und irgendjemand, der de facto mit ihnen in Verbindung stand, nämlich die Frau, an die Róbert sich erinnern konnte und die später an diesen Ort zurückgekommen ist.«

»Und zwar häufig und viel später, und sie war schief«, fügte Elínborg hinzu. »Kann schief nicht bedeuten, dass sie gehinkt hat?«

»Hätte er dann nicht ›hinkt‹ geschrieben?«, warf Sigurður Óli ein.

»Was ist aus dem Haus geworden?«, fragte Elínborg. »Da draußen ist nichts mehr davon übrig.«

»Das findest du vielleicht in Benjamins Keller für uns heraus. Oder bei seiner Nichte«, sagte Erlendur zu Sigurður Óli. »Ich habe total vergessen, danach zu fragen.«

»Wir brauchen doch bloß die Namen von den Leuten. Dann vergleichen wir die mit den Vermisstenmeldungen aus dieser Zeit, und dann haben wir's. Liegt das nicht auf der Hand?«, erklärte Sigurður Óli.

»Das ist damit nicht gesagt«, sagte Erlendur.

»Was meinst du denn damit?«

»Du redest bloß von Vermisstenmeldungen, die bei der Polizei registriert sind.«

»Über was für andere Vermisste sollte ich denn sonst reden?«

»Solche, die nie registriert wurden. Es ist überhaupt nicht sicher, dass es immer der Polizei gemeldet wird, wenn jemand spurlos verschwindet. Irgendjemand zieht aufs Land und lässt sich nie wieder blicken. Ein anderer zieht ins Ausland und lässt sich nie wieder blicken, oder jemand flüchtet ins Ausland und wird mit der Zeit einfach vergessen. Und denk an all diejenigen, die ganz einfach den Naturgewalten hier auf Island zum Opfer fallen. Falls es eine Liste über die Leute gibt, von denen man annimmt, dass sie hier in Stadtnähe bei irgendwelchen Wettereinbrüchen den kalten Tod gefunden haben, dann sollten wir das ebenfalls überprüfen.«

»Ich denke, dass wir uns darauf einigen können, dass es sich hier nicht um so einen Fall handelt.« Sigurður Óli klang so, als hätte er das Sagen, so, als gäbe es da überhaupt nichts zu diskutieren. Er begann Erlendur auf den Geist zu gehen. »Es ist ausgeschlossen, dass dieser Mann, oder wer auch immer dort liegt, in Eis und Frost umgekommen ist. Irgendjemand hat ihn dort vergraben. Das hat was mit vorsätzlich zu tun.«

»Das ist genau das, was ich meine«, erwiderte Erlendur, der sich mit Geschichten von Menschen, die in Schneestürmen umgekommen waren, bestens auskannte. »Ein Mensch macht sich zu Fuß auf den Weg, um eine Hochheide zu überqueren. Es ist tiefster Winter, und die Wetteraussichten sind schlecht. Man versucht, ihm das auszureden. Er hört nicht auf gute Ratschläge, sondern ist davon überzeugt, dass er es schon schaffen wird. Das ist nämlich das Merkwürdige an all diesen Geschichten, dass solche Leute nie auf die Ratschläge von anderen hören. Es kommt einem so vor, als ob sie offenen Auges in den Tod gingen. Von solchen Leuten sagt man, dass sie todgeweiht sind. Morituri, hieß das bei den alten Römern. Das ist, als ob sie ihr Schicksal herausfordern würden. Aber egal. Dieser Mensch geht davon aus, dass er durchkommen wird. Aber dann bricht das Unwetter herein, und die Naturgewalten toben viel furchtbarer, als er sich das vorgestellt hatte. Er verliert die Orientierung. Verirrt sich. Wird schließlich unter den Schneemassen begraben und erfriert. Und er ist so weit von dem Weg, den er einschlagen wollte, abgekommen, dass die Leiche nie gefunden wird. Er wird für tot erklärt.«

Elínborg und Sigurður Óli blickten einander an und waren sich nicht sicher, worauf Erlendur eigentlich hinauswollte.

»So lautet eine typische isländische Vermisstenanzeige, und das hat seinen Grund. Wir verstehen, warum, weil wir in diesem Land wohnen und wissen, wie blitzschnell Unwetter hereinbrechen können. Wir wissen, dass sich solche Geschichten in regelmäßigen Abständen wiederholen, ohne dass jemand das hinterfragt. So ist es eben in Island, denken die Leute und schütteln den Kopf. Natürlich passierte so was früher, als es keine anderen Transportmittel gab und die Leute noch zu Fuß unterwegs waren, viel häufiger als heutzutage. Darüber gibt es eine Menge Bücher, denn ich bin nicht der Einzige, der sich für solche Geschichten interessiert. Erst in den letzten sechzig bis siebzig Jahren reist man nicht mehr so wie früher. Solche Leute verschwanden einfach von der Bildfläche, und obwohl man sich unter Umständen nur schwer damit abfinden konnte, gab es doch in gewissem Sinne einen Konsens, womit sich solche Vorkommnisse erklären ließen. Nur in den allerseltensten Fällen gab es Gründe dafür, dass das Verschwinden von Leuten untersucht werden musste.«

»Worauf willst du eigentlich hinaus?«, fragte Sigurður Óli.

»Was war denn das für eine Predigt?«, sagte Elínborg.

»Was, wenn einige von diesen Männern oder Frauen nie zu solchen Wanderungen durch die Berge aufgebrochen sind?«

»Wie denn das?«, fragte Elínborg.

»Was, wenn die daheim Gebliebenen einfach nur behauptet haben, dass dieser oder jener sich auf den Weg gemacht hat oder vielleicht losgezogen ist, um die Netze im See zu kontrollieren, und seitdem hätte man dann nie wieder etwas von ihm gehört? Es wird eine Suche nach ihm anberaumt, aber er wird nie gefunden und dann schließlich für tot erklärt.«

»Und die daheim Gebliebenen haben sich dann alle miteinander verschworen und diesen Mann umgebracht?«, fragte Sigurður Óli, der diese Theorie reichlich weit hergeholt fand.

»Warum nicht?«, sagte Erlendur.

»Und der Betreffende ist einfach erstochen oder zu Tode geprügelt oder erschossen und im Garten verbuddelt worden«, fügte Elínborg hinzu.

»Bis Reykjavík auf einmal so groß wird, dass ihm keine Ruhe mehr im Grab vergönnt ist«, sagte Erlendur.

Sigurður Óli und Elínborg warfen sich Blicke zu und schauten dann wieder auf Erlendur.

»Benjamíns Verlobte ist auf ziemlich merkwürdige Weise verschwunden«, sagte Erlendur, »und zwar ungefähr zu der gleichen Zeit, als das Haus im Bau war. Es hieß, dass sie ins Meer gegangen ist, und Benjamín hat sich nie wieder von diesem Schlag erholt. Er schien hochfliegende Pläne gehabt zu haben, was neuzeitliche Geschäfts- und Verkaufsmethoden betraf, aber als seine Verlobte verschwand, brach er zusammen, und mit der Zeit zerrann ihm das blühende Geschäft zwischen den Fingern.«

»Gemäß deiner neuesten Theorie ist sie dann also nicht verschwunden«, warf Sigurður Óli ein.

»Doch, sie ist verschwunden.«

»Aber er hat sie ermordet.«

»Ich habe allerdings meine Probleme damit, das zu glauben«, sagte Erlendur. »Ich habe Briefe gelesen, die er ihr geschrieben hat, und ich habe den Eindruck, dass er nicht im Stande war, ihr auch nur ein Härchen auf dem Kopf zu krümmen.«

»Bestimmt war es Eifersucht«, sagte Elínborg, die sich in herzergreifenden Liebesromanen bestens auskannte. »Er hat sie aus Eifersucht umgebracht. Er kann sie ja trotzdem unendlich geliebt haben. Dann hat er sie da draußen vergraben und ist nie wieder dorthin gegangen. Punkt, basta.«

»Ich überlege Folgendes«, sagte Erlendur. »Wenn ein junger Mann auf der Höhe seiner Schaffenskraft auf einmal jegliches Interesse am Leben verliert, ist das doch eine ziemlich heftige Reaktion, selbst wenn die große Liebe im Spiel gewesen ist. Sogar auch, wenn sie Selbstmord begangen haben sollte. Ich hatte den Eindruck, als hätte Benjamín keinen frohen Tag mehr erlebt, nachdem sie verschwunden war. Kann da noch mehr dahinter stecken?«

»Ob er vielleicht eine Haarlocke von ihr aufbewahrt hat?«, überlegte Elínborg, und Erlendur dachte zuerst, sie wäre immer noch in der Welt ihrer Kitschromane. »Vielleicht in einem Rahmen mit einem Foto von ihr oder in einem Medaillon«, fügte sie hinzu. »Wenn er sie so sehr geliebt hat.«

»Eine Locke?« Sigurður Óli blieb der Mund offen stehen.

»Bei einigen fällt der Groschen wohl immer etwas später«, sagte Erlendur, der begriff, worauf Elínborg hinauswollte.

»Was für eine Locke?«, fragte Sigurður Óli.

»Dann könnten wir zumindest mit Sicherheit sagen, dass sie das nicht ist, und wenn es nur das ist.«

»Sie? Wer?«, fragte Sigurður Óli, der abwechselnd Elínborg und Erlendur anstarrte, aber den Mund wieder zugeklappt hatte. »Ach so, ihr meint eine DNA-Analyse?«

»Und dann ist da noch die Frau bei den Johannisbeersträuchern«, sagte Elínborg. »Es wäre nicht schlecht, wenn wir die finden könnten.«

»Die grüne Frau«, sagte Erlendur wie zu sich selbst.

»Erlendur«, sagte Sigurður Óli.

»Ja.«

»Grün kann sie natürlich nicht sein.«

»Sigurður Óli.«

»Ja.«

»Hältst du mich für bescheuert?«

In diesem Augenblick klingelte das Telefon auf Erlendurs Schreibtisch. Archäologe Skarphéðinn war am Apparat.

»Die Sache kommt voran. Wir könnten in etwa zwei Tagen bis zu dem Skelett vorgestoßen sein.«

»Zwei Tage!«, rief Erlendur.

»So in etwa. Bislang haben wir noch nichts gefunden, was man als Waffe bezeichnen könnte. Du bist vielleicht der Meinung, dass wir viel zu gründlich vorgehen, aber ich glaube immer noch, dass es am besten ist, gründlich und ordentlich zu arbeiten. Willst du vielleicht mal hier vorbeischauen und dir die Fundstelle noch mal angucken?«

»Ja, ich war sowieso auf dem Weg zu dir«, erklärte Erlendur.

»Vielleicht bringst du uns ein paar Hefeteilchen mit«, sagte Skarphéðinn, und Erlendur sah im Geiste die gelben Säbelzähnchen vor sich.

»Hefeteilchen?«, stieß er hervor.

»Ja, oder irgendwas anderes zum Kaffee.«

Erlendur knallte den Hörer auf und bat Elínborg, mitzukommen. Sigurður Óli kommandierte er in Benjamíns Keller, damit er dort irgendwas über das Sommerhaus ausfindig machte, das der Kaufmann hatte bauen lassen und um das er sich aber nicht mehr gekümmert hatte, nachdem ihm das Leben zur Qual geworden war.

Auf dem Weg nach Grafarholt grübelte Erlendur weiter über verschollene Personen und Menschen, die sich in Unwettern verirrten. Er erinnerte sich an die Berichte über das Verschwinden von Jón Austmann. Er erfror bei einem solchen Blizzard, wahrscheinlich im Jahre 1780 in der Blanda-Schlucht. Sein Pferd wurde mit durchschnittener Kehle gefunden, und von Jón selbst fand man nur eine Hand.

Sie hatte in einem blauen Strickhandschuh gesteckt.

———⸺◆⸺———

In all seinen Albträumen kannte Símon nur ein einziges Ungeheuer, nämlich seinen Vater.

So war es gewesen, so lang er sich zurückerinnern konnte. Vor nichts in seinem Leben fürchtete er sich so wie vor diesem Ungeheuer, und jedes Mal wenn er Hand an ihre Mutter legte, wünschte sich Símon nichts sehnlicher, als dass er ihr zu Hilfe kommen könnte. Den unvermeidlichen Kampf sah er vor sich wie in einem Märchenbuch, wo der Ritter dem Feuer speienden Drachen zu Leibe rückte, doch in seinen Albträumen trug Símon niemals den Sieg davon.

Das Schreckgespenst seiner Träume hieß Grímur. Es war niemals sein Vater oder sein Papa, sondern einfach nur Grímur.

Símon schlief nicht, als Grímur sie in dem Seemannsheim in Siglufjörður aufspürte, und er hörte, wie er seiner Mutter zuflüsterte, er würde Mikkelína in die Berge schleppen und sie abmurksen. Er sah das Entsetzen seiner Mutter, und er sah, wie sie auf einmal völlig außer Fassung geriet und sich mit ihrer ganzen Kraft gegen das eiserne Bettgestell zurückwarf und das Bewusstsein verlor. Das hatte Grímur innehalten lassen. Er sah, wie Grímur immer wieder versuchte, sie zur Besinnung zu bringen, indem er ihr leicht auf die Wange schlug. Er spürte den säuerlichen Gestank, der von ihm ausging, und presste das Gesicht auf die Matratze. In seiner panischen Angst betete er zu Jesus, er möge ihn zu sich in den Himmel holen.

Mehr hörte er nicht von dem, was Grímur seiner Mutter zuflüsterte. Er hörte nur ihre Jammerlaute. Sie waren unterdrückt wie bei einem verwundeten Tier, und sie vermischten sich mit Grímurs Flüchen. Er öffnete seine Augen einen kleinen Spalt und sah, wie Mikkelína ihn in unbeschreiblichem Entsetzen und mit weit aufgerissenen Augen anstarrte.

Símon hatte mittlerweile aufgehört, zu seinem Gott zu beten, und er hatte aufgehört, sich an Jesus, den Freund aller Kinder, zu wenden, auch wenn seine Mutter ihm sagte, er dürfe nie den Glauben an ihn verlieren. Símon wusste es besser, und deswegen sprach er einfach mit seiner Mutter nicht mehr darüber, weil er an ihrer Miene ablesen konnte, dass ihr das, was er sagte, nicht gefiel. Er wusste ganz genau, dass niemand, und am allerwenigsten Gott, seiner Mutter darin beistehen würde, Grímur unschädlich zu machen. Ihm war beigebracht worden, dass Gott allmächtig sei, der allwissende Schöpfer von Himmel und Erde, und dass er Grímur genauso geschaffen hatte wie alle anderen. Gott ließ aber dieses Ungeheuer in Menschengestalt am Leben, und er ließ es zu, dass es über seine Mutter herfiel, sie an den Haaren über den Küchenfußboden schleifte und sie bespuckte. Und manchmal attackierte Grímur auch Mikkelína, die verfluchte Schwachsinnige, schlug sie und verhöhnte sie. Und manchmal machte er sich über Símon her, trat ihn oder ohrfeigte ihn so fest, dass sich ihm die Zähne im Oberkiefer lockerten und er Blut spuckte.

Jesus, Freund aller Kinder.

Es stimmte nicht, was Grímur sagte, dass Mikkelína schwachsinnig war. Símon war der Meinung, dass sie klüger war als sie alle zusammen. Aber sie sagte nie etwas. Er war sich sicher, dass sie sprechen konnte, aber es einfach nicht wollte. Er war sicher, dass sie das Schweigen wählte, und er glaubte, dass sie das tat, weil sie Grímur genauso fürchtete wie er selbst und wahrscheinlich noch viel mehr, weil Grímur manchmal über sie sprach und erklärte, dass sie mitsamt ihrer Karre auf die Müllkippe gehörte, und dass er es satt hätte, mit ansehen zu müssen, wie sie das Essen in sich hineinschaufelte, für das er schwer schuften musste, sie sei für die ganze Familie ein Klotz am Bein. Und er sagte auch, dass sie die Familie zum Gespött der Leute machte, nicht zuletzt ihn selber, weil sie ein Kretin sei.

Grímur legte es darauf an, dass Mikkelína alles mit anhören musste, wenn er so redete. Und wenn ihre Mutter einen schwachen Versuch machte, den Eindruck seiner grausamen Worte zu mildern, lachte er nur gehässig. Mikkelína nahm es sich aber nicht zu Herzen, wenn er über sie herzog und sie mit Schimpfworten überschüttete, aber sie wollte nicht, dass ihre Mutter darunter zu leiden hatte. Símon sah es ihr an den Augen an. Die Verbindung zwischen ihnen beiden war immer sehr eng gewesen, viel enger als zwischen Mikkelína und dem kleinen Tómas, der verschlossen und eigenbrötlerisch war.

Ihre Mutter wusste, dass Mikkelína nicht geistig behindert war. Sie trainierte auch immer mit ihr, aber nur dann, wenn Grímur nicht in der Nähe war. Versuchte, ihre Beine zu bewegen. Hob den verkrümmten Arm und cremte ihre gelähmte Seite mit einer Salbe ein, die sie aus den Kräutern, die am Hügel wuchsen, hergestellt hatte. Sie war sogar davon überzeugt, dass Mikkelína irgendwann einmal im

Stande sein würde zu gehen, sie griff ihr unter die Arme und führte sie im Haus auf und ab, sprach ihr Mut zu und spornte sie an.

Nie redete sie anders mit Mikkelína als mit einem gesunden Kind, und von Símon und Tómas verlangte sie das Gleiche. Mikkelína war immer bei allem, was sie gemeinsam unternahmen, mit dabei – wenn Grímur nicht zu Hause war. Mikkelína und sie verstanden einander. Und die Brüder verstanden sie auch. Jede Bewegung, jedes Mienenspiel. Es bedurfte keiner Worte zwischen ihnen. Mikkelína kannte zwar die Wörter, aber sie benutzte sie nicht. Ihre Mutter hatte ihr beigebracht zu lesen, und das Einzige, was sie noch schöner fand, als zu lesen oder etwas vorgelesen zu bekommen, war, in die Sonne hinausgetragen zu werden.

Aber eines Tages in dem Sommer, als der Krieg in der Welt ausgebrochen war und die Engländer zum Hügel gekommen waren, gab sie die ersten Worte von sich. Símon trug Mikkelína, die den ganzen Tag in der Sonne gewesen war, gerade wieder ins Haus hinein, denn es ging auf den Abend zu und war kühler geworden. Er wollte sie, die tagsüber besonders lebhaft und munter gewesen war, wieder auf der Pritsche in der Küche niederlegen, als Mikkelína übermütig und froh die Zunge herausstreckte und auf einmal Laute von sich gab, bei denen ihrer Mutter der Teller aus der Hand fiel und im Waschbecken zerbrach. Sie vergaß für einen Augenblick die Panik, die sie normalerweise erfasste, wenn ihr so ein Missgeschick passierte. Sie drehte sich augenblicklich um und starrte Mikkelína an.

»EMM-MMAA-MMMAAAA«, wiederholte Mikkelína.

»Mikkelína!«, rief ihre Mutter.

»EMM-MMAA-MMMAAAA«, rief Mikkelína, wobei ihr Kopf

vor lauter Anstrengung und Aufregung hin und her pendelte.

Ihre Mutter traute ihren Ohren nicht und ging langsam zu ihr hinüber. Sie blickte starr auf ihre Tochter, und Símon kam es so vor, als stünden ihr die Tränen in den Augen.

»Emm-mmaa-mmmaaa«, sagte Mikkelína wieder, und die Mutter nahm sie aus Símons Armen, bettete sie langsam und behutsam auf ihr Lager in der Küche und streichelte ihr über den Kopf. Símon hatte seine Mutter nie zuvor weinen sehen. Gleichgültig, was Grímur ihr antat, sie weinte nie. Sie schrie vor Schmerz, und sie rief um Hilfe, sie flehte ihn an aufzuhören, oder sie ließ die Brutalitäten schweigend über sich ergehen, aber Símon hatte sie noch nie weinen sehen. Er glaubte, dass es ihr schlecht gehen müsse, und versuchte sie zu umarmen, aber sie sagte ihm, er solle sich keine Sorgen machen. Das hier sei das Schönste, was ihr im Leben widerfahren sei. Er begriff, dass ihre Tränen nicht nur mit Mikkelínas Schicksal zu tun hatten, sondern auch mit den Fortschritten, die Mikkelína machte, und dass sie das glücklicher gemacht hatte, als sie sich jemals gestattet hatte zu sein.

Seitdem waren zwei Jahre vergangen, und Mikkelína erweiterte ihren Wortschatz ständig. Sie konnte inzwischen ganze Sätze von sich geben, knallrot im Gesicht vor Anstrengung, die Zunge ging hin und her, und sie warf den Kopf so heftig und ruckartig von einer Seite auf die andere, dass man es fast mit der Angst bekam, er könne sich von dem schwachen Körper lösen. Grímur wusste nichts davon, dass sie sprechen konnte. Mikkelína weigerte sich, in seiner Gegenwart auch nur einen Ton von sich zu geben, und ihre Mutter hielt es geheim vor ihm, denn sie wollte um jeden Preis vermeiden, dass Mikkelína die Aufmerksamkeit auf sich lenkte, nicht einmal in diesem Triumph über sich selbst. Sie taten so, als wäre nichts vorgefallen. Als sei alles unverändert. Símon hörte manchmal, wie sie äußerst vorsichtig Grímur gegenüber andeutete, ob man es nicht einmal mit einer Therapie versuchen sollte. Dann würde sie sich mehr bewegen können und langsam wieder zu Kräften kommen. Ihr käme es so vor, als ob Mikkelína etwas lernen könnte. Sie könnte schon lesen, und sie hätte ihr beigebracht, mit der gesunden Hand zu schreiben.

»Sie ist und bleibt ein Kretin«, erklärte Grímur dann. »Glaub doch ja nicht, dass sie jemals etwas anderes sein kann als eine Schwachsinnige. Und jetzt hör auf mit diesem Geschwätz.«

Deswegen unternahm sie mit der Zeit keinen weiteren Versuch mehr, denn sie musste sich in allem fügen, was Grímur bestimmte. Mikkelína bekam keine andere Therapie als die Übungen, die ihre Mutter und Símon und Tómas mit ihr machten, wenn sie sie in den Garten trugen und mit ihr spielten.

Símon wollte mit seinem Vater nicht mehr als nötig zu tun haben und ging ihm deswegen nach Möglichkeit aus dem Weg, aber es konnte passieren, dass er gezwungen war, mit ihm zusammen zu sein. Je älter Símon wurde, desto mehr begann Grímur ihn auszunutzen. Er zwang ihn, ihn in die Stadt, nach Reykjavík, zu begleiten, und ließ ihn die Vorräte nach Hause schleppen. Sie brauchten zwei Stunden, um in die Stadt zu gelangen. Sie folgten dann der Straße bis zur Brücke über die Elliðaá und gingen am Meer entlang zur Stadtmitte. Manchmal nahmen sie auch den Weg über den langen Hang nach Háaleiti hinauf und dann durch die Sumpfgebiete von Sogamýri. Símon hielt sich vier, fünf Kinderschritte hinter Grímur. Der sprach nie mit ihm und gab sich erst dann mit ihm ab, wenn er ihm die Lasten aufbürdete und ihn wieder nach Hause trieb. Der Rückweg konnte drei, manchmal auch vier Stunden dauern, je nachdem, wie schwer die Lasten waren. Manchmal blieb Grímur in der Stadt und ließ sich tagelang nicht in Grafarholt blicken.

Das waren Tage, an denen sich so etwas wie Freude in ihrem Haus ausbreiten konnte.

Bei diesen Besuchen in Reykjavík fand Símon etwas über Grímur heraus, was ihn geraume Zeit kostete, es zu verarbeiten. Vollständig begreifen konnte er es nie. Daheim war Grímur schweigsam, übellaunig und gewalttätig, und er ertrug es nicht, dass man ihn anredete. Wenn er sprach, fluchte und lästerte er und verwendete die allerschlimmsten Wörter. Er äußerte sich nie anders als abfällig über seine Kinder und die Mutter seiner Kinder; ließ sich von vorne und hinten bedienen und wehe, wenn jemandem ein Fehler unterlief. Im Umgang mit anderen Menschen kam es Símon so vor, als würde das Scheusal seine abschreckende Hülle ablegen und fast zu einem Menschen werden. Bei den ersten Gängen in die Stadt war Símon immer darauf gefasst gewesen, dass Grímur sich genau wie zu Hause benehmen würde, die Leute mit Beschimpfungen überschütten und vor den Kopf stoßen würde. Aber das, was er befürchtete, traf nie ein. Ganz im Gegenteil. Es hatte plötzlich den Anschein, als würde Grímur sich bei allen beliebt machen wollen. Beim Kaufmann unterhielt er sich vergnügt, katzbuckelte und wieselte um die Leute herum und redete sie mit Sie an. Er konnte sogar lächeln und anderen Leuten die Hand geben. Manchmal, wenn Grímur unterwegs Bekannte traf, lachte er ein leichtes, munteres Lachen und nicht dieses seltsame, trockene und heisere Gebell, das ihm manchmal entfuhr, wenn er ihre Mutter beschimpfte. Wenn die Leute auf Símon zeigten, legte er ihm die Hand auf den Kopf und erklärte, das Bürschchen sei sein Sohn, jawohl, und schon so groß. Símon duckte sich immer unwillkürlich, so als erwartete er Schläge, und Grímur scherzte darüber.

Símon brauchte lange, um mit diesen unbegreiflichen zwei Seiten desselben Mannes zurechtzukommen. Das war nicht einfach zu verstehen, und diese neue Seite von ihm kannte er nicht. Er begriff nicht, wieso Grímur zu Hause nur seine schlimmste Seite nach außen kehrte, aber das völlig ablegen konnte, wenn er das Haus verließ. Er begriff nicht, wie Grímur kriecherisch um die anderen herumscharwenzeln und sie mit Sie anreden konnte, während er zu Hause alle tyrannisierte und uneingeschränkte Gewalt über Leben und Tod hatte. Als Símon mit seiner Mutter darüber sprach, schüttelte sie resigniert den Kopf und sagte ihm wie immer, er solle sich vor Grímur hüten. Sich davor hüten, ihn zu reizen. Es spielte nämlich keine Rolle, ob es Símon war, Tómas oder Mikkelína, die den Funken entfachten, oder vielleicht war es auch etwas, was in Grímurs Vergangenheit war, das plötzlich wieder auftauchte – was es auch war, die Angriffe richteten sich immer gegen ihre Mutter.

Es konnten Monate zwischen den Attacken vergehen, manchmal sogar fast ein ganzes Jahr, aber sie waren nie aus der Welt, und häufig genug verging kürzere Zeit dazwischen. Sie waren unterschiedlich brutal. Manchmal völlig aus heiterem Himmel nur ein einziger Hieb, manchmal geriet er außer sich vor Wut, schleuderte ihre Mutter zu Boden und bearbeitete sie mit schweren Fußtritten.

Und es war nicht nur die brutale körperliche Gewalt, die wie ein Albtraum über der Familie und ihrem Zuhause lag.

Auch seine ordinären Beleidigungen konnten wie Peitschenhiebe sein. Die gehässigen und erniedrigenden Bemerkungen über Mikkelína, diese Missgeburt. Die höhnischen Kommentare, die Tómas bekam, weil er immer noch Bettnässer war. Oder Símon, diesen verdammten Faulpelz, den man vorantreiben musste. Und all das, was ihre Mutter zu hören bekam, wenn sie die Ohren zu schließen versuchten.

Es war Grímur vollständig egal, wenn die Kinder mit ansehen mussten, wie er ihre Mutter zusammenschlug und sie mit Worten erniedrigte, die wie Dolchstiche waren.

Zwischendurch kümmerte er sich gar nicht um seine Familie und ließ sie völlig links liegen, so als existierten sie gar nicht für ihn. Gelegentlich konnte es aber auch vorkommen, dass er mit den Jungen Karten spielte und sogar, dass er Tómas gewinnen ließ. Manchmal gingen sie auch sonntags alle zusammen nach Reykjavík, und dann kaufte er Süßigkeiten für die Jungen. Ganz seltene Male durfte auch Mikkelína mit, und Grímur organisierte den Transport mit einem der Kohlenautos, damit sie nicht die ganze Strecke getragen werden musste. Bei solchen seltenen Ausflügen, zwischen denen immer viel Zeit verstrich, kam es Símon sogar fast so vor, dass sich sein Vater beinahe wie ein normaler Mensch benahm. Beinahe wie ein Vater.

Die wenigen Male, wo Símon seinen Vater anders sah als einen gefühllosen Despoten, kam er ihm verschlossen und undurchschaubar vor. Er konnte am Küchentisch sitzen und Kaffee trinken und Tómas beim Spielen auf dem Küchenfußboden zuschauen, mit der flachen Hand über die Tischplatte streichen und Símon, der sich hinausschleichen wollte, bitten, ihm mehr Kaffee einzuschenken. Und während Símon nachgoss, sagte er:

»Mich packt eine furchtbare Wut, wenn ich daran denke.«

Símon blieb mit der Kanne in der Hand neben Grímur stehen.

»Mich packt einfach die Wut«, sagte er und strich über die Tischplatte.

Símon schob sich rückwärts zum Herd und stellte die Kaffeekanne auf die Herdplatte.

»Mich packt einfach die Wut, wenn ich Tómas hier auf dem Boden spielen sehe«, fuhr er fort. »Ich war nicht viel älter als er.«

Símon hatte nie darüber nachgedacht, dass sein Vater irgendwann einmal jünger oder anders gewesen sein konnte. Jetzt wurde er auf einmal zu einem Kind wie Tómas, und Símon sah seinen Vater mit ganz neuen Augen an.

»Ihr seid doch Freunde, du und Tómas, oder nicht?«

Símon nickte mit dem Kopf.

»Oder nicht?«, wiederholte er, und Símon bejahte das.

Sein Vater saß da und strich wieder über die Tischplatte.

»Wir waren auch Freunde.«

Dann verstummte er.

»Da war diese Frau«, sagte er nach einer ganzen Weile. »Ich bin dahin geschickt worden. Ich war so alt wie Tómas. Ich war viele Jahre dort.«

Wieder Schweigen.

»Und ihr Mann.«

Er hörte auf, über die Tischplatte zu streichen, und ballte die Hand zur Faust.

»Das waren richtige Scheusale, verfluchte, abartige Scheusale.«

Símon wich zurück.

»Ich verstehe es selbst nicht«, erklärte er. »Und ich werde damit nicht fertig.«

Er trank den Kaffee aus, stand auf, hob Tómas vom Fußboden hoch und nahm ihn mit sich ins Schlafzimmer und machte die Tür hinter sich zu.

Símon bemerkte eine Veränderung bei seiner Mutter, je mehr Zeit verstrich und je größer er wurde. Mit zunehmender Reife wuchs sein Verantwortungsgefühl. Diese Veränderung kam nicht so plötzlich wie bei Grímur, der sich im Handumdrehen verwandeln und menschliche Züge annehmen konnte, sondern ganz im Gegenteil, die Veränderung ging überaus langsam vonstatten und war irgendwie unterschwellig; sie erstreckte sich über einen langen Zeitraum. Mit einer Sensibilität, die nicht jedem gegeben war, spürte er, was diese Veränderung bedeutete. Er empfand immer stärker, dass sie gefährlich für seine Mutter war, vielleicht nicht weniger als Grímur, und dass es irgendwann unausweichlich dazu kommen würde, dass er die Verantwortung übernehmen und eingreifen musste, bevor es zu spät war. Mikkelína war zu schwach dazu, und Tómas war zu klein. Nur er war im Stande, ihr beizustehen.

Símon tat sich schwer damit, diese Veränderung oder das, was sie ankündigte, zu verstehen. Aber sein Gespür machte sich etwa um die Zeit, als Mikkelína ihr erstes Wort hervorstieß, immer stärker bemerkbar. Ihre Mutter hatte unsägliche Freude an Mikkelínas Fortschritten, und für eine Zeit lang hatte es den Anschein, als sei die lähmende Schwermut von ihr gewichen Sie lächelte und umarmte Mikkelína und ihre beiden Jungen, und in den nächsten Wochen und Monaten übte sie das Sprechen mit Mikkelína und freute sich über jeden noch so kleinen Erfolg.

Doch es dauerte nicht lange, bis der alte Gemütszustand

wieder zurückkehrte, die Trostlosigkeit überfiel sie wieder – noch viel schlimmer als zuvor. Wenn sie das kleine Haus aufgeräumt und geputzt hatte, sodass nirgends auch nur ein Stäubchen zu sehen war, saß sie manchmal stundenlang im Schlafzimmer auf der Bettkante und starrte vor sich hin. Starrte in stummem Elend vor sich hin, hatte die Augen halb geschlossen, sah so unendlich traurig aus und war so unendlich allein auf dieser Welt. Einmal, als Grímur ihr einen Fausthieb versetzt hatte und dann aus dem Haus gestürmt war, überraschte Símon sie mit einem großen Fleischmesser in der einen Hand, die andere wies nach oben, und sie strich sich mit dem Blatt über das Handgelenk. Als sie ihn gewahr wurde, lächelte sie zaghaft und legte dann das Messer wieder in die Küchenschublade zurück.

»Was hattest du mit dem Messer vor?«, fragte Símon.

»Ich hab nur prüfen wollen, wie scharf es ist. Er will, dass die Messer gut geschärft sind.«

»Er ist immer ganz anders in der Stadt«, sagte Símon. »Dann ist er nicht böse.«

»Das weiß ich.«

»Dann ist er freundlich und lächelt.«

»Ja.«

»Warum ist er hier zu Hause nicht so? Zu uns?«

»Ich weiß es nicht.«

»Warum ist er hier zu Hause so böse?«

»Ich weiß es nicht. Es geht ihm nicht gut.«

»Ich wollte, er wäre anders. Ich wollte, er wäre tot.«

Seine Mutter blickte ihn an.

»Sag nicht so etwas. Rede nicht so wie er. Solche Gedanken darfst du nicht denken. Du bist nicht so wie er und wirst es niemals sein. Weder du noch Tómas. Niemals! Hörst du! Ich verbiete dir, so was zu denken. Das darfst du nicht.«

Símon schaute seine Mutter an.

»Erzähl mir von Mikkelínas Papa«, sagte er. Símon hatte manchmal gehört, wenn sie zu Mikkelína über ihn sprach, und hatte sich ausgemalt, wie ihre Welt aussehen würde, wenn er nicht umgekommen wäre. Hatte sich vorgestellt, er wäre der Sohn dieses Mannes, und in diesem Familienleben war der Vater kein Ungeheuer, sondern ein Freund und Kamerad, der sich liebevoll um seine Kinder kümmerte.

»Er ist gestorben«, sagte seine Mutter, und in ihrer Stimme schwang ein vorwurfsvoller Unterton mit. »Aber jetzt genug davon.«

»Aber er war anders«, sagte Símon. »Und du wärst auch anders.«

»Wenn er nicht ums Leben gekommen wäre? Wenn Mikkelína nicht krank geworden wäre? Wenn ich nicht deinen Vater kennen gelernt hätte? Was hat es für einen Sinn, darüber nachzugrübeln?«

»Warum ist er so böse?«

Er hatte ihr diese Frage schon viele, viele Male gestellt. Manchmal antwortete sie, und manchmal blieb sie einfach stumm, so als hätte sie selbst die ganzen Jahre nach der Antwort auf diese Frage gesucht, ohne jemals die Antwort gefunden zu haben. Sie starrte wieder vor sich hin, so als sei Símon nicht mehr anwesend. Sie schien ganz allein mit sich zu sein, und sie sprach traurig, müde und geistesabwesend mit sich selbst, so als ob nichts, was sie sagte oder tat, irgendeine Rolle spielte.

»Ich weiß es nicht. Ich weiß nur, dass es nicht an uns liegt. Es hat nichts mit uns zu tun. Das steckt irgendwie in ihm. Am Anfang habe ich mir selber die Schuld gegeben. Habe nach irgendwas gesucht, was ich falsch gemacht hatte und was dann dazu führte, dass er zornig wurde, und habe versucht, das zu ändern. Aber ich habe nie herausgefunden, was es war, so sehr ich mich auch bemüht habe, es hat überhaupt keinen Unterschied gemacht. Ich habe schon lange aufgehört, mir selber Vorwürfe zu machen, und ich will nicht, dass du oder Tómas oder Mikkelína glaubt, dass es an euch liegt, wie er sich aufführt. Auch wenn er euch in Grund und Boden verflucht und euch mit Beschimpfungen überhäuft, es ist nicht eure Schuld.«

Sie schaute Símon an.

»Er hat nur ein kleines bisschen Macht in dieser Welt, und zwar über uns. Daran klammert er sich. Daran wird er sich immer klammern.«

Símon blickte auf die Schublade, in der die großen Messer lagen.

»Und wir können gar nichts tun?«

»Nein.«

»Was wolltest du mit dem Messer machen?«

»Das hab ich dir doch gesagt. Ich wollte nur sehen, wie scharf es ist. Er verlangt, dass die Messer scharf geschliffen sind.«

Símon verzieh seiner Mutter diese Lüge, weil er wusste, dass sie wie immer nur versuchte, ihn abzuschirmen und dafür zu sorgen, dass sein Leben so wenig wie möglich von diesen entsetzlichen Familienverhältnissen berührt wurde.

Als Grímur an diesem Abend nach Hause kam, von Kopf bis Fuß verdreckt nach dem Kohleschaufeln, war er ungewöhnlich gut gelaunt, und er begann, ihrer Mutter etwas zu erzählen, was er in Reykjavík gehört hatte. Setzte sich auf einen Küchenhocker, verlangte Kaffee und sagte, dass man über sie gesprochen hatte. Grímur wusste eigentlich nicht, wieso, aber die anderen hätten beim Kohlentransport über sie gesprochen und behauptet, ganz genau zu wissen, dass sie eine von denen sei, die im alten Gasometer gezeugt worden waren, eins von den Weltuntergangskindern.

Sie drehte Grímur den Rücken zu, schüttete den Kaffee auf und sagte kein Wort. Símon saß am Küchentisch. Tómas und Mikkelína waren draußen.

»Im Gasometer!«

Und dann lachte Grímur mit diesem abscheulichen röchelnden Bellen. Manchmal hustete er schwarzen Schleim. Um Augen und Mund und an den Ohren war er kohlschwarz.

»Bei der Weltuntergangsorgie in dem verdammten Gasometer!«, schrie er.

»Das stimmt nicht«, sagte sie still, und Símon erschrak, denn noch nie hatte sie in seinem Beisein dem widersprochen, was Grímur sagte. Er starrte seine Mutter an und war starr vor Schrecken.

»Die haben da die ganze Nacht rumgefickt und rumgesaut, weil sie glaubten, die Welt ginge unter, und bei der Gelegenheit bist du gezeugt worden, du Miststück.«

»Das ist gelogen«, sagte sie noch bestimmter als vorher, ohne von ihren Verrichtungen am Spülbecken hochzublicken. Sie drehte Grímur den Rücken zu, ihr Kopf sank auf die Brust, und die schmalen Schultern hoben sich, so als wollte sie ihn zwischen ihnen verstecken.

Grímur hatte aufgehört zu lachen.

»Nennst du mich etwa einen Lügner?«

»Nein«, sagte sie, »aber das ist nicht wahr. Das ist ein Missverständnis.«

Grímur stand auf.

»Ach so, das ist ein Missverständnis«, äffte er ihre Mutter nach.

»Ich weiß, wann der Gasometer gebaut wurde. Ich wurde schon früher geboren.«

»Und mir wurde auch noch was anderes gesagt. Mir wurde gesagt, dass deine Mutter eine Hure war und dein Vater ein Penner und dass sie dich in die Mülltonne geschmissen haben, als du geboren wurdest.«

Die Messerschublade stand offen, und sie starrte hinein. Símon sah, wie ihre Blicke auf das große Messer geheftet waren, und Símon spürte zum ersten Mal, dass sie im Stande war, es zu benutzen.

12

Skarphéðinn hatte eine große weiße Zeltplane über der Ausgrabungsstelle aufspannen lassen. Als Erlendur aus der Frühlingssonne da hineintrat, sah er, dass die Arbeit unglaublich langsam voranging. Auf einer Fläche von etwa fünfzehn Quadratmetern, unter der sich das Skelett befand, war die Grasnarbe abgestochen worden. Der Arm stand nach wie vor hoch. Zwei Männer lagen mit kleinen Besen und Maurerkellen in den Händen auf den Knien und scharrten im Erdreich, das sie auf Kehrschaufeln gaben.

»Ist das nicht ein bisschen übertrieben pingelig?«, fragte Erlendur, als Skarpheðinn auf ihn zuging und ihn begrüßte. »Ihr werdet ja nie damit fertig.«

»Man kann bei so einer Ausgrabung nicht vorsichtig genug vorgehen«, erwiderte Skarphéðinn im Brustton der Überzeugung, denn Ausgrabungen unter seiner Leitung hatten Erfolge vorzuweisen.«Wenn überhaupt jemand, dann müsstest du doch eigentlich Verständnis für so etwas haben«, fügte er hinzu.

»Ist das hier vielleicht so etwas wie ein Praktikum?«

»Praktikum?«

»Für angehende Archäologen. Die nehmen womöglich an deinem Seminar an der Uni teil?«

»Also, jetzt hör aber mal, Erlendur. Wir gehen hier äußerst sorgfältig vor. So wird's gemacht, und nicht anders.«

»Es hat ja vielleicht auch keine besondere Eile«, sagte Erlendur.

»Und das bringt Resultate«, sagte Skarphéðinn und fuhr sich mit der Zunge über die Säbelzähnchen.

»Wenn ich richtig verstanden habe, ist der Gerichtsmediziner in Spanien im Urlaub«, erklärte Erlendur. »Er wird erst in einigen Tagen zurückerwartet. Das beschleunigt die Sache nicht gerade, und deswegen haben wir wohl genug Zeit.«

»Aber wer kann das denn gewesen sein, der hier begraben worden ist?«, fragte Elínborg, die inzwischen auch unter die Zeltplane getreten war.

»Wir können immer noch keine Aussagen darüber machen, ob es ein Mann oder eine Frau ist, ein junger Mensch oder ein alter«, sagte Skarphéðinn. »Das ist vielleicht auch gar nicht unsere Aufgabe. Aber ich glaube, dass so gut wie kein Zweifel daran bestehen kann, dass hier ein Mord verübt worden ist.«

»Könnte es möglicherweise eine junge Frau sein, die schwanger gewesen ist?«, fragte Erlendur.

»Das wird sich bald herausstellen«, sagte Skarphéðinn.

»Bald?«, sagte Erlendur. »Aber nicht bei dieser Vorgehensweise.«

»Geduld ist eine Tugend, Erlendur«, sagte Skarphéðinn. »Eine Tugend.«

Erlendur war versucht, ihm zu sagen, dass er sich die in die Haare schmieren könnte, als Elínborg sich einmischte.

»Der Mord muss nicht unbedingt genau an diesem Ort passiert sein«, sagte sie ziemlich unvermittelt. Sie war gestern mit fast allem einverstanden gewesen, was Sigurður Óli gesagt hatte, als er Erlendur vorwarf, dass der allzu sehr an der ersten Idee klebte, die er direkt nach dem Knochenfund gehabt hatte, nämlich dass derjenige, der dort vergraben worden war, auch dort gewohnt hatte, und zwar in einem von den umliegenden Sommerhäusern. Nach Ansicht von Sigurður Óli war es komplett idiotisch, sich auf irgendein Haus zu konzentrieren, das einmal da gestanden hatte, und irgendwelche Leute, die womöglich darin gewohnt oder auch nicht darin gewohnt hatten. Erlendur war bereits ins Krankenhaus gefahren, als Sigurður Óli in vorwurfsvollem Ton diese Litanei vom Stapel ließ. Elínborg wollte jetzt wissen, wie Erlendur dazu stand.

»Er kann deswegen auch, na, sagen wir mal, in Reykjavík umgebracht und danach erst hierher gebracht worden sein«, sagte sie. »Es ist doch vollkommen ungewiss, ob der Mord genau hier am Hügel passiert ist. Sigurður Óli und ich haben gestern darüber diskutiert.«

Erlendur wühlte mit den Händen in den Taschen seines Mantels herum, bis er die Schachtel Zigaretten und das Feuerzeug zu fassen bekam. Skarphéðinn warf ihm einen tadelnden Blick zu.

»Hier im Zelt wird nicht geraucht«, erklärte er unwirsch.

»Dann nichts wie raus«, sagte Erlendur zu Elínborg, »damit diese Tugendbolde nicht verpestet werden.«

Sie traten aus dem Zelt, und Erlendur zündete sich eine Zigarette an.

»Natürlich habt ihr Recht«, erklärte er. »Es ist völlig ungewiss, ob der Mord, wenn es denn ein Mord war, das wissen wir nämlich auch noch nicht, ob der hier verübt wurde. Ich habe den Eindruck«, fuhr er fort, indem er den Rauch heftig von sich blies, »dass wir drei gleichermaßen berechtigte Theorien haben. Erstens kann es Benjamín Knudsens Verlobte sein, die schwanger war und auf einmal von der Bildfläche verschwunden ist und von der alle geglaubt haben, dass sie ins Meer gegangen ist. Aus irgendwelchen Gründen, vielleicht Eifersucht, wie du gesagt hast, hat er das Mädchen umgebracht und sie hier oben bei seinem Sommerhaus unter die Erde gebracht, und davon hat er sich nie wieder erholt. Zweitens kann das jemand sein, der in Reykjavík ermordet wurde, vielleicht auch in Keflavík oder sogar in Akranes, aber jedenfalls nicht allzu weit von der Hauptstadt entfernt. Wurde dann hierher gebracht und verscharrt, und niemand weiß mehr was darüber. Drittens besteht aber auch die Wahrscheinlichkeit, dass hier am Hügel Leute gelebt haben, die einen Mord begangen und die Leiche vor der Haustür begraben haben, weil sie sie nicht wegschaffen konnten. Vielleicht war es ein zufälliger Gast, vielleicht einer von den britischen Soldaten, die während des Kriegs hier waren und auf der anderen Seite des Hügels Militärbaracken errichtet haben, oder einer von den Amis, die dann alles von den Briten übernahmen. Aber vielleicht war es auch ein Mitglied dieser Familie.«

Erlendur ließ den Zigarettenstummel fallen und trat ihn mit dem Fuß aus.

»Persönlich bin ich für die letztere Theorie, aber ich kann nicht erklären, wieso. Die Theorie mit der Verlobten von Benjamín wäre am einfachsten, falls wir die Knochen mit ihr in Verbindung bringen können. Die dritte Theorie bringt uns vielleicht in die größten Schwierigkeiten, denn dann geht es um einen Vermissten, und falls das überhaupt gemeldet wurde, haben wir es mit einem sehr großen und relativ dicht besiedelten Gebiet zu tun, und das Ganze hat vor vielen, vielen Jahren stattgefunden. Eigentlich ist alles total offen.«

»Falls es sich herausstellt, dass hier eine Leiche mit Embryo im Leib vergraben wurde, dann liegt die Antwort aber doch eigentlich auf der Hand?«, fragte Elínborg.

»Das wäre wie gesagt eine sehr einfache Lösung. Steht das eigentlich fest mit dieser Schwangerschaft?«, fragte Erlendur.

»Was meinst du damit?«

»Wissen wir Genaueres über diese Schwangerschaft?«

»Meinst du, dass Benjamín nur ein Gerücht in die Welt gesetzt haben könnte? Dass sie gar nicht schwanger gewesen ist?«

»Ich weiß es nicht. Sie kann ja schwanger gewesen sein, aber vielleicht nicht von ihm.«

»Du meinst, dass sie ihn betrogen hat?«

»Darüber könnte man endlos spekulieren, und zwar so lange, bis wir irgendwas von diesem Archäologen geliefert bekommen.«

»Was ist dieser Person bloß widerfahren?«, seufzte Elínborg und stellte sich das Skelett in der Erde vor.

»Vielleicht hat sie es verdient gehabt«, sagte Erlendur.

»Wie bitte?«

»Diese Person. Zumindest will ich das hoffen. Hoffentlich ist es nicht irgendeine völlig unschuldige Person, der derartig mitgespielt wurde.«

Er musste an Eva Lind denken. Hatte sie es verdient, zwischen Leben und Tod auf der Intensivstation zu liegen? Oder war es seine Schuld? Konnte man irgendjemanden außer sie selbst dafür verantwortlich machen? War es nicht ihre eigene Schuld, wie tief sie gesunken war? War es nicht ihre eigene Schuld, wenn sie nicht von diesen verfluchten Drogen loskommen konnte? Oder hatte er auch etwas dazu beigetragen? Sie selbst war davon überzeugt, und sie fand, dass er ihr gegenüber nicht fair war.

»Du hättest uns nie verlassen dürfen«, hatte sie ihn einmal angeschrien. »Und jetzt setzt du dich mir gegenüber aufs hohe Ross und glotzt so richtig mit Verachtung auf mich runter. Du bist selbst nicht die Bohne besser. Du bist genauso eine Flasche wie ich.«

»Ich habe nie verächtlich auf dich herabgeschaut,« sagte er, aber es gelang ihm nicht, zu ihren Ohren vorzudringen.

»In deinen Augen ist man wie Hundescheiße auf dem Bürgersteig«, schrie sie. »Als ob du intelligenter und besser wärst als ich. Als ob du was Besseres wärst als Mama, Sindri und ich! Haust einfach ab und lässt uns da zurück, du feiner Pinkel, und streichst uns einfach aus deinem Leben. Du kommst dir so richtig gottverdammt allmächtig vor.«

»Ich habe versucht ...«

»Scheiße, du hast überhaupt nichts versucht. Was willst du denn versucht haben? Gar nichts! Null und nix, verdammt nochmal. Hast dich aus dem Staub gemacht wie das letzte Arschloch.«

»Ich habe nie verächtlich auf dich herabgeblickt«, sagte er. »Das stimmt nicht. Ich begreife nicht, wie du so was sagen kannst.«

»Und ob. Genau das tust du. Und deswegen bist du abgehauen. Weil wir so megablöde waren, dass du uns nicht ertragen konntest. Frag Mama! Sie weiß es. Sie sagt, dass es alles deine Schuld ist. Nur deine. Auch was aus mir geworden ist. Und wie findet God-fucking-Almighty das?«

»Es stimmt nicht alles, was deine Mutter sagt. Sie ist wütend und verbittert und ...«

»Wütend und verbittert! Wenn du bloß wüsstest, wie ultraverbittert und gekränkt sie ist. Sie hasst dich wie die Pest, und nicht nur dich, sondern auch ihre Kinder. Sie konnte nicht das Geringste dazu, dass sie nicht die abgefuckte Jungfrau Maria persönlich ist. Wir hatten die Schuld, Sindri und ich. Kapierst du das, du Armleuchter? Raffst du das, du verdammter ...«

»Erlendur?«

»Was?«

»Ist was?«

»Nein. Nein, alles in Ordnung.«

»Ich werde jetzt mal bei Róberts Tochter vorbeischauen.« Elínborg stand vor ihm und wedelte mit der Hand vor seinem Gesicht, als ob sie ihn aus einer Trance zurückholen wollte. »Gehst du in die englische Botschaft?«

»Was?« Erlendur kam wieder zu sich selbst. »Ja, machen wir das so«, sagte er zerstreut. »Lass uns das so machen. Und Elínborg.«

»Ja.«

»Wir brauchen nochmal den Amtsarzt hier draußen, wenn das Skelett zum Vorschein kommt. Skarphéðinn blickt da nicht durch. Er erinnert mich mehr und mehr an irgendeine groteske Gestalt aus Grimms Märchen.«

13

Vor dem Besuch in der englischen Botschaft fuhr Erlendur ins Vogar-Viertel und parkte das Auto unweit des Kellers, wo Eva Lind einmal gewohnt und er seine Suche nach ihr begonnen hatte. Er dachte an die Kleine mit den Brandwunden, die er in der Wohnung aufgefunden hatte. Man hatte ihn informiert, dass sie der Mutter weggenommen und jetzt der Kinderfürsorge anvertraut worden war. Er wusste auch, dass der Kerl, mit dem sie zusammenlebte, der Vater des Kindes war. Eine kurze Recherche hatte ergeben, dass die Mutter im vergangenen Jahr zweimal in der Ambulanz aufgekreuzt war, einmal mit gebrochenem Arm und beim zweiten Mal mit diversen Verletzungen, die sie sich angeblich bei einem Autounfall zugezogen hatte.

Eine weitere einfache Recherche hatte ans Licht gebracht, dass ihr Partner bei der Polizei alles andere als ein Unbekannter war. Aber in Bezug auf Gewalttätigkeit lag nichts vor. Er stand wegen versuchten Einbruchs und wegen Drogenhandels unter Anklage. Hatte auch wegen diverser kleinerer Vergehen schon mal im Gefängnis gesessen. Eins davon war ein missglückter Raubüberfall auf einen Kiosk.

Erlendur saß eine ganze Weile im Auto und behielt die Haustür im Auge. Er verkniff es sich zu rauchen. Gerade als er wegfahren wollte, öffnete sich die Tür. Ein Mann kam heraus, der in eine Wolke von Zigarettenrauch eingehüllt war. Die Kippe warf er in den Garten vor dem Haus. Er war von mittlerer Größe und kräftig gebaut, hatte langes, dunkles Haar und war von Kopf bis Fuß schwarz gekleidet. Das Aussehen passte zu der Beschreibung in den Polizeiprotokollen. Als der Mann um die Ecke gebogen war, fuhr Erlendur los.

Róberts Tochter nahm Elínborg an der Tür in Empfang. Elínborg hatte sich telefonisch angemeldet. Die Frau hieß Harpa und war an den Rollstuhl gefesselt, die Beine waren dürr und leblos, aber der Oberkörper war kräftig, genau wie die Hände. Elínborg war überrascht, als die Frau die Tür öffnete, sagte aber keinen Ton, und die Frau bat sie, hereinzukommen. Elínborg schloss die Tür hinter sich. Die Wohnung war klein, aber gemütlich und speziell den Bedürfnissen der Inhaberin angepasst, Küche und Badezimmer behindertengerecht eingerichtet, ebenso das Wohnzimmer, wo die Bücherregale vom Rollstuhl aus zu erreichen waren.

»Mein Beileid wegen deines Vaters«, sagte Elínborg etwas betreten und ging hinter Harpa her ins Wohnzimmer.

»Vielen Dank«, sagte die Frau im Rollstuhl. »Er war ja schon ziemlich alt. Ich hoffe bloß, dass ich nicht so alt werde wie er. Ich möchte auf gar keinen Fall krank und bettlägerig in irgendeiner Pflegestation landen und jahrelang auf den Tod warten müssen. So langsam dahinvegetieren.«

»Wir sind auf der Suche nach Leuten, die früher einmal in einem Sommerhaus da draußen an der Nordseite vom Grafarholt-Hügel gewohnt haben«, erklärte Elínborg. »Gar nicht weit von eurem Sommerhaus. Es muss irgendwann während des Krieges oder danach gewesen sein. Wir haben mit deinem Vater gesprochen, kurz bevor er starb, und er erzählte uns von einer Familie, die seines

Wissens in dem Haus gelebt hat, aber viel mehr konnte er uns leider nicht sagen.«

Elínborg dachte an die Sauerstoffmaske vor Róberts Gesicht. An seine Atemnot und die blutleeren Hände.

»Du hast am Telefon über diesen Knochenfund gesprochen«, sagte Harpa und strich sich die Haarsträhne wieder hoch, die ihr in die Stirn gefallen war. »Der wurde im Fernsehen erwähnt.«

»Ja, wir haben da draußen in diesem Gebiet ein Skelett gefunden, und wir versuchen jetzt herauszubekommen, wer das sein könnte. Kannst du dich an diese Familie erinnern, die dein Vater erwähnt hat?«

»Ich war sieben, als der Krieg nach Island kam«, erklärte Harpa. »Ich kann mich an die Soldaten in Reykjavík erinnern. Wir wohnten damals auf dem Laugavegur, aber ich hab das alles überhaupt nicht so richtig mitbekommen. Die Soldaten waren auch am Grafarholt, aber auf der anderen Seite des Hügels. Da haben sie Baracken und Schießschanzen errichtet. Die hatten da eine kleine Bastion mit einer richtigen Kanone, deren Rohr aus einer länglichen Schießscharte herausragte. Ganz schön spannend war das damals. Uns Kindern, meinem Bruder und mir, war strengstens verboten worden, dahin zu gehen. Und irgendwie erinnere ich mich, als ob das alles ringsrum eingezäunt gewesen ist. Mit Stacheldraht. Wir sind nicht oft auf die andere Seite des Hügels gegangen, aber wir waren ziemlich oft in diesem Sommerhaus, das Papa gebaut hat, meistens im Sommer, und dann waren auch immer Leute in den Häusern ringsum, die man oberflächlich kannte.«

»Wenn ich richtig verstanden habe, lebten in dem bewussten Haus drei Kinder. Sie waren womöglich in deinem Alter.« Elínborg schaute von Harpa auf den Rollstuhl. »Du bist aber vielleicht nicht im Stande gewesen, viel zu unternehmen?«

»Doch«, erklärte Harpa und versetzte dem Rollstuhl einen Schlag. »Das hier ist später passiert. Ein Autounfall. Ich war dreißig. Ich kann mich aber nicht an Kinder da am Hügel erinnern. Ich kann mich an Kinder in anderen Häusern weiter weg erinnern, aber nicht dort.«

»Da stehen noch ein paar Johannisbeersträucher unweit der Stelle, wo das Haus gewesen ist und wo wir die Knochen gefunden haben. Dein Vater sprach über eine Frau, die dorthin gekommen ist, und zwar später, wenn ich ihn richtig verstanden habe. Ziemlich oft, hat er, glaube ich, gesagt, grün gekleidet, und sie war schief.«

»Schief?«

»Das Wort hat er verwendet, oder besser gesagt, aufgeschrieben.«

Elínborg zog das Blatt aus ihrer Tasche und reichte es Harpa.

»Das muss gewesen sein, als das Sommerhaus noch in eurem Besitz war«, fuhr Elínborg fort. »Wenn ich richtig informiert bin, habt ihr es Anfang der siebziger Jahre verkauft.«

»Zweiundsiebzig«, sagte Harpa.

»Hast du diese Frau jemals gesehen?«

»Nein, und ich habe Papa auch nie über sie sprechen hören. Es tut mir Leid, dass ich euch da nicht weiterhelfen kann, aber diese Frau habe ich nie gesehen, und ich kann mich nicht an ein Haus oder an die Leute erinnern, von denen du sprichst.«

»Kannst du dir vorstellen, was dein Vater mit diesem Wort gemeint hat? Schief?«

»Genau das, was es bedeutet. Er hat immer nur das gesagt, was er meinte, nicht weniger und nicht mehr. Er war in dieser Hinsicht sehr genau. Und er war ein guter Mensch, gut zu mir. Nach dem Unfall, als mein Ehemann mich verlassen hat. Der hat es nach dem Unfall noch drei Jahre ausgehalten, dann machte er sich aus dem Staub.«

Elínborg kam es zwar so vor, als ob sie lächelte, aber auf ihrem Gesicht war kein Lächeln zu sehen.

Der Mitarbeiter der englischen Botschaft in Reykjavík nahm Erlendur so überaus höflich in Empfang, dass Erlendur sich vorkam, als müsse er Bücklinge und Diener machen. Er stellte sich als Botschaftsrat vor. Er war ziemlich groß und schlank, trug einen tadellosen Anzug und knarrende Lackschuhe. Er sprach fast fehlerfreies Isländisch, worüber Erlendur froh war, denn seine eigenen Englischkenntnisse waren sehr begrenzt. Er atmete auf, als sich somit herausstellte, dass es im Zweifelsfall der Botschaftsrat sein würde, der sich ungeschickt ausdrücken würde.

Seine Kanzlei war genauso makellos wie der Mann selbst, und Erlendur musste unwillkürlich an sein eigenes Büro denken, wo es immer aussah wie nach einem Bombenangriff. Der Botschaftsrat – »Nenn mich doch einfach Jim«, hatte er vorgeschlagen – bat ihn, Platz zu nehmen.

»Es gefällt mir, wie unkompliziert alles hier in Island ist«, sagte Jim.

»Lebst du schon lange hier?«, fragte Erlendur und hatte keine Ahnung, warum er sich auf einmal so daherreden hörte – wie eine Nähkränzchentante, die Smalltalk macht.

»Ja, bald zwanzig Jahre«, sagte Jim und nickte wie zur Bestätigung mit dem Kopf. »Danke der Nachfrage. Und zufälligerweise ist der Zweite Weltkrieg mein Spezialgebiet. Ich meine, der Zweite Weltkrieg hier in Island. Ich habe seinerzeit den Master an der London School of Economics gemacht und über dieses Thema meine Examensarbeit geschrieben. Als du wegen dieser Baracken da draußen angerufen hast, habe ich mir gleich gedacht, dass ich dir bestimmt weiterhelfen könnte.«

»Du sprichst wirklich gut Isländisch.«

»Vielen Dank. Meine Frau ist Isländerin.«

»Was war mit diesen Nissenhütten?«, fragte Erlendur, um zur Sache zu kommen.

»Also, ich habe nicht viel Zeit gehabt, aber ich habe hier im Botschaftsarchiv etwas über die Baracken gefunden, die während des Krieges errichtet wurden. Möglicherweise muss ich aber weitere Informationen einholen. Es gab dort, wo heute der Golfplatz liegt, einige Baracken.«

Jim griff nach einigen Blättern auf dem Schreibtisch und blätterte darin.

»Dort gab es auch eine Schießschanze. Oder wie nennt ihr das? Einen Turm, und eine Kanone von ganz schönem Kaliber. Eine Abteilung aus dem 16. Infanteriegeschwader hat diese Schanze gebaut. Ich habe zwar noch nicht definitiv herausgefunden, wer oder was da in diesen Baracken war, aber auf die Schnelle habe ich den Einruck, dass dort ein Depot gewesen ist. Warum das Ding ausgerechnet da am Grafarholt gewesen ist, weiß ich nicht, aber es gab dort überall in der Gegend Baracken und Schießschanzen, im Mosfellsdalur, im Kollafjörður und dann natürlich im Hvalfjörður.«

»Wir befassen uns mit dem Verschwinden eines Menschen damals, wie ich dir schon am Telefon gesagt habe. Weißt du, ob dort irgendwelche Truppenangehörigen verschwunden oder verschollen sind?«

»Glaubst du, dass diese Knochen von einem britischen Soldaten stammen können?«

»Es spricht nicht sehr viel dafür, aber unserer Meinung nach ist die Person, zu der diese Knochen gehörten, während des Krieges dort vergraben worden. Da die Briten da auch in der Nähe waren, wäre es ganz gut, wenn wir sie zumindest ausschließen könnten.«

»Ich werde das für dich überprüfen, aber ich weiß nicht, wie lange so etwas aufbewahrt wird. Und ich glaube, dass die Amerikaner das Depot mit allem Drum und Dran übernommen haben, als sie uns 1941 ablösten. Die meisten unserer Soldaten wurden dann von Island abgezogen, aber nicht alle.«

»Danach haben die Amerikaner dort ein Depot gehabt?«

»Ich werde mich erkundigen. Ich setze mich mit der amerikanischen Botschaft in Verbindung, und dann sehen wir, was die dort zu sagen haben. Das erspart dir den Weg dorthin.«

»Hier gab es doch bestimmt eine Militärpolizei.«

»Ja, genau. Wahrscheinlich fängt man am besten da an. Aber das dauert bestimmt ein paar Tage, wenn nicht Wochen.«

»Wir haben genug Zeit«, sagte Erlendur und dachte an Skarphéðinn in Grafarholt.

Sigurður Óli fand es tödlich, im Keller von Benjamín Knudsen herumwühlen zu müssen. Elsa hatte ihn an der Tür in Empfang genommen und ihn in den Keller geführt, wo sie ihn zurückgelassen hatte. Jetzt kramte er bereits seit vier Stunden in Schränken, Schubladen, Kisten und Kästen herum, ohne eigentlich genau zu wissen, wonach er zu suchen hatte. Immer wieder kreisten seine Gedanken um Bergþóra. Er überlegte, ob sie ihn, wenn er nach Hause käme, wieder wie in all den vorausgegangenen Wochen mit ihren sexy Verführungsnummern in Empfang nehmen würde. Er hatte sich vorgenommen, sie rundheraus zu fragen, ob es irgendeinen besonderen Grund gäbe, warum sie plötzlich so scharf auf ihn war, und ob das womöglich damit zusammenhinge, dass sie unbedingt ein Kind wollte. Und dann wusste er, dass unweigerlich ein weiteres Thema anstand, das sie schon ein paarmal angeschnitten hatten, ohne zu einem Ergebnis gekommen zu sein; war es nicht allmählich an der Zeit zu heiraten, und zwar mit allem Drum und Dran?

Diese Frage brannte ihr auf den Lippen, während sie ihn mit leidenschaftlichen Küssen übersäte. Er hatte sich aber darüber noch gar keine Meinung gebildet und schob es immer wieder vor sich her, ihr darauf zu antworten. Seine Einstellung ließ sich ungefähr so umreißen: Ihr Zusammenleben war in Ordnung. Die sexuelle Seite ließ nichts zu wünschen übrig. Warum das Ganze mit einer Hochzeit kaputtmachen? Das ganze Drumherum. Wilde Abschiedsfeier vom Junggesellenstand. Die Prozession durch das Kirchenschiff. Und dann all die Gäste. Aufgeblasene Kondome in der Brautsuite. Der Lächerlichkeit waren keine Grenzen gesetzt. Bergþóra war ganz und gar gegen so einen Quatsch wie eine standesamtliche Hochzeit. Sie sprach von einem Feuerwerk und von schönen Erinnerungen, in denen man im Alter schwelgen könnte. Sigurður Óli versuchte, das alles abzuwimmeln. Er fand es viel zu früh, um an das Alter zu denken. Das Problem war ungelöst, und ganz offensichtlich war es seine Sache, es zu lösen, und er hatte keine Ahnung, was er selber eigentlich wollte, außer dass er keine kirchliche Hochzeit wollte, aber auf der anderen Seite wollte er Bergþóra auch nicht kränken.

Er las die gleichen Liebesbriefe von Benjamín K., und genau wie Erlendur las er nichts anderes aus ihnen heraus als Liebe ohne Falsch und eine innige Zuneigung zu der Frau, die sich eines Tages in Luft aufgelöst hatte und von der man sich erzählte, dass sie ins Meer gegangen sei. Meine Liebste. Wie ich Dich vermisse.

Ewig diese Liebe, dachte Sigurður Óli.

Die meisten Papiere hatten mit dem Knudsen-Magazin zu tun, und Sigurður Óli hatte bereits das allerletzte Fünkchen Hoffnung verloren, hier auch nur das Geringste zu finden, als er aus einem alten Aktenschrank ein Blatt hervorzog, auf dem stand:

Höskuldur Þórarinsson.
Anzahlung wegen Miete Grafarholt
8 Kronen.
Sign. Benjamín Knudsen

Erlendur verließ gerade die englische Botschaft, als sein Handy sich meldete.

»Ich habe einen Mieter gefunden«, sagte Sigurður Óli. »Glaube ich zumindest.«

»Ha«, sagte Erlendur.

»Einen Mieter von diesem Sommerhaus. Ich komme gerade aus dem Keller von Benjamín. Hab mein Leben lang noch nie so viel Kram und Gerümpel gesehen. Ich hab da ein Blatt gefunden, demzufolge ein Höskuldur Þórarinsson Miete für das Sommerhaus im Grafarholt gezahlt hat.«

»Höskuldur?«

»Ja, Þórarinsson.«

»Ist dieser Beleg datiert?«

»Kein Datum. Keine Jahreszahl. Der Zettel stammt von einem Rechnungsblock des Knudsen-Magazins. Die Quittung für die Miete steht auf der Rückseite. Benjamín hat unterschrieben. Und dann habe ich noch Rechnungen für etwas gefunden, was möglicherweise Baumaterial für ein Sommerhaus war. Alles geht auf Rechnung des Geschäfts, und da sind auch Jahreszahlen. 1938. Es kann sein, dass er damals angefangen hat zu bauen.«

»Wann soll noch mal seine Verlobte verschwunden sein?«

»Warte, ich hab mir das aufgeschrieben.« Erlendur wartete, während Sigurður Óli nach seinem Notizbuch suchte. Er notierte sich bei Besprechungen alles Mögliche, etwas, was Erlendur sich nie hatte angewöhnen können. Er hörte, wie Sigurður Óli blätterte, und dann war er wieder am Telefon.

»Sie verschwand 1940. Im Frühjahr.«

»Und bis dahin baut Benjamín an diesem Sommerhaus, und dann stellt er die Bautätigkeit ein, bevor das Haus ganz fertig ist, und vermietet es.«

»Und Höskuldur ist einer von den Mietern.«

»Hast du sonst noch was über diesen Höskuldur gefunden?«

»Nein, bis jetzt noch nicht. Ist es nicht am besten, wenn

wir bei ihm anfangen?«, fragte Sigurður Óli in der Hoffnung, aus dem Keller rauszukommen.

»Ich finde heraus, was es mit ihm auf sich hat«, erwiderte Erlendur und fügte zu Sigurður Ólis Leidwesen hinzu: »Sieh zu, ob du in dem Kram nicht noch mehr über ihn findest oder über andere Mieter. Wo eine Quittung ist, können auch noch mehr sein.«

14

Nach dem Gespräch in der Botschaft saß Erlendur lange Zeit an Eva Linds Bett. Er überlegte hin und her, worüber er zu ihr sprechen könnte. Er hatte keine Ahnung, was er ihr erzählen sollte. Er setzte ein paarmal an, aber ohne Erfolg. Seit der Arzt ihm empfohlen hatte, dass es sehr gut wäre, zu ihr zu sprechen, hatte er mehr als häufig darüber nachgedacht, was er sagen sollte, war aber zu keinem Resultat gekommen.

Er fing an, über das Wetter zu reden, gab es aber wieder auf. Er begann, über Sigurður Óli zu reden, wie angeschlagen er in diesen Tagen aussah. Doch viel mehr fiel ihm zu diesem Thema auch nicht ein. Er suchte nach irgendetwas, was er über Elínborg sagen könnte, aber auch da kam er nicht weiter. Er erzählte ihr von Benjamín Knudsens Verlobten, von der es hieß, dass sie ins Meer gegangen sei, und von den Liebesbriefen, die er im Keller gefunden hatte.

Er erwähnte, dass er ihre Mutter am Krankenbett gesehen hätte.

Dann verstummte er.

»Was ist eigentlich zwischen dir und Mama?«, hatte Eva Lind einmal gefragt, als sie bei ihm zu Besuch war. »Warum redet ihr nicht miteinander?« Sindri Snær war mit ihr gekommen, aber nicht lange geblieben. Nachdem er weg war, saßen sie beide allein im schummrigen Dämmerlicht. Das war im Dezember gewesen, im Radio wurden Weihnachtslieder gespielt, die Erlendur abschaltete, aber Eva Lind machte das Gerät wieder an, weil sie zuhören wollte. Sie war im fünften oder sechsten Monat und hatte sich zwischenzeitlich mal gewaschen. Wie immer, wenn sie mit ihm zusammen war, fing sie an, über die Familie zu reden, die sie nicht besaß. Sindri Snær sprach nie über so etwas, nie über seine Mutter oder seine Schwester oder das, was nicht zu Stande gekommen war. Er war wortkarg und zurückhaltend, wenn Erlendur ihn ansprach, und hatte kaum Interesse für seinen Vater. Das war der Unterschied zwischen den Geschwistern. Eva Lind wollte ihren Vater kennen lernen und scheute nicht davor zurück, ihn zur Verantwortung zu ziehen.

»Zwischen mir und deiner Mutter?«, hatte Erlendur erwidert. »Können wir nicht dieses Weihnachtsgedudel abstellen?« Er hatte versucht, Zeit zu gewinnen. Evas Fragen über die Vergangenheit brachten ihn immer in Verlegenheit. Er wusste nicht, was für Antworten er ihr auf ihre Fragen über diese kurzlebige Ehe geben sollte, über die Kinder, die sie bekamen, und weswegen er sich aus dem Staub gemacht hatte. Er hatte einfach keine Antwort darauf, und sie tendierte dazu, deswegen in Wut zu geraten. Sobald die Rede auf alte Familienprobleme kam, kannte ihre Reizbarkeit keine Grenzen.

»Nein, ich möchte Weihnachtslieder hören«, sagte Eva

Lind, und Bing Crosby träumte weiterhin von White Christmas. »Nie, niemals, habe ich gehört, dass sie ein einziges gutes Haar an dir gelassen hätte, aber trotzdem musst du sie ja irgendwann mal angetörnt haben. Zu Anfang. Als ihr euch kennen gelernt habt. Was war da?«

»Hast du sie danach gefragt?«

»Ja.«

»Und was hat sie darauf geantwortet?«

»Gar nichts. Dann hätte sie nämlich was Gutes über dich sagen müssen, und das kriegt sie einfach nicht geregelt. Sie rafft es nicht, dass da auch mal was Positives gewesen sein muss. Was war damals? Was hat euch zusammengebracht?«

»Ich weiß es nicht«, sagte Erlendur wahrheitsgemäß. Er versuchte, aufrichtig zu sein. »Wir haben uns in einem Beatschuppen kennen gelernt. Ich weiß es nicht. Es war überhaupt nichts Geplantes. Es hat sich einfach so ergeben.«

»Aber du musst dir doch was dabei gedacht haben?«

Erlendur antwortete nicht. Er dachte an Kinder, die ihre Eltern nie richtig kennen lernten. Nie in Erfahrung brachten, was für Menschen sie in Wirklichkeit waren. In ihr Leben traten, als es schon halb um war, und nichts von ihnen wussten. Sie nie anders kannten als Vater und Mutter, Familienoberhaupt und Beschützer. Nie herausfanden, was für Geheimnisse die beiden zusammen hatten oder jeder für sich, und das Ergebnis war, dass die Eltern für ihre Kinder genauso fremd waren wie die vielen anderen Menschen, denen man im Laufe seines Lebens begegnet. Er dachte daran, wie Eltern ihre Kinder auf Abstand halten können, und dann blieb meistens nur ein programmiertes höfliches Benehmen mit unechter Herzlichkeit, die wohl mehr vom gemeinsamen Erfahrungshintergrund herrührte als de facto von echter Liebe.

»Und was hast du dir dabei eigentlich vorgestellt?« Eva Linds Fragen öffneten alte Wunden, in denen sie ständig herumstocherte.

»Ich weiß es nicht«, sagte Erlendur und hielt sie auf Abstand, wie er es seit jeher getan hatte. Das spürte sie. Vielleicht baute sie immer wieder solche Szenen auf, um das zu spüren, um noch eine Bestätigung dafür zu bekommen. Zu spüren, wie fern er ihr war, und wie weit sie davon entfernt war, ihn zu verstehen.

»Du musst doch irgendwas an ihr gefunden haben.«

Wie sollte sie ihn verstehen können, wenn er sich manchmal nicht mal selbst verstand?

»Wir haben uns in einem Vergnügungslokal kennen gelernt«, wiederholte er. »Wahrscheinlich ist so was nicht unbedingt zukunftsträchtig.«

»Und dann bist du einfach abgehauen.«

»Ich bin nicht einfach abgehauen«, sagte Erlendur. »So war es nicht. Aber ich bin zum Schluss gegangen, und damit war das Kapitel abgeschlossen. Wir haben einfach nicht ... Ach, ich weiß nicht. Vielleicht gibt es den richtigen Weg gar nicht. Aber falls es ihn gibt, wir haben ihn nicht gefunden.«

»Aber damit war es nicht zu Ende«, bohrte Eva Lind.

»Nein«, sagte Erlendur. Er lauschte Bing Crosby im Radio. Schaute aus dem Fenster, wo große Schneeflocken pomadig zur Erde niedersanken. Schaute seine Tochter an. Die Ringe an der Augenbraue. Das Piercing in der Nase. Die Militärstiefel, die auf dem Tisch lagen. Die Trauerränder unter den Nägeln. Der Bauch, der nackt aus dem schwarzen T-Shirt herausschaute und beinahe zusehends dicker wurde.

»Es ist nie zu Ende«, sagte er.

Höskuldur Þórarinsson wohnte bei seiner Tochter in der kleinen Souterrainwohnung eines eindrucksvollen Einfamilienhauses im Árbær-Viertel, und man bekam sofort den Eindruck eines mit sich und der Welt zufriedenen Menschen. Er war klein und schnell in seinen Bewegungen und hatte silbergraues Haar und einen ebensolchen Bart, der einen kleinen Mund einrahmte. Zu seinem karierten Arbeiterhemd trug er eine beigefarbene Cordhose. Elínborg hatte ihn ausfindig gemacht. Es gab nicht viele Rentner mit diesem Namen im Volksregister. Die meisten checkte sie telefonisch ab, gleichgültig wo im Land sie registriert waren, und dieser Höskuldur in Árbær erklärte in selbstgefälligem Ton, dass er selbstverständlich bei Benjamín Knudsen, dem armen Schwein, zur Miete gewohnt habe. Konnte sich gut daran erinnern, obwohl er nur kurze Zeit in dem Haus weit vor den Toren der Stadt gewohnt hätte.

Elínborg und Erlendur saßen bei ihm im Wohnzimmer, er hatte Kaffee gekocht, und sie plauderten zunächst über alles Mögliche. Er war in Reykjavík geboren und aufgewachsen. Und dann ging es um diese verdammten Reaktionäre, die den Rentnern das Leben zur Hölle machten, so als wären sie mit irgendwelchen Versagern und Jammergestalten, die nicht für sich selber sorgen konnten, auf eine Stufe zu stellen. Erlendur beschloss, dem Geschwafel ein Ende zu machen.

»Weswegen bist du so weit vor die Stadt gezogen? War

das nicht ein bisschen übertrieben für so einen überzeugten Stadtmenschen wie dich?«

»Gewiss, gewiss«, erklärte Höskuldur und schenkte Kaffee in die Tassen ein. »Aber damals blieb einem nichts anderes übrig. Jedenfalls mir nicht. In dieser Zeit konnte man nirgendwo in Reykjavík was zur Miete bekommen. Im Krieg waren sogar die allerkleinsten Hundehütten voll gestopft mit Menschen. Da konnte sich nämlich auf einmal das Pack vom Land knallhartes Geld verdienen und wurde nicht mehr mit Quark oder Schnaps entlohnt. Die Leute mussten sogar in Zelten leben, wenn sie Pech hatten. Die Mietpreise zogen gewaltig an, und deswegen bin ich in das Haus am Grafarholt gezogen.«

»Und wann war das?«, fragte Elínborg.

»Das muss dreiundvierzig gewesen sein, oder vierundvierzig. Im Herbst. Mitten im Krieg.«

»Und wie lange hast du dort gewohnt?«

»Ein ganzes Jahr, bis zum nächsten Herbst.«

»Und hast du allein dort gelebt?«

»Zusammen mit meiner Frau, Ellý hieß die Gute. Sie lebt nicht mehr.«

»Wann ist sie gestorben?«

»Vor drei Jahren. Hast du vielleicht geglaubt, ich hätte sie da am Hügel verscharrt? Sehe ich vielleicht danach aus, oder was?«

»Wir finden keine Mieter, die dort gemeldet waren«, sagte Elínborg, ohne auf seine Frage einzugehen. »Weder dich noch andere. Du hast damals deinen Wohnsitz dort nicht angemeldet.«

»Ich kann mich nicht genau erinnern, wie es war. Mit dem Einwohnermeldeamt hatten wir nicht viel am Hut. Wir standen auf der Straße. Immer wieder gab's da Leute, die mehr bezahlen konnten als wir. Dann hab ich von Benjamíns Sommerhaus erfahren und mit ihm gesprochen. Irgendwelche Mieter waren gerade ausgezogen, und er hat sich meiner erbarmt.«

»Hast du eine Ahnung, was das für Mieter waren?«

»Nein, aber ich kann mich erinnern, dass das Haus tipptopp in Ordnung war.« Höskuldur leerte die Tasse, schenkte nach und trank einen weiteren Schluck. »Es war alles pieksauber und ordentlich«, fuhr er fort.

»Was meinst du mit pieksauber und ordentlich?«

»Tja, ich kann mich erinnern, dass meine Ellý immer wieder davon geredet hat. Sie war sehr angetan davon. Alles war geschrubbt und gebohnert worden, nirgends ein Staubkörnchen. Es war irgendwie so, als wäre man in ein Hotel gekommen. Das dürft ihr nicht so verstehen, als ob wir selber Schlunzen gewesen wären. Im Gegenteil. Aber dieses Haus war wirklich in einem tipptopp Zustand. Eindeutig eine Hausfrau, die diese Bezeichnung verdient, hat meine Ellý gesagt.«

»Du hast also nirgends irgendwelche Anzeichen von einer Gewalttat oder so etwas gesehen?«, fragte Erlendur, der bislang stumm dagesessen hatte. »Beispielsweise Blutflecken an den Wänden?«

Elínborg warf ihm einen Blick zu. Wollte er sich über den Alten lustig machen?

»Blut? An den Wänden? Nein, nichts dergleichen.«

»Alles in schönster Ordnung?«

»In schönster Ordnung. Und zwar wie!«

»Gab es irgendwelche Büsche oder Sträucher beim Haus, als du eingezogen bist?«

»Ja, da waren ein paar Johannisbeersträucher, ja. Daran kann ich mich gut erinnern, denn die trugen in dem

Herbst, als wir eingezogen sind, unwahrscheinlich viele Beeren, und wir haben Marmelade eingekocht.«

»Du hast sie also nicht gepflanzt? Oder deine Frau Ellý?«

»Nein, wir haben sie nicht eingesetzt. Die waren da schon, als wir kamen.«

»Du hast keine Ahnung, von wem die Knochen stammen könnten, die wir da in der Erde gefunden haben?«, fragte Erlendur.

»Kommt ihr etwa deswegen hierher? Um herauszufinden, ob ich da oben jemanden umgebracht habe?«

»Wir müssen davon ausgehen, dass da draußen während des Krieges oder kurz danach eine Leiche vergraben worden ist«, entgegnete Erlendur. »Es geht nicht darum, dass du des Mordes verdächtigt wirst. Überhaupt nicht. Hast du möglicherweise mit Benjamín über deine Vormieter gesprochen?«

»Doch, habe ich«, sagte Höskuldur. »Ich habe irgendwann mal, als ich die Miete bezahlte, ihm gegenüber erwähnt, wie vorbildlich die gewesen sind, und ich habe unsere Vormieter sehr gelobt. Er schien aber nicht das geringste Interesse dafür zu haben. Ein ausgesprochen unzugänglicher Mensch. Hatte seine Frau verloren. Ich hab gehört, dass sie ins Wasser gegangen sein soll.«

»Seine Verlobte. Sie waren nicht verheiratet. Kannst du dich an die Engländer auf der anderen Seite des Hügels erinnern? Oder zu diesem Zeitpunkt vielleicht eher an die Amerikaner. Als du kamst, dauerte der Krieg ja schon eine Weile an.«

»Da hat's von Soldaten nur so gewimmelt, nachdem die Briten 1940 gekommen waren. Die haben da auf der Südseite des Hügels Baracken errichtet, und die hatten auch eine Kanone da, um Reykjavík vor feindlichen Angriffen zu schützen. Mir kam das immer wie ein Witz vor, aber meine Ellý hat gesagt, das sei überhaupt nicht komisch. Dann hauten die Engländer ab, und die Amis rückten nach. Die waren da oben, als wir dorthin zogen. Die Engländer waren schon längst weg.«

»Hattest du irgendwelche Kontakte zu ihnen?«

»Das hat sich doch sehr in Grenzen gehalten. Die waren immer ziemlich für sich. Aber die Amis haben nicht so gestunken wie die Tommis, hat meine Ellý immer gesagt. Die waren viel ordentlicher und kultivierter. Richtig imponierend, so wie alles bei denen. Wie in Kinofilmen. Clark Gable. Oder Cary Grant.«

Cary Grant war Engländer, dachte Erlendur bei sich, hatte aber keine Lust, diesen Besserwisser zu korrigieren. Er stellte fest, dass Elínborg sich das ebenfalls verkniff.

»Die haben auch viel bessere Nissenhütten gebaut«, machte Höskuldur unverdrossen weiter. »Viel bessere Baracken als die Engländer. Die Amis haben den Fußboden betoniert, statt morsches Holz zu nehmen wie die Briten. Und die Unterkünfte waren auch viel besser, so wie alles, was die Amis angepackt haben. Alles viel besser und solider gearbeitet.«

»Weißt du was über eventuelle Nachmieter, nachdem du und deine Frau ausgezogen seid?«, fragte Erlendur.

»Doch, wir haben ihnen das ganze Anwesen gezeigt. Einer der Angestellten beim Gufunes-Betrieb, mit Frau, zwei Kindern und Hund. Reizende Leute, aber selbst, wenn ihr mir den Arm ausrenken würdet, an die Namen kann ich mich nicht mehr erinnern.«

»Weißt du irgendwas über die Leute, die vor euch in diesem Haus gewohnt und es so picobello verlassen haben?«

»Eigentlich nur das, was Benjamín sagte, als ich ihm schilderte, wie mustergültig sie das Haus übergeben haben und dass Ellý und ich ihnen in nichts nachstehen würden.«

Erlendur spitzte die Ohren, und Elínborg saß auf einmal kerzengerade. Höskuldur schwieg.

»Ja?«, sagte Erlendur.

»Was er gesagt hat? Er kam auf die Frau zu sprechen.« Höskuldur machte wieder eine Pause und führte seine Kaffeetasse zum Mund. Erlendur wartete ungeduldig auf die Fortsetzung dieser Geschichte. Erlendurs gesteigertes Interesse war Höskuldur nicht entgangen, und er wusste, dass ihm der Kriminalbeamte jetzt sozusagen aus der Hand fraß. Es war, als würde er ihm einen fetten Bissen vor die Schnauze halten, und jetzt wartete er schwanzwedelnd auf das Zeichen.

»Das war schon ziemlich interessant, das will ich dir sagen«, verkündete Höskuldur großspurig. Diese Polizisten sollten nicht mit leeren Händen abziehen. Nicht aus Höskuldurs Haus. Er trank wieder einen Schluck Kaffee und nahm sich ausgiebig Zeit dazu.

Du lieber Himmel, dachte Elínborg. Kann der verdammte Kerl das nicht endlich ausspucken. Sie hatte jetzt eigentlich mehr als genug von alten Knackern, die ihr entweder unter den Händen wegstarben oder sich, weil sie alt und einsam waren, wichtig machen mussten.

»Er war der Meinung, dass der Kerl ihr zu Leibe ging.«

»Ihr zu Leibe ging?«, wiederholte Erlendur.

»Wie nennt man das heute noch gleich? Gewalt in der Ehe.«

»Hat er seine Frau geprügelt?«, sagte Erlendur.

»Das hat Benjamín behauptet. Einer von diesen widerlichen Kerlen, die ihre Frauen schlagen, und womöglich die Kinder auch. Ich hab niemals auch nur einen Finger gegen meine Ellý erhoben.«

»Hat er dir gesagt, wie die Leute hießen?«

»Nein, aber auch wenn er es vielleicht getan haben sollte, dann habe ich das schon längst wieder vergessen. Aber etwas hat er mir noch gesagt, woran ich später oft gedacht habe. Er sagte, dass sie, die Frau dieses Mannes, seinerzeit im alten Gasometer am Rauðarárstígur gezeugt worden war, nicht weit von Hlemmur. Zumindest wurde allgemein darüber getratscht. Genauso, wie die Leute geredet haben, dass Benjamín seine Frau umgebracht hätte. Also, das war natürlich nur seine Verlobte.«

»Benjamín? Im Gasometer? Wovon sprichst du eigentlich?« Erlendur hatte völlig den Faden verloren. »Haben die Leute geredet, dass Benjamín seine Verlobte umgebracht hat?«

»Einige haben das geglaubt. Damals. Das hat er selber gesagt.«

»Dass er sie umgebracht hat?«

»Dass die Leute glaubten, er hätte ihr was angetan. Er selbst hätte das nie gesagt. Ich kannte ihn ja gar nicht. Aber er war sich sicher, dass die Leute ihn verdächtigten, und ich kann mich erinnern, dass die Rede von Eifersucht war.«

»Klatsch und Tratsch?«

»Selbstverständlich nichts anderes als Klatsch und Tratsch. Das hält uns doch alle munter und lebendig, wenn wir schlecht über den Nächsten sprechen.«

»Und das mit dem Gasometer, was sollte das?«

»Das ist die beste Klatschgeschichte von allen. Habt ihr nie was davon gehört? Viele Leute haben geglaubt, dass der Weltuntergang bevorstünde, und dann haben sie die ganze Nacht im Gasometer wüste Orgien gefeiert. Bei der Gelegenheit wurden einige Kinder gezeugt, und diese Frau war eines von denen, wie Benjamín glaubte. Sie wurden die Weltuntergangskinder genannt.«

Erlendur schaute auf Elínborg und dann wieder auf Höskuldur.

»Willst du dich über mich lustig machen?«, fragte er.

Höskuldur schüttelte den Kopf.

»Es war wegen diesem Kometen. Die Leute glaubten, er würde auf die Erde niedergehen.«

»Was für ein Komet?«

»Na, der Halleysche Komet doch!«, schrie der Besserwisser beinahe, richtig schockiert über Erlendurs Wissenslücke. »Der Halleysche Komet! Diese Leute glaubten, er würde mit der Erde zusammenkrachen, und dann würde alles hier in einem Höllenbrand aufgehen.«

15

Elínborg hatte tagsüber herausgefunden, wer die Schwester von Benjamíns Verlobter war, und sie wollte sich mit ihr befassen, sobald sie mit Höskuldur fertig waren. Erlendur war damit einverstanden und erklärte, er werde mal in der Nationalbibliothek nach alten Artikeln über den Halleyschen Kometen schauen. Es hatte sich nämlich herausgestellt, dass Höskuldur nur sehr wenig über das Ereignis wusste. Er kannte nur die Schlagzeilen, aber wie bei Besserwissern so üblich, tat er so, als wüsste er bestens Bescheid. Drehte sich mit seinem Geschwafel im Kreis, bis Erlendur die Geduld verlor und sich ziemlich abrupt verabschiedete.

»Was hältst du von dem, was unser Höski gesagt hat?«, fragte Erlendur, als sie wieder im Auto saßen.

»Das mit diesem Gasometer ist echt abgedreht«, erklärte Elínborg. »Ich bin gespannt, was du darüber herausfindest. Es stimmt, abgesehen davon, haargenau, was er über diese Klatschgeschichten gesagt hat. Es scheint jedem ein ganz besonderes Vergnügen zu bereiten, schlecht über den Nächsten zu reden. Aber dieser Klatsch sagt nichts darüber aus, ob Benjamín ein Mörder war, und das weißt du ganz genau.«

»Ja, aber wie heißt es denn noch so schön in dem Sprichwort? Kein Rauch ohne Feuer?«

»Sprichwörter«, brummelte Elínborg. »Ich werde mal die Schwester danach fragen. Sag mir was anderes. Wie geht es Eva Lind?«

»Sie liegt bewegungslos in dem Bett, und man könnte meinen, dass sie friedlich schläft. Der Arzt sagt, ich sollte mit ihr sprechen.«

»Sprechen?«

»Er ist der Meinung, dass sie trotz des Komas meine Stimme hören würde und dass es gut für sie wäre.«

»Und über was redest du mit ihr?«

»Bislang noch gar nicht«, sagte Erlendur. »Ich weiß nicht, worüber ich zu ihr sprechen soll.«

Sólveigs Schwester kannte zwar diese Klatschgeschichten, weigerte sich aber rundheraus zu glauben, dass daran etwas Wahres sein könnte. Sie hieß Bára und war sehr viel jünger als die verschollene Schwester gewesen. Sie wohnte in einem großen Einfamilienhaus in Grafarvogur, war mit einem gut situierten Großhändler verheiratet, und sie schienen ziemlich betucht zu sein – was man an dem imposanten Interieur und an dem Schmuck sehen konnte, mit dem sie behängt war. Außerdem an der Arroganz, mit der sie eine Unbekannte wie die Kriminalpolizistin abfertigte, die jetzt bis in ihr Wohnzimmer vorgedrungen war. Elínborg, die der Frau bereits am Telefon in groben Zügen gesagt hatte, um was es ging, dachte bei sich, dass diese Frau bestimmt ihr ganzes Leben lang keine Geldsorgen gekannt und sich immer das geleistet hatte, was sie gerne haben wollte. Dass sie mit keinen anderen Menschen Umgang zu haben brauchte als mit ihresgleichen. Wahrscheinlich hatte sie auch bereits vor langer Zeit aufgehört, sich für irgendetwas anderes zu interessieren. Ihr kam es in den Sinn, ob das auch das Schicksal der Schwester geworden wäre, wenn sie nicht den anderen Weg gewählt hätte.

»Meine Schwester liebte Benjamín über alles, was ich aber nie verstanden habe. Er war in meinen Augen ein ziemlich hölzerner Zeitgenosse. Er war aus guter Familie, daran hat's nicht gemangelt. Die Knudsens waren eine der ältesten Familien in Reykjavík. Aber er war überhaupt nicht interessant.«

Elínborg lächelte, obwohl sie nicht genau wusste, was Bára meinte. Bára sah das.

»Ein Träumer. War nur selten mit beiden Beinen auf dem Boden der Tatsachen. Der mit seinen großen kaufmännischen Träumen! Die wurden dann allerdings später Wirklichkeit, aber ihm selber kamen sie ja nie zugute. Und er hielt es immer mit den einfachen Leuten. Seine

Dienstmädchen brauchten ihn nicht zu siezen. Heute haben die Leute natürlich längst aufgehört, sich zu siezen. So etwas wie feine Lebensart gibt es nicht mehr. Und schon gar keine Dienstmädchen.«

Bára strich imaginären Staub vom Wohnzimmertisch. Elínborg betrachtete die riesigen Gemälde der beiden Eheleute an der Wand des prunkvollen Salons, jeder hatte sein eigenes Bild. Der Mann wirkte sowohl niedergeschlagen als auch angeschlagen, er schien mit seinen Gedankens ganz woanders zu sein. Bára hatte ein anbiederndes Lächeln im herben Gesicht, und Elínborg konnte sich des Gedankens nicht erwehren, dass sie den Sieg in dieser Ehe davongetragen hatte. Sie hatte Mitleid mit dem Mann auf dem Gemälde.

»Aber falls du glaubst, dass er meine Schwester umgebracht hat, dann bist du auf dem Holzweg«, sagte Bára. »Diese Knochen bei seinem Sommerhaus da oben sind nicht von ihr.«

»Wieso weißt du das so genau?«

»Ich weiß es ganz einfach. Benjamín konnte keiner Fliege was zuleide tun. Er war so. Ein Schwächling. Ein Träumer, wie ich bereits sagte. Das hat sich auch gezeigt, als sie verschwand. Er hat sich nie wieder berappelt, der Mann. Hörte auf, sich um sein Geschäft zu kümmern. Zeigte sich nicht mehr in der Öffentlichkeit. Setzte einfach einen Schlussstrich. Er hat sich nie wieder von diesem Schlag erholt. Mama gab ihm die Liebesbriefe zurück, die er meiner Schwester geschickt hatte. Sie hatte einige gelesen und sagte, dass sie sehr schön waren.«

»Hattet ihr Schwestern ein enges Verhältnis zueinander?«

»Nein, das kann ich nicht behaupten, nein. Ich war so

viel jünger. Schon in meinen allerersten Erinnerungen war sie erwachsen. Unsere Mutter sagte immer, dass sie wie unser Vater war. Ein etwas eigenbrötlerischer und schwieriger Charakter. Neigte zu Schwermut. Er hat übrigens dasselbe gemacht wie sie.«

Es hatte ganz den Anschein, als wäre Bára der letzte Satz gegen ihren Willen herausgerutscht.

»Dasselbe gemacht?«

»Ja«, sagte Bára unmutig. »Sie hat es ihm nachgetan. Hat Selbstmord begangen.« Sie sagte das so, als ginge es sie nichts an. »Aber er ist nicht einfach verschwunden so wie sie später – ganz im Gegenteil. Er hat sich im Esszimmer erhängt. An dem Haken, an dem der Kronleuchter hing. Vor aller Augen. Auf seine Familie hat er überhaupt keine Rücksicht genommen.«

»Das muss sehr schwer für euch gewesen sein«, sagte Elínborg, um irgendetwas zu sagen. Madame Bára schaute Elínborg, die ihr gegenübersaß, so vorwurfsvoll an, als trüge sie die Schuld daran, das alles wieder rekapitulieren zu müssen.

»Am schwierigsten für sie. Für meine Schwester. Die beiden hatten ein sehr enges Verhältnis zueinander. So was prägt einen, das ist klar. Das arme Mädchen.«

»Und wann war ...?«

»Das geschah einige Jahre, bevor sie selbst verschwand«, sagte Bára, und urplötzlich hatte Elínborg das Gefühl, dass sie etwas verbergen wollte. Dass diese Aussagen einstudiert klangen. Ohne irgendeine Gefühlsregung. Aber vielleicht war sie einfach so, diese Frau. Überheblich, gefühllos und langweilig.

»Das muss man Benjamín lassen, er war gut zu ihr«, fuhr Bára fort. »Schrieb ihr Liebesbriefe und dergleichen. Damals waren lange Spaziergänge bei Verlobten in Reykjavík in Mode. So gesehen waren sie wie ein ganz normales verliebtes Paar. Sie hatten sich beim Tanzen im Hótel Borg kennen gelernt, das war ja seinerzeit der Ort für so etwas, und sie besuchten einander, und es gab Spaziergänge und Ausflüge, und das entwickelte sich eben so wie überall bei den jungen Leuten. Er hat um ihre Hand angehalten, und ich glaube, es waren nur noch ein paar Wochen bis zur Hochzeit, als sie verschwand.«

»Soweit ich weiß, hat man geglaubt, dass sie ins Meer gegangen ist«, sagte Elínborg.

»Ja, die Leute haben sich die Mäuler darüber zerrissen. Es wurde überall in Reykjavík und Umgebung nach ihr gesucht. Jede Menge Menschen beteiligten sich an der Suche, aber man hat auch nicht die geringste Spur von ihr gefunden. Meine Mutter hat mir das alles erzählt. Meine Schwester verließ morgens das Haus. Sie wollte einkaufen gehen und wurde in einigen Geschäften gesehen, damals gab es ja noch nicht so viele wie heute, aber sie kaufte nirgendwo etwas. Sie besuchte Benjamín in seinem Geschäft, ging von dort weg und wurde nie wieder gesehen. Er sagte der Polizei und uns, dass sie sich gestritten hätten. Deswegen gab er sich die Schuld am weiteren Verlauf der Dinge, und darüber ist er nie hinweggekommen.«

»Warum hat man geglaubt, dass sie ins Meer gegangen ist?«

»Einige Leute wollten eine Frau gesehen haben, die zum Strand hinunterging, da wo heute die Tryggvagata endet. Sie trug einen Mantel, der Ähnlichkeit mit dem Mantel meiner Schwester hatte, und sie hatte in etwa ihre Größe. Und das war's.«

»Über was hatten sie sich gestritten?«

»Irgendeine unbedeutende Sache. Etwas, was mit der Hochzeit zu tun hatte. Mit den Vorbereitungen. Das jedenfalls hat Benjamín erzählt.«

»Aber du bist der Meinung, dass es etwas anderes war.«

»Ich weiß nichts darüber.«

»Und du hältst es für ausgeschlossen, dass die Knochen bei Grafarholt von ihr sind?«

»Das ist völlig ausgeschlossen, ja. Ich kann es nicht begründen. Ich kann es nicht beweisen. Aber ich finde es ganz und gar abwegig. Ich kann es mir einfach nicht vorstellen.«

»Weißt du etwas über die Leute, die damals sein Sommerhaus da draußen gemietet hatten? Leute, die womöglich auch in den Kriegsjahren dort oben waren? Wahrscheinlich eine fünfköpfige Familie, ein Ehepaar mit drei Kindern. Weißt du etwas darüber?«

»Nein, aber mir war schon bekannt, dass dort während der ganzen Kriegsjahre Leute gelebt haben. Wegen der Wohnungsnot.«

»Besitzt du irgendwas von deiner Schwester? Eine Haarlocke vielleicht? Womöglich in einem Medaillon?«

»Nein, aber Benjamín besaß eine Locke von ihr. Ich hab zugeschaut, wie sie sich die Locke abgeschnitten hat. Er hat sie um etwas gebeten, was ihn an sie erinnern würde, als sie für zwei Wochen unsere Verwandten in Fljót in Nordisland besuchte.«

Als sie sich wieder ins Auto gesetzt hatte, rief Elínborg Sigurður Óli an. Der kam nach einem langen und langweiligen Tag gerade wieder aus Benjamíns Keller zum Vorschein. Sie bat ihn, nach einer Locke von Benjamíns Verlobter Ausschau zu halten. »Könnte in einem schönen Medaillon stecken«, sagte sie. Sigurður Óli stöhnte auf.

»Jetzt hab dich nicht so«, sagte Elínborg. »Wir können das Problem vielleicht ohne viel Aufhebens lösen, wenn wir die Locke finden. So einfach ist das.«

Sie stellte das Handy ab und wollte gerade losfahren, als ihr ein Gedanke blitzartig durch den Kopf schoss und sie darauf den Motor abwürgte. Sie dachte einen Augenblick nach und nagte zweifelnd an ihrer Unterlippe. Dann entschloss sie sich.

Als Bára die Tür öffnete, war sie sehr verwundert, dass Elínborg wieder vor ihr stand.

»Hast du was vergessen?«, fragte sie.

»Nein, nur noch eine Frage«, sagte Elínborg etwas verlegen. »Dann bin ich weg.«

»Ja, was denn?«, fragte Bára ungeduldig.

»Du hast erklärt, dass deine Schwester an dem Tag, an dem sie verschwand, einen Mantel trug.«

»Ja, und was ist damit?«

»Was war das für ein Mantel?«

»Was für ein Mantel? Ein ganz normaler, den meine Mutter ihr geschenkt hatte.«

»Ich meine, welche Farbe hatte er? Weißt du das?«

»Der Mantel?«

»Ja.«

»Warum fragst du danach?«

»Einfach so aus Neugierde«, sagte Elínborg, die keine Zeit auf Erklärungen verschwenden wollte.

»Ich kann mich nicht daran erinnern«, sagte Bára.

»Nein, natürlich nicht«, sagte Elínborg. »Ich verstehe. Vielen Dank, und entschuldige nochmals die Störung.«

»Aber meine Mutter hat mir erzählt, dass er grün gewesen ist.«

So vieles veränderte sich in diesen merkwürdigen Zeiten. Tómas hatte mit dem Bettnässen aufgehört. Hatte aufgehört, seinen Vater in Wut zu bringen, und auf irgendeine Weise, die Símon nicht verstand, hatte Grímur angefangen, seinem jüngeren Sohn mehr Aufmerksamkeit als zuvor zu schenken. Er glaubte vielleicht, dass Grímur sich nach dem Eintreffen der Soldaten geändert hatte. Oder vielleicht war Tómas im Begriff, sich zu ändern.

Seine Mutter ging nie wieder auf den Gasometer ein, mit dem Grímur sie ständig zu reizen versuchte, weswegen er es praktisch schon wieder drangegeben hatte. Unser kleiner Bankert, sagte er, und Gasbankert nannte er sie. Und sprach über den großen Gasbehälter, wo nächtliche Orgien gefeiert wurden, als angeblich der Weltuntergang bevorstand, weil der Komet auf die Erde prallen und sie zerfetzen würde. Símon verstand fast überhaupt nichts von dem, was gesagt wurde, aber er sah, dass das, was Grímur sagte, seiner Mutter nahe ging. Símon spürte, dass sie unter seinen Worten nicht weniger litt als unter seinen Schlägen.

Einmal, als er mit Grímur auf dem Weg in die Stadt war, kamen sie beim Gasometer vorbei. Grímur deutete auf das Gebäude und lachte, indem er erklärte, da sei seine Mutter gezeugt worden. Und dann wieherte er aus vollem Hals. Der

Gasometer war eines der größten Gebäude in Reykjavík, und es flößte Símon Angst ein. Einmal raffte er sich dazu auf, seine Mutter nach diesem Tank zu fragen, der eine eigenartige Faszination auf ihn ausübte.

»Hör nicht auf den Unsinn, den er von sich gibt«, sagte sie. »Du müsstest doch inzwischen begriffen haben, was mit ihm los ist. Was er sagt, hat weder Hand noch Fuß.«

»Aber was ist denn da in diesem Gasometer passiert?«

»Darüber weiß ich gar nichts. Das hat er alles erfunden. Ich habe keine Ahnung, wo er das gehört haben will.«

»Aber wo sind denn deine Mama und dein Papa?«

Sie verstummte und schaute ihren Sohn an. Diese Frage hatte ihr das ganze Leben zu schaffen gemacht, und jetzt hatte ihr Sohn in all seiner Unschuld sie ganz einfach so ausgesprochen, und sie wusste nicht einmal im Ansatz, was sie antworten sollte. Sie wusste nicht, wer ihre Eltern waren, hatte es nie gewusst. In jüngeren Jahren hatte sie versucht, Nachforschungen anzustellen, ohne den geringsten Erfolg. Ihre ersten Erinnerungen stammten aus der Zeit, wo sie in einer kinderreichen Familie aufwuchs. Als sie älter wurde, erfuhr sie, dass diese Kinder nicht ihre Geschwister waren und dass sie keine Eltern hatte, sondern dass die Stadt für sie aufkam. Sie dachte lange über diesen Ausdruck nach, aber erst sehr viel später wurde sie sich über die Bedeutung klar. Eines Tages wurde sie aus dieser Familie weggenommen und bei einem älteren Ehepaar untergebracht, denen eine Art Haushaltshilfe fehlte, und als sie erwachsen war, verdingte sie sich als Dienstmädchen bei dem Kaufmann. Und das war ihr Leben gewesen, bevor sie Grímur kennen lernte. Sie hatte immer darunter gelitten, keine Eltern zu haben, kein Zuhause, keine große Familie mit Onkeln und Tanten, Großmüttern und Geschwistern. In der Zeit, als sie vom Mädchen zur jungen Frau reifte, dachte sie unablässig darüber nach, wer sie war und wer ihre Eltern sein mochten. Sie wusste aber nicht, wo sie nach Antworten auf ihre Fragen suchen sollte.

Sie bildete sich ein, dass ihre Eltern bei einem Unfall ums Leben gekommen seien, denn sie konnte sich nicht vorstellen, dass sie einfach ihr Kind im Stich gelassen hätten. Sie bildete sich ein, dass sie ihrem Töchterchen das Leben gerettet, dabei aber beide umgekommen wären. Dass sie sogar ihr Leben für sie geopfert hätten. Sie sah ihre Eltern immer in einem solchen Licht vor sich. Als heroische Gestalten, die um ihr eigenes Leben und das Leben ihrer kleinen Tochter kämpften. Sie konnte sich nicht vorstellen, dass ihre Eltern noch am Leben waren. Das war undenkbar.

Als sie den Seemann, Mikkelínas Vater, kennen lernte, brachte sie ihn dazu, mit ihr nach den Antworten auf ihre Fragen zu suchen. Sie gingen von Amt zu Amt, aber sie bekamen nur heraus, dass sie eine Waise war. Schon beim ersten Eintrag ins Volksregister wurden keine Eltern erwähnt. Sie war als Waisenkind registriert. Es gab keine Geburtsurkunde. Zusammen mit ihrem Freund ging sie zu der kinderreichen Familie, um ihre Ziehmutter auszufragen, aber die wusste auch keine Antworten. Die Stadt ist für dich aufgekommen, sagte sie. Das Geld konnten wir gut gebrauchen. Sie hatte sich nie nach der Abstammung des Mädchens erkundigt.

Sie hatte schon lange aufgehört, dieser Frage nach ihren Ursprüngen nachzugehen, bis dann Grímur damit ankam und vorgab, herausgefunden zu haben, wo sie gezeugt worden und wie das alles zugegangen war, und sie sah sein hässliches und gemeines Grinsen, als er von den wüsten Orgien im Gasometer erzählte.

Sie blickte Símon an, und all diese Fragen aus der Vergangenheit gingen ihr durch den Kopf. Es hatte den Anschein, als wollte sie etwas Wichtiges sagen, unterließ es dann aber und erklärte ihm, er solle sie nicht ständig nach so etwas ausfragen.

Draußen in der Welt tobte der Krieg, der auch den Weg bis zu ihrem Hügel gefunden hatte, denn auf der anderen Seite hatten britische Soldaten angefangen, Häuser zu errichten, die von der Form her an Brote erinnerten und Nissenhütten genannt wurden. Símon verstand das Wort nicht. Und in diesen Nissenhütten sollte etwas untergebracht werden, was Símon ebenfalls nicht verstand, ein Depot.

Manchmal lief er mit Tómas über den Hügel, um den Soldaten zuzusehen. Holz war dort gestapelt worden und große Dachsparren, und außerdem Material zum Einzäunen, Stacheldrahtrollen, Zementsäcke, ein Betonmischer und ein Bulldozer, um den Untergrund für die Nissenhütten zu planieren. Eine Schanze wurde gebaut, die in westliche Richtung wies, über die Bucht von Grafarvogur hinweg, und eines Tages sahen die Brüder, wie die Engländer mit einer riesigen Kanone ankamen. Das Rohr ragte mehrere Meter in die Luft. Das Geschütz wurde in der Verteidigungsanlage so untergebracht, dass nur das Rohr herausragte, jederzeit bereit, den Feind zu erschießen. Der Feind, das waren die Deutschen, die den Krieg angezettelt hatten und alle umbrachten, die sie zu fassen kriegten, auch kleine Jungen wie sie selber.

Dann wurde das Gelände um die Baracken, acht an der Zahl, eingezäunt. Sie waren im Handumdrehen aus dem Boden geschossen. An der Toreinfahrt verkündete ein Schild in isländischer Sprache, dass allen Unbefugten das Betreten des

Geländes strengstens untersagt war. Direkt beim Tor befand sich eine kleine Hütte, wo ein Soldat mit Gewehr Tag und Nacht Wache stand. Die Soldaten kümmerten sich nicht um die beiden Jungen, die allerdings auch darauf achteten, sich in angemessener Entfernung zu halten. Bei schönem Wetter trugen Símon und Tómas ihre Schwester hinauf auf den Hügel in die Sonne, setzten sie im Moos ab und zeigten ihr die Kanone, die aus der Schießscharte herausragte. Mikkelína lag da und beobachtete alles, was ihr vor die Augen kam, war aber stumm und nachdenklich. Símon kam es so vor, als hätte sie Angst vor dem, was sie sah. Vor den Soldaten und der großen Kanone.

Die Soldaten steckten in moosgrünen Uniformen mit Ledergürteln und schweren schwarzen Stiefeln, die bis an die Waden geschnürt waren. Manchmal trugen sie Helme auf dem Kopf, und in den Halftern steckten Gewehre und Pistolen. Wenn es warm war, zogen sie ihre Jacken und Hemden aus und arbeiteten mit nacktem Oberkörper. Manchmal fanden am Hügel militärische Übungen statt, und dann lagen die Soldaten auf der Lauer, rannten hin und her, warfen sich auf den Boden und feuerten aus ihren Waffen. Abends drang oft Lärm und Musik vom Militärlager zu ihnen herüber. Hin und wieder kam die Musik aus einem quietschenden Gerät, und dann klang der Gesang blechern. Aber manchmal sangen die Soldaten auch selber draußen unter freiem Himmel, Lieder aus ihrem Heimatland, von dem Símon wusste, dass es England hieß, und Grímur erklärte, dass es eine Weltmacht sei.

Sie berichteten ihrer Mutter von allem, was auf der anderen Seite des Hügels passierte, aber sie interessierte sich nicht sonderlich dafür. Einmal aber brachten sie sie dazu, mit ihnen auf den Hügel zu steigen, von wo aus sie das Gelände der Engländer eine ganze Weile betrachtete, um dann aber wieder nach Hause zu gehen und über Ausnahmezustand und Gefahren zu sprechen. Sie verbot den Jungen, in der Nähe der Soldaten herumzulungern, weil alles Mögliche passieren konnte, wenn Männer Schusswaffen trugen. Sie wolle nicht, dass ihnen etwas zustieße.

Die Zeit verging, und dann waren auf einmal die Amerikaner ins Depot gekommen, und fast alle Engländer waren fort. Grímur behauptete, sie würden alle in den Tod geschickt, aber die Amerikaner hätten in Island einen lauen Job und bräuchten sich keine Sorgen zu machen.

Grímur hatte jetzt aufgehört, Kohlen zu schaufeln, und arbeitete für die Amerikaner auf der anderen Seite des Hügels, denn dort gab es nicht nur gutes Geld zu verdienen, sondern auch genug Arbeit. Er spazierte eines Tages über den Hügel und fragte an, ob sie Arbeit für ihn hätten. Ohne Probleme bekam er einen Job im Lager und in der Kantine. Das hatte zur Folge, dass sich der Speisezettel bei ihnen zu Hause beträchtlich änderte. Feierlich öffnete Grímur eine rote Dose mit einem kleinen Schlüssel, rollte das Blech des Deckels auf, und als er die Dose umstülpte, landete ein rosa Fleischstück in durchsichtigem wackelnden und herrlich salzigem Gelee auf dem Teller.

»Schinken«, erklärte Grímur. »Aus den Vereinigten Staaten.«

Noch nie in seinem Leben hatte Símon so etwas Köstliches gegessen.

Zunächst dachte er gar nicht darüber nach, wie dieses neue Essen zu ihnen auf den Tisch gekommen war, aber ihm entging die besorgte Miene seiner Mutter nicht, als Grímur einmal mit einem ganzen Kasten voll solcher Dosen ankam und ihn in ihrem Haus versteckte. Manchmal packte

Grímur ein paar von diesen Dosen und andere Waren, die Grímur nicht kannte, in einen Sack und ging damit nach Reykjavík. Wenn er zurückkam, zählte er die Münzen auf dem Küchentisch ab, und Símon bemerkte so etwas wie Freude an ihm, was er nie zuvor beobachtet hatte. Und er behandelte ihre Mutter auch nicht mehr ganz so bösartig. Hörte auf, über den Gasometer zu reden. Streichelte Tómas über den Kopf.

Die Waren strömten nur so ins Haus. Amerikanische Zigaretten und herrliches Dosenessen, auch Obst und sogar Nylonstrümpfe, von denen ihre Mutter sagte, dass alle Frauen in Reykjavík sich danach sehnten, so etwas zu besitzen.

Nichts von diesen Sachen blieb lange im Haus. Einmal brachte Grímur ein kleines Päckchen mit, und Símon hatte noch nie etwas so Köstliches gerochen. Grímur öffnete die Packung und erlaubte allen, davon zu probieren. Er sagte, das sei so ein Gummizeug, auf dem die Amis ständig herumkauen würden, wie wiederkäuende Kühe. Herunterschlucken durfte man das Gummi nicht, aber nach einiger Zeit sollte man es ausspucken und sich ein neues Plättchen nehmen. Símon und Tómas, und sogar auch Mikkelína, die ebenfalls ein rosa Plättchen bekam, kauten wie wild darauf herum, spuckten es aus und nahmen sich ein neues.

»Das heißt *gum*«, sagte Grímur.

Grímur lernte rasch, sich auf Englisch verständlich zu machen. Er freundete sich mit einigen Soldaten an und lud sie zu sich nach Hause ein, wenn sie freihatten. Dann wurde Mikkelína immer in der Kammer versteckt gehalten, die Jungen mussten sich extra kämmen, und ihre Mutter musste das einzige Kleid anziehen, das sie besaß, und sich zurechtmachen. Die Soldaten kamen und waren höflich, gaben allen die Hand, stellten sich vor und gaben den Jungen Süßigkeiten. Saßen da, unterhielten sich und tranken aus Flaschen. Dann verabschiedeten sie sich, fuhren mit ihrem Militärjeep in die Stadt, und in dem Haus, wohin sich sonst nie ein Besucher verirrte, war alles wieder ruhig.

Meistens fuhren die Soldaten aber direkt nach Reykjavík, um erst spät in der Nacht laut und fröhlich singend zurückzukehren. Dann hörte man am Hügel Rufen und Schreien, und ein- oder zweimal war es, als hörte man Schüsse. Aber nicht aus der großen Kanone, denn wenn aus ihr geschossen würde, dann wären die verdammten Nazis da und würden uns alle in null Komma nix umbringen, sagte Grímur. Er fuhr oft mit den Soldaten in die Stadt, um sich zu amüsieren. Wenn er dann wieder nach Hause kam, konnte er immer einen neuen amerikanischen Schlager. In diesem Sommer hörte Símon Grímur zum ersten Mal singen.

Einmal wurde Símon Zeuge von etwas sehr Merkwürdigem.

Eines Tages kam einer der amerikanischen Soldaten mit einer Angelrute über den Hügel gegangen. Beim Reynisvatn machte er Halt und fing an, Forellen zu angeln. Pfeifend wanderte er später weiter bis zum Hafravatn, wo er den größten Teil des Tages verbrachte. Das geschah an einem schönen Sommertag. Er spazierte in Seelenruhe rund um den See und warf die Angel aus, wann und wo er Lust dazu hatte. Er schien kein leidenschaftlicher Angler zu sein, sondern bei dem herrlichen Wetter und in der schönen Natur eher das Leben zu genießen. Er saß bloß da, rauchte ab und zu und sonnte sich.

Gegen drei schien er genug zu haben, packte die Angelrute zusammen und steckte die drei Forellen, die er im Lauf des Tages gefangen hatte, in eine kleine Tasche und ging dann genauso ruhig wieder zurück. Aber statt an ihrem Haus vorbeizugehen, hielt er an und sagte etwas Unverständliches zu Símon, der den ganzen Tag seine Unternehmungen mitverfolgt hatte, jetzt aber wieder zu Hause war.

»Are your parents in?«, fragte der Soldat und lächelte Símon an, während er zur Tür hineinspähte. Die stand – wie immer bei schönem Wetter – offen. Tómas hatte Mikkelína in die Sonne hinter dem Haus gebracht und lag neben ihr. Ihre Mutter war drinnen mit der Hausarbeit beschäftigt.

Símon verstand den Soldaten nicht.

»You don't understand me?«, sagte der Soldat. »My name is Dave. I'm an American.«

Símon begriff, dass er sagte, dass er Dave hieße, und nickte mit dem Kopf. Dave wollte ihm den Beutel mit den Fischen in die Hand drücken, öffnete ihn dann aber, nahm die drei Forellen heraus und legte sie vor ihm auf die Erde.

»I want you to have this. You understand? Keep them. They should be great.«

Símon blickte verständnislos auf Dave. Dave lächelte so breit, dass die weißen Zähne leuchteten. Er war mittelgroß und schlank, das Gesicht war hager, und das Haar trug er seitlich gescheitelt.

»Your mother, is she in?«, fragte er. »Or your father?«

Bei Símon gab es keinerlei Anzeichen dafür, dass er ihn verstanden hatte. Dave knöpfte eine Brusttasche auf, zog ein kleines schwarzes Büchlein hervor und blätterte darin, bis er die richtige Stelle gefunden zu haben schien. Er trat näher an Símon heran und deutete mit dem Finger auf einen Satz in dem Buch.

»Can you read?«, fragte er.

Símon las den Satz, auf den Dave zeigte. Der war auf Isländisch und leicht zu verstehen, aber dahinter stand etwas

Ausländisches, womit er nichts anfangen konnte. Dave las den isländischen Satz laut und strengte sich an.

»Ich heiße Dave«, sagte er. »My name is Dave«, wiederholte er dann auf Englisch. Zeigte dann wieder auf den Satz und hielt Símon das Büchlein vor die Nase, der laut las.

»My name is ... Símon«, sagte er und lächelte. Dave lächelte noch breiter. Er fand einen anderen Satz in dem Büchlein, den er Símon zeigte.

»Wie geht es Ihnen, mein Fräulein?«, las Símon.

»Yes, but not miss, just you«, sagte Dave und lachte, aber Símon verstand nicht. Dave fand ein Wort in seinem Buch, das er Símon zeigte. »Mutter«, las Símon laut, und Dave zeigte auf ihn und nickte mit dem Kopf.

»Wo sein?«, fragte er auf Isländisch, und da begriff Símon, dass er nach seiner Mutter fragte. Er gab ihm zu verstehen, dass er mit ihm kommen sollte, ging mit ihm ins Haus und in die Küche, wo seine Mutter am Tisch saß und Socken stopfte. Sie sah Símon hereinkommen und lächelte, aber als sie sah, dass Dave hinter ihm herkam, gefror ihr das Lächeln auf den Lippen, der Socken mit dem Stopfei fiel ihr aus der Hand. Sie sprang auf und warf dabei den Hocker um. Dave erschrak nicht weniger als sie. Er trat einen Schritt vor und fuchtelte mit den Händen.

»Sorry«, sagte er. »Please. I'm so sorry. I didn't want to scare you. Please.«

Símons Mutter war zum Spülbecken zurückgewichen und starrte auf den Fußboden, so als traute sie sich nicht hochzublicken.

»Símon, bitte bring ihn hinaus«, sagte sie.

»Please. I will go«, sagte Dave. »It's okay. I'm sorry. I'm going. Please, I ...

»Bring ihn hinaus, Símon«, wiederholte seine Mutter.

Símon war sich nicht gleich darüber klar, warum sie so reagierte. Er blickte von ihr auf Dave, und dann sah er, wie Dave sich rückwärts aus der Küche zurückzog, um wieder ins Freie zu gelangen.

»Warum tust du mir das an?«, sagte sie zu Símon. »Hier einen Mann hereinzubringen. Was soll das heißen?«

»Verzeih«, sagte Símon. »Ich hab gedacht, es wäre in Ordnung. Er heißt Dave.«

»Was wollte er, dieser Mann?«

»Er wollte uns seine Fische schenken«, sagte Símon. »Die hat er im See geangelt. Ich dachte, das wäre in Ordnung. Er wollte uns doch nur die Fische schenken.«

»Herrgott, wie ich mich erschreckt habe. Das darfst du nie wieder tun. Nie! Wo sind Mikkelína und Tómas?«

»Hinter dem Haus.«

»Ist alles in Ordnung mit ihnen?«

»In Ordnung? Ja. Mikkelína wollte hinaus in die Sonne.«

»Das darfst du nie wieder machen, hörst du«, sagte sie und ging hinaus, um nach Mikkelína zu sehen. »Hörst du! Nie wieder.«

Sie bog um die Ecke des Hauses und sah, wie der Soldat bei Tómas und Mikkelína stand und sehr verwundert auf ihre Tochter hinunterstarrte. Mikkelína schnitt Grimassen und reckte den Kopf hoch, um zu sehen, wer sie da so überragte. Wegen der Sonne konnte sie dem Soldaten nicht ins Gesicht schauen. Der Soldat blickte auf ihre Mutter, dann wieder zu Mikkelína, die sich an der Seite von Tómas im Gras hin und her wand.

»I«, sagte Dave und machte dann eine Pause. »I didn't know«, sagte er. »I'm sorry. Really I am. This is none of my business. I'm sorry.«

Dann drehte er sich auf dem Absatz um und ging mit

schnellen Schritten davon. Sie blickten ihm nach, bis er hinter dem Hügel verschwunden war.

»Ist alles in Ordnung?«, fragte ihre Mutter und kniete bei Mikkelína und Tómas nieder. Jetzt, wo der Soldat, der ihnen augenscheinlich nichts hatte zuleide tun wollen, fort war, beruhigte sie sich wieder. Sie hob Mikkelína hoch, trug sie ins Haus und bettete sie auf ihr Lager in der Küche. Símon und Tómas kamen hinterhergelaufen.

»Dave ist nicht böse«, sagte Símon. »Er ist anders.«

»Heißt er Dave?«, sagte seine Mutter zerstreut. »Dave«, wiederholte sie. »Ist das nicht der gleiche Name wie Davið auf Isländisch«, sagte sie mehr zu sich selbst als zu einem anderen. Und dann geschah das, was Símon so merkwürdig fand.

Sie lächelte.

Tómas war schon immer ein wenig verschlossen, zurückhaltend und eigenbrötlerisch gewesen. Er war nicht nur nervös, sondern auch schüchtern und schweigsam. Im vorausgegangenen Winter und in diesem Sommer hatte es den Anschein gehabt, als hätte Grímur etwas an ihm entdeckt, was Símon fehlte und was seine Aufmerksamkeit erregte. Er schenkte Tómas mehr Beachtung, zog sich mit ihm in das Schlafzimmer zurück, saß mit ihm auf dem Bett und unterhielt sich mit ihm, und wenn Símon seinen Bruder fragte, worüber sie gesprochen hätten, wollte Tómas keine Auskunft geben. Símon ließ aber nicht locker, bis Tómas verriet, dass sie über Mikkelína gesprochen hatten.

»Und was habt ihr da über Mikkelína geredet?«, fragte Símon.

»Gar nichts«, erwiderte Tómas.

»Doch, ihr habt über sie geredet.«

»Überhaupt nicht wahr«, behauptete Tómas, schaute aber etwas beschämt drein, so als wolle er etwas vor seinem Bruder verheimlichen.

»Sag's mir.«

»Das will ich nicht. Ich will nicht, dass er mit mir spricht. Ich will es nicht.«

»Du willst nicht, dass er mit dir spricht? Meinst du damit, dass du nicht willst, dass er das sagt, was er sagt? Meinst du das?«

»Ich will gar nichts«, sagte Tómas. »Lass mich doch in Ruhe.«

So vergingen Wochen und Monate, und Grímur gab seinem Wohlgefallen an seinem jüngeren Sohn auf verschiedenste Weise Ausdruck. Símon bekam nie etwas von den Gesprächen zwischen ihnen mit, aber eines Abends, als der Sommer bereits ziemlich fortgeschritten war, stellte sich heraus, worauf Grímur hingearbeitet hatte. Grímur bereitete sich mit Waren aus dem Depot auf einen Gang nach Reykjavík vor. Er erwartete einen Soldaten namens Mike, der ihm helfen wollte. Mike wollte einen Jeep organisieren, den sie mit Waren voll packen würden, um sie in Reykjavík zu verkaufen. Ihre Mutter bereitete das Essen vor, das ebenfalls aus dem Depot stammte. Mikkelína lag auf ihrem Bett.

Símon bemerkte, dass Grímur Tómas zu Mikkelína hinschob. Er flüsterte ihm etwas ins Ohr und grinste so gemein, wie er es tat, wenn er die Jungen mit hässlichen Bemerkungen traktierte. Ihre Mutter merkte nichts, und erst als Tómas, angestachelt von Grímur, zu Mikkelína hinüberging, begriff Símon, was da vorging. Tómas stand vor ihr und sagte:

»Du Ratte.«

Dann ging er wieder zu Grímur hinüber, der grinsend dasaß und ihm über den Kopf streichelte.

Símon schaute zu seiner Mutter, die am Spülbecken stand. Sie musste das ebenfalls gehört haben, aber sie rührte sich nicht und zeigte zunächst keinerlei Reaktion, so als wolle sie sich nichts anmerken lassen. Er sah aber, dass sie den Griff des kleinen Kartoffelschälmessers in ihrer Hand so fest umklammerte, dass die Knöchel weiß wurden. Dann drehte sie sich langsam vom Spülbecken um, das Messer in der Hand, und starrte auf Grímur.

»Das tust du nicht«, sagte sie mit zitternder Stimme.

Grímur schaute sie an, und das Grinsen gefror ihm auf den Lippen.

»Ich?«, sagte Grímur. »Was tue ich nicht? Worüber redest du eigentlich? Ich tue gar nichts. Das war der Junge. Das war mein kleiner Tómas.«

Ihre Mutter ging einen Schritt auf Grímur zu, immer noch mit dem Messer in der Hand.

»Lass Tómas in Ruhe.«

Grímur stand auf.

»Hast du was Besonderes mit dem Messer vor?«

»Tu ihm das nicht an«, sagte ihre Mutter, und Símon hörte ihrer Stimme an, dass sie der Mut verließ. Er hörte den Jeep draußen vor dem Haus.

»Er ist da«, rief Símon. »Mike ist da.«

Grímur schaute zum Küchenfenster hinaus, blickte dann wieder auf ihre Mutter, und für einen Moment ließ die Spannung nach. Ihre Mutter legte das Messer von sich. Mike erschien in der Tür. Grímur lächelte.

Als er in der Nacht nach Hause kam, fiel er über ihre Mutter her. Am nächsten Morgen war ihr Auge blau geschwollen, und sie hinkte. Sie hörten ihr schweres Stöhnen, als Grímur zuschlug und zutrat. Tómas kroch zu Símon ins Bett und schaute seinen Bruder völlig verstört an, als ob er damit ungeschehen machen könnte, was er getan hatte.

»... verzeih, ich wollte nicht, verzeih mir, verzeih, verzeih ...«

16

Elsa nahm Sigurður Óli an der Tür in Empfang und lud ihn zu einer Tasse Tee ein. Als er hinter Elsa her in die Küche ging, verfolgte ihn der Gedanke an Bergþóra. Sie hatten sich heute Morgen gestritten, bevor sie zur Arbeit gingen. Er war heute Morgen nicht auf ihre Verführungsspielchen eingegangen und hatte blödsinnigerweise ihr gegenüber seine Besorgnis deswegen geäußert und versucht, vernünftig mit ihr zu reden, was Bergþóra prompt in Fahrt brachte.

»Moment mal«, sagte sie. »Heißt das also, dass Heiraten gar nicht auf dem Programm steht? Willst du darauf hinaus? Wir sollen also einfach nur so zusammenleben, nichts Halbes und nichts Ganzes, so eine völlig unverbindliche Beziehungskiste? Unsere Kinder sollen dann wohl als Bastarde auf die Welt kommen? Ist das die Zukunft?«

»Bastarde?«

»Ja.«

»Du denkst also an ›Ganz in Weiß‹?«

»Ganz in Weiß?«

»Du willst also das Kirchenschiff entlangmarschieren, im Brautkleid mit Brautstrauß und ...«

»Und dir bedeutet so was wohl überhaupt nichts?«

»Was meinst du mit Kindern?«, warf Sigurður Óli ein und bereute das auf der Stelle, denn Bergþóras Miene verfinsterte sich noch mehr.

»Was meine ich mit Kindern? Willst du vielleicht keine Kinder?«

»Doch, nein, doch, ich meine, wir haben aber noch gar nicht darüber geredet«, sagte Sigurður Óli. »Ich finde, wir sollten erst darüber reden. Du kannst doch nicht allein entscheiden, ob wir Kinder kriegen oder nicht. Das ist nicht fair, und dazu bin ich nicht bereit. Nicht jetzt. Nicht sofort.«

»Aber irgendwann muss es ja mal sein«, entgegnete Bergþóra. »Hoffentlich. Wir sind beide fünfunddreißig. Es ist gar nicht mehr so lange hin, und es ist zu spät. Immer wenn ich versuche, mit dir darüber zu reden, schaltest du sofort ab. Du willst gar nicht darüber reden. Willst keine Kinder und keine Hochzeit und überhaupt nichts. Willst gar nichts. Du wirst immer mehr wie dieser Trottel, dieser Erlendur.«

»Was?« Sigurður Óli war wie vom Donner gerührt. »Was soll denn das heißen?«

Aber Bergþóra war bereits zur Tür hinaus und auf dem Weg zur Arbeit. Sie hatte ihn mit einer makabren Zukunftsvision zurückgelassen.

Elsa sah, dass er an etwas anderes dachte, wie er da in ihrer Küche saß und in seine Tasse starrte.

»Möchtest du etwas mehr Tee?«, fragte sie.

»Nein«, sagte Sigurður Óli. »Danke. Meine Kollegin

Elínborg, die in dieser Sache mit mir zusammenarbeitet, hat mich gebeten, dich zu fragen, ob Benjamín womöglich eine Locke von seiner Verlobten besessen und aufbewahrt hat, vielleicht in einem kleinen Medaillon, oder in einem Glasschrein oder so was.«

Elsa überlegte einen Augenblick.

»Nein«, erklärte sie, »ich kann mich nicht an eine Haarlocke erinnern, aber was diese Hinterlassenschaften meines Onkels betrifft, muss ich gestehen, dass ich keine Ahnung habe, was für ein Zeug da unten liegt.«

»Elínborg ist der Meinung, dass es höchstwahrscheinlich so eine Locke gibt. Das hat sie von Sólveigs Schwester. Sie hat sich gestern mit ihr unterhalten, und die hat ihr von einer Locke erzählt, die Benjamín von seiner Verlobten bekam, bevor sie eine Reise unternommen hat, wenn ich das richtig verstanden habe.«

»Mir ist nichts von einer Locke oder Locken von ihr bekannt. Meine Familie ist nicht besonders romantisch, das ist sie nie gewesen.«

»Könnte da etwas aus ihrem Besitz in dem Keller sein? Ich meine aus dem Besitz der Verlobten?«

»Und warum seid ihr an ihrer Haarlocke interessiert?«, fragte Elsa, anstatt zu antworten, und blickte Sigurður Óli forschend an, der angestrengt überlegte. Er wusste nicht, was Erlendur ihr darauf geantwortet hätte. Sie nahm ihm die Mühe ab.

»Dann könnt ihr nämlich beweisen, dass sie da in diesem Hügel liegt«, sagte sie. »Wenn ihr irgendetwas von ihr habt. Dann könnt ihr eine DNA-Analyse machen und herausfinden, ob sie da vergraben wurde, und falls sie es ist, dann könnt ihr behaupten, dass mein Onkel sie dort vergraben hat und dass er der Mörder ist. Stimmt das nicht?«

»Wir untersuchen im Augenblick alle Möglichkeiten«, sagte Sigurður Óli, der um jeden Preis vermeiden wollte, Elsa wütend zu machen, wie es ihm vor nur einer halben Stunde bei Bergþóra gelungen war. Dieser Tag nahm keinen guten Anfang. Ganz und gar nicht.

»Er kam hier ins Haus, dieser Kripobeamte, der so griesgrämig dreinschaute, und gab zu verstehen, dass Benjamín die Schuld am Tod seiner Verlobten trüge. Und jetzt könnt ihr das womöglich beweisen, wenn ihr diese Locke findet. Ich begreife einfach nicht, wie ihr glauben könnt, dass Benjamín diese Frau umgebracht hat. Weswegen sollte er das getan haben? Was für Gründe sollte er dafür gehabt haben? Gar keine. Überhaupt keine.«

»Nein, natürlich nicht«, sagte Sigurður Óli, um sie zu beruhigen. »Aber wir müssen feststellen, wessen Knochen das sind und warum sie da in der Erde liegen, und wir haben immer noch nicht sehr viel in der Hand, außer der Tatsache, dass Benjamín dort ein Haus besaß und dass seine Verlobte auf einmal spurlos verschwunden war. Du willst doch wohl selbst auch wissen wollen, was für Knochen das sind.«

»Da bin ich mir nicht sicher«, sagte Elsa, die sich ein wenig beruhigt hatte.

»Aber ich darf da unten im Keller weitermachen?«, fragte Sigurður Óli.

»Doch, doch, natürlich. Ich kann das wohl kaum verbieten.«

Er trank den Tee aus und ging hinunter in den Keller, während er wieder an Bergþóra dachte. Er trug keine Haarlocke von ihr in einem Anhänger bei sich, denn er brauchte eigentlich nichts, um an sie erinnert zu werden. Er hatte noch nicht einmal ein Foto von ihr in der Brieftasche, wie einige andere Männer aus seiner Bekanntschaft, die ständig Fotos von Ehefrau und Kindern mit sich herumtrugen. Ihm ging es alles andere als gut. Er musste sich in der Tat mit Bergþóra aussprechen. Die Dinge klarstellen.

Er wollte um keinen Preis wie Erlendur werden.

Sigurður Óli wühlte bis mittags in den Besitztümern von Benjamín Knudsen herum, dann ging er in eine Snackbar, bestellte sich einen Hamburger und las über einer Tasse Kaffee die Zeitungen. Gegen zwei kehrte er wieder zurück und verfluchte Erlendurs Sturheit. Er hatte nicht das Allergeringste gefunden, was Hinweise auf das Verschwinden von Benjamíns Verlobter gab, oder wer außer Höskuldur noch das Haus am Hügel gemietet haben konnte. Die Haarlocke, von deren Existenz Elínborg, geschult durch intensive Lektüre von Liebesromanen, überzeugt war, hatte er ebenfalls nicht gefunden. Das war sein zweiter Tag in dem Keller, und er hatte so langsam die Schnauze voll von diesem Blödsinn.

Elsa erwartete ihn an der Tür und bat ihn zu sich herein. Er versuchte krampfhaft, eine Entschuldigung zu finden, aber auf die Schnelle fiel ihm nichts ein, womit er die Einladung abwimmeln konnte, ohne unhöflich zu wirken. Er folgte Elsa ins Wohnzimmer.

»Hast du irgendwas da unten gefunden?«, fragte sie, und Sigurður Óli merkte sofort, dass sie keineswegs so fürsorglich war, wie sie vorgab, sondern etwas aus ihm herauslocken wollte. Er kam gar nicht auf die Idee, dass sie einsam sein könnte, aber das Gefühl hatte Erlendur schon nach ein paar Minuten, nachdem er die düstere Wohnung betreten hatte, gehabt.

»Auf jeden Fall habe ich keine Haarlocke gefunden«, erklärte Sigurður Óli und nahm einen Schluck von dem Tee, der schon ziemlich kalt war. Sie hatte also auf ihn gewartet. Er schaute sie an und überlegte, was hier gespielt wurde.

»Nein«, sagte sie. »Bist du verheiratet? Entschuldige, das geht mich natürlich im Grunde genommen nichts an.«

»Nein, das ... doch, nein, ich bin nicht verheiratet, aber ich lebe mit einer Frau zusammen«, sagte Sigurður Óli leicht verunsichert.

»Hast du Kinder?«

»Nein, keine Kinder«, sagte Sigurður Óli. »Noch nicht.«

»Und warum nicht?«

»Was?«

»Warum habt ihr euch noch keine Kinder zugelegt?«

Was wird hier eigentlich gespielt, dachte Sigurður Óli und trank wieder einen Schluck von dem kalten Tee, um Zeit zu gewinnen.

»Stress, denke ich. Man erstickt in Arbeit. Wir haben beide einen anstrengenden Job, und dann bleibt eben einfach keine Zeit.«

»Keine Zeit für Kinder? Was habt ihr denn Besseres zu tun? Was macht deine Partnerin?«

»Sie ist an einer Computerfirma beteiligt«, sagte Sigurður Óli und hatte vor, sich für den Tee zu bedanken und vorzugeben, dass er sich beeilen müsse, denn er hatte keine Lust, sich von einer alten Jungfer im Reykjavíker Westend über sein Privatleben aushorchen zu lassen. Das Single-Dasein hatte ihr ganz offensichtlich psychisch etwas zugesetzt, so wurden sie früher oder später alle, sie endeten damit, stets und ständig ihre Nase in anderer Leute Privatangelegenheiten zu stecken.

»Hast du eine nette Frau?«, fragte sie.

»Sie heißt Bergþóra«, sagte Sigurður Óli und gab sich Mühe, höflich zu bleiben. »Sie ist wirklich prima.« Er lächelte. »Warum fragst ...?«

»Ich habe nie eine Familie besessen«, unterbrach Elsa. »Nie Kinder gehabt. Auch keinen Ehemann. Das ist mir letztlich egal, aber ich hätte gerne Kinder gehabt. Die wären dann heute vielleicht so um die dreißig. Manchmal denke ich an so was. Sie wären erwachsen und hätten ihre eigenen Kinder. Ich weiß eigentlich nicht, wie es dazu kam. Auf einmal war das halbe Leben vorbei. Ich bin Ärztin. Als ich anfing zu studieren, haben sich nicht viele Frauen dieses Studium zugetraut. Ich war wie du, hatte einfach keine Zeit. Hatte keine Zeit für mein eigenes Leben. Was du beruflich machst, ist nicht dein Leben. Dein eigenes Leben. Das ist nur die Arbeit.«

»Tja, also, wahrscheinlich muss ich mal wieder ...«

»Benjamín hat auch keine eigene Familie gehabt«, fuhr Elsa fort. »Das war das Einzige, wonach er sich sehnte. Nach einer Familie, mit dieser Frau.«

Elsa stand auf, und Sigurður Óli tat es ihr nach. Er ging davon aus, dass sie sich jetzt verabschieden würden, doch sie ging zu einem großen Eichenschrank mit schönen Glastüren und schnitzereiverzierten Schubladen, von denen sie eine öffnete und eine kleine chinesische Schachtel herausnahm. Sie öffnete sie und entnahm ihr ein silbernes Medaillon an einer schmalen Kette.

»Er hat eine Locke von ihr aufbewahrt«, erklärte sie. »In diesem Medaillon ist auch ein Bild von ihr. Sie hieß Sólveig.« Elsa lächelte schwach. »Benjamíns Angebetete. Ich glaube nicht, dass sie da draußen am Hügel vergraben liegt. Der Gedanke daran ist unerträglich. Es würde bedeuten, dass Benjamín ihr etwas angetan hätte. Das hat er nicht gemacht. Dazu war er überhaupt nicht im Stande. Davon bin ich fest überzeugt, und diese Locke wird es beweisen.«

Sie reichte Sigurður Óli das Medaillon. Er setzte sich wieder, öffnete das Medaillon und erblickte eine kleine, schwarze Locke auf dem Bild ihrer Besitzerin. Er berührte das Haar nicht, sondern ließ es in den Deckel fallen, um das Foto zu betrachten. Es war das zarte Antlitz eines zwanzigjährigen Mädchens mit dunklen Haaren und schön geschwungenen Brauen über großen Augen, die direkt in die Kamera blickten. Sie hatte einen energischen Zug um die Mundwinkel, aber das Kinn war schmal und hübsch. Benjamíns Verlobte Sólveig.

»Du verzeihst mir, dass ich so lange gebraucht habe«, sagte Elsa. »Ich habe darüber nachgedacht, habe hin und her überlegt, und ich fand, dass ich dieses Andenken nicht zerstören dürfte. Was auch immer bei der Analyse herauskommt.«

»Und warum hast du damit zurückgehalten?«

»Ich musste erst darüber nachdenken.«

»Ja, aber trotzdem ...«

»Es war sozusagen ein Schock für mich, als dein Kollege – Erlendur hieß er doch, nicht wahr? – zu verstehen gab, dass sie dort oben vergraben sein könnte, aber als ich dann darüber nachdachte ...« Elsa zuckte mit den Schultern, so als würde sie kapitulieren.

»Selbst wenn die DNA-Analyse positive Resultate zeigt«, sagte Sigurður Óli, »muss das nicht unbedingt bedeuten, dass Benjamín ein Mörder gewesen ist. Die Ermittlung lässt keine Schlüsse darauf zu. Falls seine Verlobte da draußen am Hügel liegt, kann es diverse andere Gründe geben, weswegen Benjamín ...«

Wieder unterbrach ihn Elsa.

»Sie hat, wie nennt ihr das heute, Schluss mit ihm gemacht. Sie hat die Verlobung gelöst, hieß es wohl früher, als es noch richtige Verlobungen gab. Am gleichen Tag, als sie verschwand. Benjamín hat erst viel, viel später darüber gesprochen. Und zwar hat er es meiner Mutter erzählt, als er auf dem Sterbebett lag. Sie hat es mir erzählt. Ich habe nie zu irgendjemandem darüber gesprochen. Und ich hätte das Geheimnis mit ins Grab genommen, wenn ihr nicht diese Knochen gefunden hättet. Wisst ihr schon definitiv, ob es die Knochen von einer Frau sind?«

»Nein, noch nicht«, sagte Sigurður Óli. »Hat er gesagt, warum sie die Verlobung gelöst hat? Weswegen sie ihn verlassen hat?«

Er spürte, wie Elsa zögerte. Sie blickten einander in die Augen, und er wusste, dass sie bereits zu viel gesagt hatte, um jetzt noch einen Rückzieher zu machen. Er spürte, dass sie das, was sie wusste, loswerden musste. Es war, als sehnte sie sich danach, sich einer schweren Bürde zu entledigen. Endlich, nach all diesen Jahren.

»Es war nicht sein Kind«, erklärte sie.

»Nicht Benjamíns Kind?«

»Nein.«

»Sie war schwanger, aber nicht von ihm?«

»Ja.«

»Und wer war der Vater?«

»Du musst bedenken, dass die Zeiten damals ganz anders waren«, sagte Elsa. »Heutzutage lässt man einfach eine Abtreibung vornehmen, so als ob man ein Glas Wasser trinkt. Die Ehe hat überhaupt keine Bedeutung mehr für Leute, die einfach nur Kinder haben wollen. Man lebt zusammen. Man geht auseinander. Tut sich mit einem neuen Partner zusammen. Setzt noch mehr Kinder in die Welt. Trennt sich wieder. Das war früher nicht so. Nicht damals. Damals war ein Kind außerhalb der Ehe völlig undenkbar für Frauen. Das bedeutete Schande und gesellschaftlichen Skandal. Solche Frauen galten als Flittchen. Es waren gnadenlose Zeiten.«

»Das ist mir schon klar«, sagte Sigurður Óli, der wieder an Bergþóra denken musste. So langsam begriff er, warum Elsa sich nach seinem Privatleben erkundigt hatte.

»Benjamín war trotzdem bereit, sie zu heiraten«, fuhr Elsa fort. »Das jedenfalls hat er später meiner Mutter gesagt. Aber Sólveig weigerte sich. Sie wollte die Verlobung lösen, und das hat sie ihm knallhart gesagt, aus heiterem Himmel. Ohne jegliche Vorwarnung.«

»Wer war der Mann? Ich meine der Vater des Kindes?«

»Als sie sich von Benjamín verabschiedete, bat sie ihn, ihr zu verzeihen, dass sie ihn verlassen wollte. Er verzieh ihr nicht. Er brauchte mehr Zeit.«

»Und dann ist sie verschwunden?«

»Nachdem sie sich von ihm verabschiedet hatte, wurde sie nie wieder gesehen. Als sie am Abend nicht nach Hause gekommen war, suchte man nach ihr. Benjamín nahm engagiert an der Suche teil, aber sie wurde nie gefunden.«

»Was ist mit dem Kindsvater?«, fragte Sigurður Óli noch einmal. »Wer war es?«

»Das hat sie Benjamín nie gesagt. Sie verließ ihn, ohne dass er das je erfahren hat. Oder jedenfalls hat er es so meiner Mutter erzählt. Vielleicht hat er es gewusst, aber gesagt hat er ihr das jedenfalls nie.«

»Wer könnte es denn gewesen sein?«

»Könnte es gewesen sein?«, wiederholte Elsa. »Es spielt

doch keine Rolle, wer es gewesen sein könnte. Das Einzige, was eine Rolle spielt, ist, wer es war.«

»Glaubst du, dass er etwas mit ihrem Verschwinden zu tun gehabt hat?«

»Was glaubst du?«, fragte Elsa.

»Du und deine Mutter, habt ihr nie jemanden in Verdacht gehabt?«

»Nein, niemanden. Und Benjamín auch nicht, soweit ich weiß.«

»Hätte er diese Geschichte erfinden können?«

»Das entzieht sich meiner Kenntnis. Ich glaube aber, dass Benjamín nie in seinem Leben gelogen hat.«

»Ich meine, um die Aufmerksamkeit von sich abzulenken.«

»Mir ist nicht bekannt, dass er irgendwelche Aufmerksamkeit auf sich gezogen hat, und es verstrich ganz schön viel Zeit, bevor er meiner Mutter davon erzählte. Es war kurz bevor er starb.«

»Er hat also nie aufgehört, an sie zu denken.«

»Genau das hat meine Mutter gesagt.«

Sigurður Óli dachte einen Augenblick nach.

»Der Skandal, hätte der Skandal sie in den Selbstmord treiben können?«

»O ja, gewiss. Sie hatte nicht nur ihren Verlobten betrogen, der sie verehrte und sie heiraten wollte, sondern sie trug ein Kind unter dem Herzen und weigerte sich, den Vater anzugeben.«

»Elínborg, meine Kollegin, hat mit ihrer Schwester gesprochen. Von ihr hat Elínborg erfahren, dass ihr Vater ebenfalls Selbstmord begangen hat. Sich erhängt hat. Dass das sehr schlimm für Sólveig gewesen sein muss, weil sie ihrem Vater so nahe stand.«

»Schlimm für Sólveig?«

»Ja.«

»Das ist ja wirklich mehr als merkwürdig!«

»Wieso das denn?«

»Er hat sich erhängt, aber Sólveig kann sich das kaum zu Herzen genommen haben.«

»Was meinst du damit?«

»Es hieß damals, dass er durch die Trauer so geworden wäre.«

»Trauer?«

»Ja.«

»Was ...?«

»Also davon bin ich jedenfalls ausgegangen.«

»Was für eine Trauer?«

»Weil seine Tochter verschollen war«, sagte Elsa. »Er hat sich erhängt, nachdem seine Tochter verschwunden war.«

17

Erlendur hatte endlich etwas, worüber er zu seiner Tochter sprechen konnte. Er hatte geraume Zeit in der Nationalbibliothek verbracht und in alten Zeitungen und Zeitschriften herumgestöbert, die 1910 in Reykjavík erschienen waren, in dem Jahr, als der Halleysche Komet mit seinem Schweif, der angeblich voll tödlicher Blausäure war, an der Erde vorbeizog. Er bekam eine Sondererlaubnis, in den Originalzeitungen blättern zu dürfen, statt sie auf Mikrofilmen lesen zu müssen. Er genoss es regelrecht, in alten Zeitschriften zu blättern, das Knistern zu hören und die vergilbten Seiten zu riechen. Auf diese Weise bekam er ein Gefühl für die Zeit, die auf knisterndem Papier aufbewahrt wurde, damals, jetzt und für alle Zeiten.

Es war schon dämmrig geworden, als er sich zu Eva Lind setzte und anfing, ihr von dem Knochenfund am Grafarholt zu berichten. Er erzählte von der Arbeit der Archäologen, die die Fundstelle in kleine Karrees aufgeteilt hatten, und von Skarphéðinn mit den Säbelzähnchen, die so vorstanden, dass er den Mund nicht richtig zukriegen konnte. Er erzählte ihr von den Johannisbeersträuchern und von der schiefen Frau in Grün, an die sich Róbert erinnert hatte. Er erzählte ihr von Benjamín Knudsen und der Verlobten, die eines Tages verschwand, und welchen Einfluss ihr Verschwinden auf den jungen Benjamín hatte. Er erwähnte auch Höskuldur, der das Haus während des Krieges gemietet hatte, und was Benjamín von einer Frau gesagt hatte, die in seinem Haus zur Miete wohnte und im alten Gasometer gezeugt worden war, in der Nacht, als die Leute glaubten, dass die Welt zu Grunde gehen würde.

»Im gleichen Jahr ist Mark Twain gestorben«, sagte Erlendur.

Der Halleysche Komet raste mit Furcht erregender Geschwindigkeit auf die Erde zu, und sein Schweif war voll giftiger Gase. Falls der Komet nicht direkt auf die Erde aufprallen würde, müsste die Erde den Schweif durchqueren, was alles Leben vollständig vernichtet hätte; diejenigen, die das Schlimmste befürchteten, sahen ihr Ende in Feuer und Schwefel voraus. Die Angst vor dem Kometen breitete sich unter den Menschen aus, nicht nur in Island, sondern auf der ganzen Welt. In Österreich, in den Städten von Triest und Dalmatien verkauften die Leute ihre Besitztümer zu Schleuderpreisen, um für die kurze Zeit, die sie noch zu leben haben glaubten, die Puppen tanzen zu lassen. In der Schweiz standen die Institute für höhere Töchter praktisch leer, weil feine Familien es für richtig hielten, beieinander zu sein, wenn die Erde durch den Kometen auseinander bersten würde. Pfarrer erhielten die Weisung, gewisse astronomische Kenntnisse auf leicht verständliche Weise an die Allgemeinheit zu vermitteln, um die Angst der Menschen zu verringern.

In Reykjavík hieß es, dass viele Frauen aus Angst vor dem Weltende im Bett liegen blieben, und viele waren allen Ernstes der Überzeugung, wie es in den Zeitungen kolportiert wurde, dass der unverhältnismäßig kalte und schlechte Frühling in diesem Jahr auf den Kometen zurückzuführen war. Ganz alte Leute wiesen darauf hin, dass das auch damals der Fall gewesen war, als sich der Komet schon einmal der Erde genähert hatte.

Zu dieser Zeit glaubten viele Leute in Reykjavík daran, dass die Zukunft im Gas läge. Es gab schon etliche Gaslaternen in den Straßen, die aber längst nicht ausreichten, um die ganze Stadt zu erhellen, und viele Häuser hatten bereits Gasbeleuchtung. Um der steigenden Nachfrage nachzukommen, war ein moderner Gasbehälter am Rand der Stadt errichtet worden, der den gesamten Bedarf der Stadt auf lange Sicht decken sollte. Die städtischen Behörden standen in Vertragsverhandlungen mit einem deutschen Unternehmen, und der Ingenieur Carl Franke aus Bremen war zusammen mit einem anderen Sachverständigen nach Island gekommen, um den Gasometer in Reykjavík zu errichten. Er wurde im Herbst 1910 in Betrieb genommen.

Der Gasometer selber war mit 1500 Kubikmetern ein Riesengebäude für das kleine Städtchen. Er wurde die Gasglocke genannt, weil der Behälter unten auf Wasser schwamm und sich je nach Gasmenge hob oder senkte. Ein Wunder der Neuzeit, wie Reykjavík es noch nie zuvor gesehen hatte, und die Leute zogen scharenweise vor die Tore der Stadt, um den Bau mitzuverfolgen.

Er war schon fast fertig, als am Vorabend des 18. Mai einige Stadtbewohner in das Gebäude eindrangen, weil sie der Überzeugung waren, dass es der einzige Ort im ganzen Land war, wo die Hoffnung bestand, dass man vor den Giftgasen des Kometen in Sicherheit war. Als sich herumsprach, dass es da in dem Gasometer hoch herging, strömten noch mehr Menschen herbei, um an der Weltuntergangsorgie teilzunehmen, wie sie später genannt wurde.

Was in dieser Nacht im Gasometer geschah, ging in den nächsten Tagen wie ein Lauffeuer durch das ganze Städtchen. Die Leute waren angeblich sturzbetrunken gewesen, bis in den frühen Morgen hinein wurden wüste Orgien gefeiert, bis sich herausstellte, dass die Welt nicht untergehen würde, weder durch den Aufprall des Kometen noch in den Höllenfeuern seines Schweifs.

Viele glaubten zu wissen, dass in dieser Nacht etliche Kinder im Gasometer gezeugt wurden. Erlendur ging es durch den Kopf, dass vielleicht eines von ihnen viele Jahre später am Grafarholt-Hügel von seinem Schicksal ereilt wurde und dort unter die Erde gebracht worden war.

»Das Haus von dem Direktor der Gasanstalt steht immer noch«, sagte er zu Eva Lind, ohne zu wissen, ob sie ihn hören konnte oder nicht. »Aber alles andere, was an den Gasometer erinnerte, ist verschwunden. Die Zukunft lag letzten Endes nicht im Gas, sondern in der Elektrizität. Der Gasometer stand am Rauðarárstígur, wo jetzt die Busstation Hlemmur ist, und er tat seine Dienste, obwohl er im Grunde genommen damals schon ein Anachronismus war; bei starkem Frost oder Unwettern lungerten Stadtstreicher und Penner nachts in der Nähe des Gasometers herum, weil durch das abgefackelte Gas Wärme entstand, und manchmal war da schwer was los.«

Eva Lind rührte sich nicht, während Erlendur redete. Er machte sich auch keine Hoffnungen darauf. Keine Hoffnungen auf ein Wunder.

»Der Platz, wo der Gasometer gestanden hat«, fuhr er fort und lächelte ob der Launen des Schicksals, »blieb viele Jahre, nachdem er abgerissen worden war, unbebaut. Später wurde dort ein großes Gebäude errichtet, wo heute die Polizei von Reykjavík untergebracht ist. Da ist jetzt mein Büro. Genau an der Stelle, wo einmal der Gasometer gestanden hat.«

Erlendur schwieg eine Weile.

»Wir warten ja eigentlich immer auf das Weltende«, sagte er schließlich. »Durch einen Kometen oder was auch immer. Für jeden von uns gibt es ein privates Weltende. Einige beschwören es herauf. Einige sehnen es herbei. Andere sind ständig auf der Flucht davor. Die meisten fürchten sich. Aber du nicht. Du nicht. Du hast überhaupt keine Angst vor gar nichts. Und du fürchtest dich nicht vor deinem eigenen kleinen Weltende.«

Erlendur saß stumm da, schaute auf seine Tochter und dachte darüber nach, ob es irgendeinen Sinn hatte, so zu ihr zu sprechen, wenn es nicht den Anschein hatte, dass sie irgendwas von dem, was er sagte, hören könnte. Er dachte an die Worte des Arztes, und es kam ihm fast so vor, als ob er sich selber etwas besser fühlte, wenn er auf diese Weise mit seiner Tochter redete. Er hatte nur äußerst selten Gelegenheit gehabt, sich ruhig und gelassen mit ihr zu unterhalten. Die Auseinandersetzungen zwischen ihnen hatten sämtliche Verbundenheit mit ihr überschattet, und sie hatten nicht oft Gelegenheit gehabt, einfach nur dazusitzen und sich zu unterhalten.

Aber sie unterhielten sich ja im Grunde genommen nicht. Erlendur lächelte müde. Er redete, und sie hörte nicht zu.

So gesehen hatte sich gar nichts in ihrer Beziehung geändert.

Vielleicht war es nicht das, was sie hören wollte. Irgendwas über Gerippe und Gasometer, Kometen und Orgien. Vielleicht wollte sie ihn von etwas ganz anderem erzählen hören. Von sich selbst. Oder von ihnen beiden.

Er stand auf, beugte sich über Eva Lind, küsste sie auf die Stirn und verließ dann das Krankenzimmer. Er war tief in Gedanken versunken, und statt sich nach rechts zu wenden, um aus der Station herauszukommen, ging er, ohne es zu merken, in die entgegengesetzte Richtung, immer weiter in die Station hinein, an verdunkelten Zimmern vorbei, wo andere Patienten zwischen Leben und Tod schwebten und an die neuesten Geräte angeschlossen waren. Er kam erst wieder zu sich, als er am Ende des Gangs angekommen war. Als er gerade umdrehen wollte, kam eine sehr kleine Frau aus einem Krankenzimmer und stieß beinahe mit ihm zusammen.

»Verzeihung«, sagte sie mit ein wenig schriller Stimme.

»Nein, ich bitte um Entschuldigung«, sagte er verwirrt und blickte sich um. »Ich bin wohl in die falsche Richtung gegangen. Ich wollte eigentlich raus.«

»Man hat mich hierher gerufen«, sagte die kleine Frau. Sie hatte sehr dünnes Haar und war etwas mollig, und der stattliche Busen steckte in einem ärmellosen lila T-Shirt. Das Gesicht war rundlich und freundlich. Erlendur bemerkte feine dunkle Barthärchen auf der Oberlippe. Er warf einen schnellen Blick in das Zimmer, aus dem sie herausgekommen war, und sah einen älteren Mann im Krankenbett, mit schmalem Gesicht, weiß wie ein Laken. Neben dem Bett saß eine Frau, die in einen kostbaren Pelz gehüllt war, auf einem Stuhl und führte mit der Hand ein Taschentuch zur Nase. Sie trug feine Lederhandschuhe.

»Es gibt immer noch Leute, die an Medien glauben«, sagte die Frau leise wie zu sich selbst.

»Entschuldigung, ich habe nicht verstanden, was du ...«

»Ich wurde gebeten, hierher zu kommen«, sagte sie und zog Erlendur behutsam von dem Krankenzimmer weg. »Er liegt im Sterben. Sie können nichts machen. Seine Frau ist bei ihm. Sie wollte, dass ich versuchte, in Verbindung mit ihm zu treten. Er liegt im Koma, und sie sagen, dass man nichts unternehmen kann, aber er weigert sich zu sterben. Als ob er nicht Abschied nehmen kann. Sie hat mich gebeten, ihn zu finden, aber ich habe ihn nicht wahrgenommen.«

»Wahrgenommen?«, echote Erlendur.

»Im Jenseits.«

»Jen... Bist du ein Medium?«

»Sie begreift nicht, dass er im Sterben liegt. Er ging vor ein paar Tagen aus dem Haus wie gewöhnlich, aber als Nächstes ruft dann die Polizei bei ihr an und sagt ihr, dass es einen Autounfall gegeben hat. Er war auf dem Weg nach Borgarnes und ist in einen Lastwagen gerast, der einfach auf die Hauptstraße einbog. Die Ärzte sagen, dass es ein hoffnungsloser Fall ist, hirntot.«

Sie blickte zu Erlendur hoch, der sie verständnislos anstarrte.

»Ich bin mit ihr befreundet.«

Erlendur hatte keine Ahnung, wovon sie redete, oder weshalb sie ihm das alles in diesem schwach erleuchteten Gang erzählte, und zwar so leise flüsternd, dass man den Eindruck haben könnte, sie wären beide im Begriff, eine Verschwörung anzuzetteln. Er hatte diese Frau nie zuvor gesehen. Er war im Begriff, das Gespräch ziemlich brüsk abzubrechen, als sie plötzlich seine Hand ergriff.

»Warte einen Augenblick«, sagte sie.

»Was?«

»Warte.«

»Entschuldige, aber das geht mich nichts ...«

»Da steht ein Junge im Schneesturm«, sagte die kleine Frau.

Erlendur glaubte nicht richtig zu hören.

»Da steht ein kleiner Junge im Schneesturm«, wiederholte sie.

Erlendur schaute sie wie vom Donner gerührt an und zog seine Hand so ruckartig zurück, als hätte sie ihm eine Nadel hineingejagt.

»Wovon redest du?«, sagte er.

»Weißt du, wer das ist?«, fragte die Frau und blickte zu Erlendur auf.

»Ich habe nicht die geringste Ahnung, worauf du hinauswillst«, sagte Erlendur schroff, drehte sich um und marschierte auf das Licht zu, das den Ausgang markierte.

»Du brauchst keine Angst zu haben«, rief die Frau hinter ihm her. »Er hat sich mit allem abgefunden. Er ist versöhnt mit dem, was geschehen ist. Das was geschehen ist, war niemandes Schuld.«

Er hielt abrupt inne, drehte sich langsam um und starrte die kleine Frau am Ende des Gangs an. Er begriff diese Hartnäckigkeit nicht.

»Wer ist dieser kleine Junge?«, fragte die Frau. »Weswegen folgt er dir?«

»Da ist kein kleiner Junge«, sagte Erlendur barsch. »Ich weiß nicht, was du meinst. Ich kenne dich überhaupt nicht und weiß nicht, von was für einem Jungen du da redest. Lass mich in Ruhe!«, rief er.

Dann drehte er sich auf dem Absatz um und marschierte aus der Intensivstation.

»Lass mich in Ruhe«, knirschte er zwischen zusammengebissenen Zähnen.

18

Edward Hunter war während des Krieges Offizier bei den amerikanischen Streitkräften in Island gewesen, und er gehörte zu den wenigen Angehörigen der U.S. Army, die das Land nicht verlassen hatten, als der Krieg zu Ende war. Jim, der Botschaftsrat in der englischen Botschaft, hatte ihn mit Hilfe der amerikanischen Botschaft ohne große Probleme ausfindig machen können. Er war auf der Suche nach Angehörigen der Besatzungsstreitkräfte, sowohl englischen als auch amerikanischen, die noch am Leben waren. Aber laut Auskünften des Home Office waren es nicht viele. Die meisten englischen Soldaten, die in Island gewesen waren, waren in Afrika, Italien, an der Westfront oder beim Einmarsch in die Normandie gefallen. Von den amerikanischen Soldaten hingegen waren nur wenige in das eigentliche Kriegsgeschehen involviert gewesen, denn die meisten hatten bis Kriegsende ihren Dienst in Island versehen. Einige waren auf der Insel geblieben, weil sie isländische Frauen geheiratet hatten, und hatten im Laufe der Zeit die isländische Staatsbürgerschaft angenommen. Zu ihnen gehörte Edward Hunter.

Erlendur wurde frühmorgens von Jim angerufen.

»Ich hab mit denen in der amerikanischen Botschaft geredet, und die haben mich auf diesen Hunter verwiesen. Weil ich dir die Mühe sparen wollte, hab ich selber mit ihm gesprochen. Das war hoffentlich in Ordnung.«

»Vielen Dank«, sagte Erlendur, der noch nicht ganz wach war.

»Hunter wohnt in Kópavogur.«

»Seit dem Krieg?«

»Das weiß ich leider nicht.«

»Aber jedenfalls wohnt er hier immer noch«, sagte Erlendur und rieb sich die schläfrigen Augen.

Viel Schlaf hatte er in der Nacht nicht bekommen, er hatte sich herumgewälzt und zwischendurch schlimme Albträume gehabt. Das, was die kleine Frau mit den dünnen Haaren am Abend vorher auf der Intensivstation zu ihm gesagt hatte, ließ ihn nicht los. Er war weit entfernt davon zu glauben, dass spiritistisch Angehauchte als Agenten eines jenseitigen Lebens fungieren könnten, und er glaubte nicht daran, dass ihnen etwas offenbar würde, was andere nicht sahen. Im Gegenteil, er war davon überzeugt, dass sie einer wie der andere Scharlatane waren, allerdings ziemlich genial darin, den Leuten Informationen zu entlocken und aus Benehmen und Kleidung jede Menge Rückschlüsse zu ziehen, um daraus geschickt ein Bild des Betreffenden zusammenzuschustern, das bei der Hälfte der Fälle zutreffen konnte – und bei der anderen Hälfte verkehrt war; eine simple Wahrscheinlichkeitsrechnung. Als sie einmal im Büro auf solche Dinge zu sprechen gekommen waren, hatte Erlendur erklärt, dass er so was schlicht und ergreifend für Humbug hielt. Elínborg war ziemlich enttäuscht gewesen. Sie glaubte nämlich an Seher und Spiritismus und an ein Leben nach dem Tod, und aus irgendwelchen unerfindlichen Gründen war sie davon ausgegangen, dass Erlendur ebenfalls eine Ader für so etwas hätte. Vielleicht, weil er vom Land stammte. Das stellte sich aber als großes Missverständnis heraus. Er hatte nicht das Geringste übrig für übernatürliche Dinge. Aber trotzdem war da irgendwas im Benehmen dieser Frau im Krankenhaus gewesen, und vor allem in dem, was sie sagte, worüber Erlendur unaufhörlich nachdenken musste. Und das hatte ihm Schlafprobleme bereitet.

»Ja, er hat seitdem die ganze Zeit hier in Island gelebt«, sagte Jim und entschuldigte sich unentwegt. Falls er ihn aus dem Schlaf gerissen hätte, sei das nicht seine Absicht gewesen. Er war davon ausgegangen, dass alle Isländer im Frühling immer früh aus den Federn wären, das tat er selber auch, diese ewige Helligkeit im Frühjahr war ziemlich gnadenlos.

»Und halt, er ist mit einer Isländerin verheiratet?«

»Ich habe schon mit ihm gesprochen«, erklärte Jim mit seinem englischen Akzent, so als hätte er die Frage nicht gehört. »Er erwartet dich. Colonel Hunter war hier eine Zeit lang bei der Militärpolizei, die hier in Reykjavík ihr Hauptquartier hatte, und er erinnert sich an irgend so ein, na wie nennt ihr das noch auf Isländisch, an so ein Vorkommnis, von dem er dir gern berichten wird. Da in dem Depot am Hügel. Na, habe ich das nicht gut ausgedrückt? Vorkommnis.«

Jim hatte Erlendur bei seinem Besuch in der Botschaft erklärt, dass er großes Interesse an der isländischen Sprache habe und darum bemüht sei, nicht immer nur die gängigen Ausdrücke zu verwenden.

»Ein schönes Wort«, bestätigte Erlendur und versuchte, interessiert zu klingen. »Was für ein Vorkommnis?«

»Das wird er dir selber sagen. Und dann habe ich noch ein bisschen in Bezug auf Soldaten nachgeforscht, die hier ums Leben gekommen oder verschollen sind. Du solltest Colonel Hunter auch danach fragen.«

Sie beendeten das Gespräch – und Erlendur ging steifbeinig in die Küche, um Kaffee aufzusetzen. Er war immer noch tief in Gedanken versunken. Konnte ein Medium Antwort darauf geben, auf welcher Seite die Menschen, die zwischen Leben und Tod schwebten, waren? Er glaubte zwar keineswegs daran, aber dachte bei sich, falls es anderen helfen könnte, nach dem Verlust eines lieben Menschen das innere Gleichgewicht wiederzufinden, dann gab es keinen Grund für ihn, das zu kritisieren. Es spielte doch überhaupt keine Rolle, woher der Trost kam.

Der Kaffee war siedend heiß, und er verbrannte sich beim ersten Schluck die Zunge. Er vermied es, an das zu denken, was ihm am Abend vorher und in der Nacht zu schaffen gemacht hatte, und es gelang ihm, das zu verdrängen.

So einigermaßen.

Edward Hunter, ehemals Oberst der amerikanischen Streitkräfte, der Elínborg und Erlendur in seinem Bungalow in Kópavogur in Empfang nahm, wirkte eher wie ein Isländer als wie ein Amerikaner. Er trug eine Strickjacke aus isländischer Wolle. Sein Bart war weiß und etwas spärlich. Das unordentliche Haar verlieh ihm eine Art rustikales Aussehen. Höflich, aber freundlich begrüßte er sie mit Handschlag und bot ihnen an, sie sollten ihn einfach Ed nennen. Diesbezüglich erinnerte er Erlendur an Jim. Er sagte, dass seine Frau bei seiner Schwester in Amerika zu Besuch sei, er selber führe immer seltener in die Vereinigten Staaten.

Auf dem Weg zu Hunter hatte Elínborg Erlendur davon berichtet, was sie von Bára, der Schwester von Benjamíns Verlobter, erfahren hatte, nämlich dass sie an dem Tag, an dem sie verschwand, einen grünen Mantel getragen hatte. Elínborg fand das ziemlich interessant, aber Erlendur erklärte ziemlich ruppig, dass er nicht an Gespenster glaubte. Elínborg begriff, dass das Thema damit für ihn erledigt war.

Ed führte sie in ein geräumiges Wohnzimmer. Erlendur sah sich verstohlen um und hatte den Eindruck, dass nicht mehr viel vom früheren Leben als Soldat übrig war; zwei isländische Landschaftsgemälde, isländische Keramik und eingerahmte Familienfotos. Nichts, was an Militär oder gar an einen Weltkrieg erinnerte.

Da Ed sie erwartet hatte, standen sowohl Kaffee als auch Tee und etwas Gebäck bereit, und nach etwas höflichem Smalltalk, bei dem sich alle drei eher langweilten, gab sich der alte Mann einen Ruck und fragte, wie er ihnen behilflich sein könnte. Er sprach fast fehlerfreies Isländisch, redete in kurzen und präzisen Sätzen, so als hätte militärische Disziplin schon vor langer Zeit alles Überflüssige abgeschliffen,

»Jim von der englischen Botschaft hat uns gesagt, dass du hier während des Krieges stationiert warst, und zwar bei der Militärpolizei, und dass du im Rahmen dieser Tätigkeit auch mit Angelegenheiten des Depots am Grafarholt zu tun gehabt hast. Das hat da gestanden, wo heute der Golfplatz ist.«

»Ja, und jetzt spiele ich dort regelmäßig Golf«, erklärte Hunter. »Ich habe die Nachricht von dem Knochenfund am Hügel im Fernsehen gesehen, und Jim hat mir gesagt, dass ihr der Meinung seid, es könnte sich um einen von unseren Soldaten handeln, die während des Krieges dort waren, einen Engländer oder Amerikaner.«

»Ist da in diesem Depot etwas vorgefallen?«, fragte Erlendur.

»Da wurde geklaut«, sagte Hunter. »Das war natürlich in den meisten Depots der Fall. Wahrscheinlich würde man das heute einfach als Schwund bezeichnen. Einige G.I.s haben Vorräte gestohlen und damit in Reykjavík Geschäfte gemacht. Erst war es nur in kleinem Stil, aber es nahm immer mehr zu, denn die Diebe fühlten sich sehr sicher. Zum Schluss war es regelrecht ein richtiges Unternehmen geworden. Der Stabsoffizier steckte mit denen unter einer Decke. Alle wurden verurteilt und von hier abgezogen. Ich kann mich sehr gut daran erinnern. Ich habe auch Tagebuch geführt. Nachdem Jim heute mit mir gesprochen hatte, habe ich darin nachgelesen. Da hatte ich die ganze Angelegenheit wieder klar vor mir. Ich habe auch mit meinem alten Freund Phil telefoniert, der war mein Spieß, und wir sind das Ganze nochmal gemeinsam durchgegangen.«

»Und wie ist das mit den Diebstählen rausgekommen?«, fragte Elínborg.

»Die eigene Profitgier hat sie zur Strecke gebracht. Wenn in so großem Stil geklaut wird, ist es auf die Dauer schwierig, so was geheim zu halten. So langsam sprach es sich herum, dass da irgendwas nicht mit rechten Dingen zuging.«

»Und was waren das für Leute?« Erlendur zog seine Zigarettenschachtel hervor, und Hunter nickte, um ihm zu signalisieren, dass er nichts dagegen hatte, wenn Erlendur rauchte. Elínborg warf ihm einen missbilligenden Blick zu.

»Einfache G.I.s. Die meisten. Der Depotchef hatte den höchsten Dienstgrad. Und mindestens ein Isländer. Der Mann, der da am Hügel wohnte. Auf der anderen Seite.«

»Kannst du dich erinnern, wie er geheißen hat?«

»Nein. Er lebte da mit seiner Familie in einem halb fertigen Haus, das noch nicht mal angestrichen war. Bei ihm haben wir jede Menge Waren gefunden. In meinem Tagebuch steht, dass er drei Kinder hatte, davon ein behindertes, ein Mädchen. Die anderen beiden waren Jungen. Ihre Mutter ...«

Hunter verstummte.

»Was war mit der Mutter?«, sagte Elínborg. »Du wolltest etwas über die Mutter sagen.«

»Ich glaube, dass sie ein grauenvolles Leben gehabt hat.« Hunter verstummte wieder und wurde nachdenklich. Es hatte den Anschein, als versuche er, sich in diese längst vergangenen Zeiten zurückzuversetzen. Als er einen Fall von Diebstahl untersuchte und ein isländisches Haus betrat, wo eine Frau ihn in Empfang nahm, der man es ansah, dass ihr Mann gewalttätig sein musste. Und nicht etwa nur so, dass sie erst kürzlich und nur dieses eine Mal misshandelt worden wäre, sondern es war ihr deutlich anzusehen, dass sie unter langjähriger und systematischer Gewalt in der Ehe zu leiden gehabt hatte, sowohl physisch als auch psychisch.

Er hatte sie zuerst fast gar nicht wahrgenommen, als er zusammen mit vier anderen Militärpolizisten das Haus betrat. Das behinderte Mädchen, das auf einer armseligen Pritsche in der Küche lag, sah er sofort. Und auch die beiden Jungen, die Seite an Seite neben der Pritsche standen, sich nicht zu rühren wagten und verängstigt mitverfolgten, wie die Soldaten in das Haus eindrangen. Er sah, wie der Mann am Küchentisch aufsprang. Es hatte keine Vorwarnung gegeben, und er war offensichtlich nicht auf ihren Besuch gefasst. Sie waren geübt darin zu sehen, ob es sich um zähe Typen handelte. Ob sie gefährlich waren. Von diesem Mann brauchte man nichts zu befürchten.

Dann sah er die Frau. Es war noch früh im Jahr, und im Haus war es halb dämmrig, und es dauerte einen Moment, bis er sich an das Dunkel gewöhnt hatte. Die Frau stand da in einem kleinen Gang und schien sich verstecken zu wollen. Er hielt sie zunächst für ein weiteres Mitglied der Diebesbande, das sich aus dem Staub zu machen versuchte. Er ging rasch in diese Richtung und zog die Pistole aus dem Halfter am Gürtel. Er schrie etwas in den Gang und richtete die Pistole in das Dunkel. Das behinderte Mädchen kreischte ihn an. Die beiden Jungen sprangen ihn an und schrien etwas, was er nicht verstand. Und aus dem Dunkel tauchte dann diese Frau auf, die er für den Rest seines Lebens nicht vergessen würde.

Er begriff sofort, warum sie sich zu verstecken versuchte. Sie war übel zugerichtet im Gesicht, die Oberlippe war geplatzt, und das eine Auge war so geschwollen, dass sie es nicht öffnen konnte, aber aus dem anderen blickte sie ihn völlig verstört an und duckte sich dann unwillkürlich, so als erwartete sie, dass er zuschlagen würde. Sie trug einen Lumpenkittel über einem schäbigen Kleid, ihre nackten Beine steckten in herunterhängenden Strümpfen und ausgelatschten Schuhen. Das dreckige Haar hing in klebrigen Strähnen auf die Schultern herunter. Er glaubte zu sehen, dass sie humpelte. Er hatte noch nie einen bemitleidenswerteren Menschen gesehen.

Er sah zu, wie sie versuchte, ihre Söhne zu beruhigen, und begriff, dass es ihr nicht darum ging, ihr Aussehen zu verstecken.

Es ging darum, die Schande zu verstecken.

Die Kinder verstummten, und der größere Junge klammerte sich an seine Mutter. Er blickte zu dem Mann hinüber, steckte die Pistole wieder ins Halfter, ging auf ihn zu und versetzte ihm mit der flachen Hand eine schallende Ohrfeige.

»So war das«, sagte Hunter, nachdem er seine Erzählung beendet hatte. »Ich konnte mich nicht beherrschen. Keine Ahnung, wie es dazu kam. Eigentlich völlig unverständlich. Man war doch für solche Situationen ausgebildet, ihr wisst schon, darauf trainiert, mit jeder Situation fertig zu werden. Darauf trainiert, immer die Ruhe zu bewahren. Nicht die Beherrschung zu verlieren, das war das Allerwichtigste, das könnt ihr euch vorstellen, im Krieg und so. Aber als ich diese Frau sah ... als mir klar wurde, was sie durchgemacht haben musste und eindeutig nicht nur dieses eine Mal, da sah ich ihr Leben vor mir, auf diesen Mann angewiesen, und da hat es bei mir ausgehakt. Da hatte ich mich auf einmal nicht mehr unter Kontrolle.«

Hunter schwieg eine Weile.

»Bevor der Krieg ausbrach, war ich zwei Jahre lang Polizist in Baltimore. Damals wurde das noch nicht Gewalt in der Ehe genannt, war aber genauso scheußlich. Damals habe ich das kennen gelernt und habe mein ganzes Leben lang Abscheu davor gehabt. Ich hab sofort gesehen, was in dem Haus los war, und außerdem gehörte er ja auch zu denen, die uns bestohlen hatten ... Aber zur Sache, der Mann wurde nach euren Gesetzen verurteilt«, sagte er, wie um die Erinnerung an die Frau abzuschütteln. »Ich glaube, er bekam keine schwere Strafe. Wahrscheinlich war er schon nach ein paar Monaten wieder zu Hause, um die arme Frau zu prügeln.«

»Du bist also der Meinung, dass das unter Gewalt in der Ehe einzuordnen war?«, fragte Erlendur.

»Gewalttätigkeit von der widerlichsten Sorte. Es war entsetzlich, diese Frau ansehen zu müssen«, sagte Hunter. »Ganz einfach entsetzlich. Wie ich schon sagte, ich hab es ihr sofort angesehen. Ich versuchte, mit ihr zu sprechen, aber sie verstand kein Wort Englisch. Ich habe auch die isländische Polizei über diese Frau informiert, aber die erklärten, dass da kaum was zu machen sei. Diesbezüglich hat sich womöglich bis heute nicht sonderlich viel geändert, wenn ich es richtig sehe.«

»Erinnerst du dich vielleicht an die Namen von diesen Leuten?«, fragte Elínborg. »Die stehen wohl nicht in deinem Tagebuch?«

»Nein, aber die müsstet ihr in euren Polizeiberichten finden. Wegen dieses Diebstahls. Außerdem hat er im Depot gearbeitet. Vielleicht gibt es irgendwo noch die Listen über die Mitarbeiter. Ich meine über die isländischen Mitarbeiter. Vielleicht ist es aber auch schon zu lange her.«

»Was wurde aus den Soldaten?«, fragte Erlendur. »Diejenigen, die von eurem Militärgericht verurteilt wurden.«

»Die haben eine bestimmte Zeit im Militärgefängnis abgebüßt. Depotdiebstähle waren ziemlich verbreitet und wurden sehr ernst genommen. Anschließend wurden sie direkt an die Front geschickt, und das war so etwas wie ein Todesurteil.«

»Und ihr habt sie alle erwischt.«

»Keine Ahnung. Aber mit den Diebstählen war es vorbei. Die Vorratslage normalisierte sich wieder. Die Sache war aufgeklärt.«

»Und du glaubst also nicht, dass das irgendetwas mit diesen Knochen zu tun hat?«

»Dazu kann ich überhaupt nichts sagen.«

»Du kannst dich nicht erinnern, ob da einer aus euren Reihen oder jemand von den Engländern sich aus dem Staub gemacht hat?«

»Du meinst jemand, der desertiert ist?«

»Nein. Ungeklärtes Verschwinden von Menschen. Wegen der Knochen. Wer das sein kann. Ob das vielleicht ein amerikanischer Soldat aus dem Depot sein kann.«

»Ich habe wirklich keine Ahnung. Nicht die geringste.«

Sie sprachen noch eine geraume Weile mit Hunter, und er schien das zu genießen. Schien es zu genießen, längst vergangene Zeiten zu rekapitulieren, bewaffnet mit seinem kostbaren Tagebuch. Schon hatten sie angefangen, über die Kriegsjahre in Reykjavík zu reden und die Einflüsse, die mit der Besatzungsmacht nach Island kamen, als Erlendur auf einmal auf den Boden der Realität zurückkam. Keine Zeit, um hier nur so herumzulungern. Er stand auf, Elínborg tat es ihm nach, und sie bedankten sich herzlich.

Hunter stand ebenfalls auf und begleitete sie zur Tür.

»Wie habt ihr eigentlich damals die Diebstähle entdeckt?«, fragte Erlendur in der Tür.

»Entdeckt?«, echote Hunter.

»Wie seid ihr denen auf die Spur gekommen?«

»Ja, jetzt verstehe ich. Da kam ein Anruf. Es wurde im Hauptquartier angerufen und mitgeteilt, dass im Depot im großen Stil geklaut wurde.«

»Und wer hat da die anderen verpfiffen?«

»Das haben wir nie rausgekriegt, tut mir Leid. Wir haben nie rausgefunden, wer das war.«

Símon stand an der Seite seiner Mutter und verfolgte entgeistert, wie der Soldat, dessen Gesichtsausdruck auf eine eigenartige Weise erstaunt und wütend zugleich war, sich von ihnen abwandte, quer durch die Küche marschierte und Grímur völlig unvermittelt eine so derbe Ohrfeige versetzte, dass der zu Boden ging.

Die drei Soldaten im Eingang rührten sich nicht vom Fleck, während derjenige, der Grímur angegriffen hatte, auf ihn hinunterblickte und ihn anschrie, aber sie verstanden nicht, was er sagte. Símon traute seinen Augen nicht. Er schaute Tómas an, der seine Augen nicht von der Szene abwenden konnte, und er sah auch, wie Mikkelína angsterfüllt auf den am Boden liegenden Grímur starrte. Als sie zu ihrer Mutter hinüberschaute, sah sie die Tränen in ihren Augen.

Grímur war auf nichts gefasst gewesen. Als sie hörten, wie

zwei Jeeps an das Haus heranfuhren, hatte sich ihre Mutter in den Flur zurückgezogen, um nicht gesehen zu werden, so wie sie aussah mit dem dick verquollenen Auge und der geplatzten Lippe. Grímur war nicht mal vom Tisch aufgestanden, denn nichts lag ihm ferner als der Gedanke, dass die Diebstähle herauskommen könnten. Er erwartete seine Komplizen aus dem Depot mit einer weiteren Ladung, die in seinem Haus versteckt werden sollte. Und dann wollten sie abends in die Stadt, um etwas von den gestohlenen Waren zu Geld zu machen. Grímur, der jetzt immer über viel Bargeld verfügte, hatte angefangen darüber zu reden, dass sie von hier wegziehen und sich eine Wohnung kaufen könnten, und die seltenen Male, wenn er guter Laune war, sprach er sogar von einem Auto.

Die Soldaten führten ihn ab. Grímur landete in dem einen Jeep, und sie fuhren weg. Ihr Anführer, der Mann, der Grímur mir nichts dir nichts hatte zu Boden gehen lassen, sagte etwas zu ihrer Mutter, um sich dann zu verabschieden, und zwar nicht wie ein Soldat, sondern er gab ihr die Hand, bevor er sich in den anderen Jeep setzte.

Bald wurde es wieder still in dem kleinen Haus. Ihre Mutter stand immer noch in dem kleinen Flur, so als habe sie immer noch nicht so recht begriffen, was geschehen war. Sie strich sich langsam über die Stirn und starrte vor sich hin in einen leeren Raum, den niemand außer ihr sehen konnte. Niemals hatten sie Grímur auf dem Boden liegen sehen. Nie gesehen, wie er niedergeschlagen wurde. Hatten ihn nie so machtlos gesehen. Wie hatte das passieren können? Warum war Grímur nicht auf die Soldaten losgegangen und hatte sie zusammengeschlagen? Die Kinder blickten einander an. Das Schweigen im Haus war erdrückend. Sie schauten zu ihrer Mutter hinüber, und auf einmal gab Mikkelína einen wunderlichen Laut von sich. Sie saß halb aufgerichtet auf ihrer Pritsche, und sie hörten diesen Laut wieder und wieder. Mikkelína hatte angefangen zu kichern, das Kichern steigerte sich zusehends und wurde zu einem Lachen, das sie zunächst zu unterdrücken versuchte, was sie aber nicht schaffte, und schließlich fing sie lauthals an zu lachen. Da begann auch Símon zu lächeln, und das Lachen ließ nicht lange auf sich warten, Tómas tat es ihnen nach, und binnen kurzem hatten die drei angefangen, so unbändig und krampfartig zu lachen, dass es durch das ganze Haus hallte und mit der Frühlingsbrise hinausgetragen wurde.

Zwei Stunden später kam ein Lastwagen der Besatzungsarmee und konfiszierte das gesamte Diebesgut, das Grímur und seine Komplizen im Haus versteckt hatten. Die Jungen sahen zu, wie der Lastwagen davonfuhr, dann liefen sie über den Hügel und beobachteten, wie der LKW in das Depot eingelassen und dort entladen wurde.

Símon wusste nicht ganz genau, was passiert war, und er war sich auch nicht sicher, ob seine Mutter das tat. Grímur wurde zu einer Gefängnisstrafe verurteilt und würde in den nächsten Monaten nicht nach Hause kommen. Zunächst war das Leben am Grafarholt unverändert. Irgendwie taten sie sich schwer damit zu begreifen, dass Grímur nicht mehr da war. Zumindest für eine Weile. Ihre Mutter ging ihren täglichen Verrichtungen nach wie immer, und sie hatte keinerlei Bedenken, das unrecht erworbene Geld zu verwenden, um sich und die Kinder durchzubringen. Später nahm sie eine Arbeit auf dem großen landwirtschaftlichen Betrieb in Gufunes an, von Grafarholt aus war es nur eine halbe Stunde Fußweg bis dorthin.

Wann immer sich die Gelegenheit bot, trugen die Jungen Mikkelína hinaus in die Sonne. Manchmal nahmen sie sie auch mit bis zum Reynisvatn, wo sie angelten. Wenn die Forellen anbissen, briet ihre Mutter sie in der Pfanne, und sie schmeckten köstlich. So vergingen ein paar Wochen. Nach und nach ließen die Auswirkungen des Psychoterrors nach, den Grímur sogar noch aus der Ferne über sie auszuüben schien. Wie schön es jetzt war, morgens aufzuwachen, die Tage vergingen unbeschwert, und die Abende waren friedlich. Das war ein so neues und schönes Gefühl für sie, dass sie spät abends aufblieben, plauderten und spielten, bis sie vor Müdigkeit umfielen.

Den größten Einfluss hatte Grímurs Abwesenheit aber auf die Mutter. An dem Tag, als ihr endgültig klar geworden war, dass Grímur in nächster Zeit nicht nach Hause kommen würde, nahm sie sich das Ehebett vor und unterzog es einer Generalreinigung. Sie trug die Matratzen vor die Tür, um sie zu lüften und ausgiebig mit dem Teppichklopfer zu bearbeiten. Die Oberbetten und Kissen wurden gleichermaßen behandelt, frische Bettwäsche wurde aufgezogen. Dann wurden die Kinder von Kopf bis Fuß mit Seife und heißem Wasser in einem großen Trog mitten in der Küche abgeschrubbt, und zum Schluss wusch sie sich selbst gründlich und intensiv, die Haare und das Gesicht, das immer noch Spuren der letzten brutalen Misshandlungen aufwies, und dann den ganzen Körper. Zögernd zog sie einen Spiegel hervor und betrachtete ihr Gesicht, strich sich über das Auge und die Lippe. Sie war abgemagert, ihr Gesicht hatte einen harten Ausdruck angenommen. Die Zähne sprangen ein wenig vor, die Augen lagen tief, und die gebrochene Nase war nicht mehr ganz gerade.

Gegen Mitternacht nahm sie ihre Kinder mit zu sich ins Bett, wo alle vier einschliefen. Von da an schliefen die Kinder immer im Ehebett, dicht an ihre Mutter geschmiegt, Mikkelína allein an der rechten Seite, und die beiden Jungen an der linken Seite, alle miteinander glücklich.

Niemals besuchten sie Grímur im Gefängnis. Die ganze Zeit, wo er weg war, wurde sein Name niemals erwähnt.

Eines Morgens, kurze Zeit, nachdem Grímur abgeführt worden war, kam der Soldat Dave mit seiner Angel über den Hügel spaziert, ging an ihrem Haus vorbei, nickte Símon, der draußen war, freundlich zu und marschierte in Richtung Reynisvatn. Símon schlich hinter ihm her, legte sich in angemessener Entfernung nieder und behielt ihn im Auge. Dave verbrachte den ganzen Tag genauso entspannt wie früher an dem See, und es schien überhaupt keine Rolle zu spielen, ob die Fische anbissen oder nicht. Trotzdem bekam er drei Forellen an den Haken.

Gegen Abend kam er dann mit den an einer Schnur aufgereihten Fischen zum Hügel zurück. Símon, der wieder zu Hause war und ihn aus dem Küchenfenster heraus beobachtete, kam es so vor, als ob er zögerte. Símon passte auf, dass er nicht gesehen werden konnte. Schließlich schien der Soldat einen Entschluss gefasst zu haben, er kam mit raschen Schritten auf das Haus zu und klopfte an die Tür.

Símon hatte seiner Mutter von dem Soldaten erzählt, dem gleichen, der ihnen neulich Forellen geschenkt hatte. Sie war hinausgegangen und hatte Ausschau nach ihm gehalten, war dann wieder hereingekommen, hatte in den Spiegel geschaut und sich frisiert. Es war, als wüsste sie, dass er vorbeischauen würde, bevor er wieder in das Lager zurückkehrte. Sie war darauf vorbereitet, ihn in Empfang zu nehmen, als er dann wirklich kam.

Sie öffnete die Tür, und Dave lächelte, sagte etwas Unverständliches und reichte ihr die Fische. Sie nahm sie entgegen und bat ihn einzutreten. Er trat etwas zögernd ein und stand verlegen in der Küche. Er nickte den Jungen und Mikkelína zu, die sich reckte und streckte, um diesen Soldaten näher in Augenschein zu nehmen, der in ihre Küche gekommen war, mit einem merkwürdigen Käppi auf dem Kopf, das aussah wie ein gekentertes Bötchen. Da erinnerte er sich auf einmal, dass er vergessen hatte, es abzunehmen, als er ins Haus trat, und er riss es sich verlegen vom Kopf. Er war mittelgroß, bestimmt schon über dreißig, er war schlank und hatte schmale Hände, die mit dem gekenterten Bötchen herumfummelten, als sollte es ausgewrungen werden.

Sie bedeutete ihm, am Küchentisch Platz zu nehmen. Die Jungen setzten sich zu ihm, während ihre Mutter Kaffee aufgoss, richtigen Kaffee aus dem Depot, gestohlenen Kaffee, der aber nicht gefunden worden war. Dave wusste, dass Símon Símon hieß und fand heraus, dass Tómas Tómas hieß. Mit den Namen hatte er keine Schwierigkeiten. Mikkelínas Namen fand er lustig, und er wiederholte ihn auf eine so komische Weise, dass sie unwillkürlich lachen mussten. Er sagte seinen vollen Namen, David Welch, und er sei Amerikaner und komme aus einem Ort, der Brooklyn hieß. Er sagte, er sei ein einfacher Soldat. Sie hatten keine Ahnung, worüber er redete.

»A private«, sagte er, und sie starrten ihn einfach an.

Er trank einen Schluck Kaffee, der ihm gut zu schmecken schien. Ihre Mutter setzte sich ihm gegenüber am anderen Ende des Tisches hin.

»I understand your husband is in jail«, sagte er. »For stealing.«
Er bekam keinerlei Reaktion.

Er blickte auf die Kinder, nahm einen Zettel aus der Brusttasche und fummelte damit herum, so als wüsste er nicht, was er machen sollte. Dann schob er den Zettel über den Tisch hinweg zu ihrer Mutter. Sie nahm den Zettel in die

Hand, faltete ihn auseinander und las, was darauf stand. Sie blickte den Mann mit verwunderter Miene an, dann schaute sie noch einmal auf den Zettel, und es war, als wüsste sie nicht, was sie damit anfangen sollte. Dann faltete sie ihn zusammen und steckte ihn in ihre Schürzentasche.

Tómas gab Dave zu verstehen, dass er noch einmal Mikkelína sagen sollte, und als er das tat, fingen sie wieder an zu lachen, und Mikkelína war so fröhlich, dass sich ihr Gesicht zu allen möglichen Grimassen verzerrte.

David Welch war in diesem Sommer ständig zu Gast bei ihnen, und er freundete sich mit den Kindern und ihrer Mutter an. Er angelte im Reynisvatn und im Hafravatn, und jedes Mal schenkte er ihnen das, was er fing. Außerdem brachte er ihnen diverse Kleinigkeiten aus dem Depot mit, die sie gut gebrauchen konnten. Er spielte mit den Kindern, die ihn überschwänglich ins Herz geschlossen hatten, und er hatte immer das kleine Buch dabei, um sich auf Isländisch verständlich machen zu können. Sie amüsierten sich köstlich darüber, wenn er versuchte, isländische Sätze zu sagen. Seine todernste Miene passte überhaupt nicht zu dem, was er sagte und wie er das aussprach. Sein Isländisch war wie bei einem dreijährigen Kind.

Aber er lernte schnell, und es wurde immer einfacher, ihn zu verstehen, und für ihn wurde es ebenfalls einfacher zu begreifen, worüber sie sprachen. Die Jungen zeigten ihm, wo die besten Angelplätze waren, und sie gingen mit stolz geschwellter Brust zusammen über den Hügel und zu den Seen. Sie lernten englische Wörter von ihm und amerikanische Schlagertexte von Liedern, die manchmal, früher, vom Depot herübergeklungen waren.

Zu Mikkelína entwickelte er eine ganz besondere Beziehung. Binnen kurzem hatte er ihr Herz ganz und gar gewonnen. Er trug sie nicht nur bei schönem Wetter hinaus, sondern er war auch immer darauf bedacht herauszufinden, was sie alles schaffen konnte. Das machte er auf ganz ähnliche Weise, wie ihre Mutter es schon seit langer Zeit tat, er arbeitete mit ihren Armen und Beinen, stützte sie bei ihren Gehversuchen und half ihr bei allen möglichen gymnastischen Übungen. Eines Tages brachte er einen Militärarzt mit. Der Arzt untersuchte Mikkelína sorgfältig und ließ sie bestimmte Bewegungen ausführen. Er leuchtete ihr mit einer Taschenlampe in die Augen und in den Hals, drehte ihren Kopf in kreisenden Bewegungen und betastete den Hals und die Wirbelsäule. Er hatte einen Intelligenztest dabei, wo Mikkelína Klötzchen von unterschiedlicher Form in die entsprechenden Kästchen einordnen musste. Das hatte sie im Nu geschafft. Ihm wurde gesagt, dass sie mit drei Jahren krank geworden war, dass sie alles hören könnte, was zu ihr gesagt wurde, aber selbst nur wenig von sich gab. Er bekam zu wissen, dass sie lesen konnte und ihre Mutter dabei war, ihr das Schreiben beizubringen. Der Arzt nickte interessiert und sah nachdenklich aus. Nach der Untersuchung unterhielt er sich lange mit Dave, und als er weg war, gab Dave ihnen zu verstehen, dass er bei Mikkelína keinerlei geistige Behinderung festgestellt hatte. Das war allerdings nichts Neues für sie. Aber dann sagte er, dass sie mit der Zeit und mit den richtigen Übungen, der richtigen Therapie und viel Ausdauer lernen könnte, ohne Hilfe zu gehen.

»Zu gehen!« Ihre Mutter sank auf einen Küchenstuhl nieder.

»Und sogar ganz normal zu sprechen«, fügte Dave hinzu. »Vielleicht. Ist sie noch nie bei einem Arzt gewesen?«

»Ich kann es nicht fassen«, seufzte sie.

»She is okay«, sagte Dave. »Just give her time.«

Sie hörte nicht, was er sagte.

»Er ist ein grauenvoller Mensch«, sagte sie plötzlich, und ihre Kinder spitzten die Ohren, denn sie hatten ihre Mutter noch nie so über Grímur reden gehört wie an diesem Tag. »Ein grauenvoller Mann«, fuhr sie fort. »Ein erbärmlicher Mann, der nicht verdient hat, am Leben zu sein. Ich begreife nicht, wieso solche Menschen existieren dürfen. Warum solche Menschen auf die Welt kommen. Ich begreife es nicht. Warum sie sich so aufführen können, wie es ihnen passt. Wie wird man zu so etwas? Wie wird man zu so einem Unmenschen? Warum darf er sich wie ein brutales Scheusal benehmen, seine Kinder schlagen und sie erniedrigen, mich angreifen und so lange prügeln, bis ich am liebsten sterben möchte, und mir Methoden überlege, wie ...«

Sie seufzte schwer und setzte sich zu Mikkelína.

»Man schämt sich, das Opfer eines solchen Mannes zu sein. Man zieht sich einfach in die völlige Isolation zurück, verwehrt allen den Zugang zu sich selbst, sogar seinen eigenen Kindern, weil man niemanden an sich heranlassen will, und am allerwenigsten die Kinder. Und die ganze Zeit versucht man, sich für den nächsten Angriff abzuhärten, der ohne jede Vorwarnung erfolgt, aus heiterem Himmel, voller Hass auf etwas, was man nicht versteht, und das ganze Leben dreht sich nur darum, auf den nächsten Angriff gefasst zu sein, wann wird er sein, wie schlimm wird er sein, was ist der Grund, wie kann ich ihn zu verhindern versuchen? Je mehr ich versuche, ihm alles zu Gefallen zu tun, desto mehr verachtet er mich. Je mehr Unterwürfigkeit und Angst ich zeige, um so mehr Grund hat er, mich zu hassen. Und falls ich mich wehre, dann hat er umso mehr Grund, noch brutaler auf mich einzuschlagen. Es gibt nicht die geringste Möglichkeit, sich richtig zu verhalten. Überhaupt keine. Man kann nur noch daran denken, dass es irgendwann ein Ende hat, wie, das spielt überhaupt keine Rolle. Bloß, dass es ein Ende hat.«

Totenstille herrschte im Haus. Mikkelína lag reglos in ihrem Bett, und die Jungen waren näher zu ihrer Mutter gerückt. Bestürzt lauschten sie auf jedes einzelne Wort. Nie zuvor hatte sie ihnen Zugang zu dem Horror, dem sie so lange ausgesetzt gewesen war, gestattet. So lange, dass sie alles andere vergessen hatte.

»Es wird alles okay«, wiederholte Dave.

»Ich werde dir beistehen«, sagte Símon todernst.

Sie schaute ihn an.

»Ich weiß, Símon«, sagte sie. »Das habe ich immer gewusst, mein armer Símon.«

Die Tage vergingen, und Dave verbrachte seine gesamte Freizeit mit ihnen allen am Grafarholt, und noch mehr Zeit mit ihrer Mutter, entweder im Haus oder auf Spaziergängen von einem See zum anderen. Die Jungen hätten gern mehr von ihm gehabt, aber jetzt angelte er nicht mehr mit ihnen und beschäftigte sich auch weniger mit Mikkelína. Die Kinder machten sich aber nichts daraus, denn sie spürten die Veränderung, die mit ihrer Mutter vorging. Sie verbanden das direkt mit Dave und freuten sich darüber.

Fast ein halbes Jahr, nachdem Grímur abgeführt worden war, beobachtete Símon eines Tages von weitem, wie seine Mutter und Dave auf das Haus zuschritten. Sie gingen dicht beieinander, und es kam Símon so vor, als würden sie Hand in Hand gehen. Als sie näher kamen, ließen sie sich los und hielten ein wenig Abstand. Símon begriff, dass sie nicht wollten, dass irgendjemand sie so sähe.

»Was wollt ihr machen, du und Dave?«, fragte Símon seine Mutter eines Abends im Frühherbst, als sich die Dämmerung bereits über den Hügel gelegt hatte. Sie saßen in der Küche. Tómas und Mikkelína spielten Karten. Dave hatte den Tag mit ihnen verbracht, war aber jetzt wieder ins Depot zurückgegangen. Diese Frage hatte schon den ganzen Sommer über in der Luft gelegen. Die Kinder hatten untereinander darüber gesprochen und sich allerlei Situationen vorgestellt, die alle damit endeten, dass Dave jetzt ihr Vater würde, um Grímur davonzujagen, damit sie ihn nie wieder zu sehen bräuchten.

»Was meinst du mit machen?«, fragte seine Mutter.

»Wenn er wieder zurückkommt«, sagte Símon und sah, dass Tómas und Mikkelína aufgehört hatten zu spielen und ihn anschauten.

»Es ist noch Zeit genug, um darüber nachzudenken«, sagte ihre Mutter. »So bald kommt er nicht zurück.«

»Aber was wirst du machen?« Mikkelínas und Tómas' Blicke richteten sich von Símon auf ihre Mutter.

Sie sah ihm in die Augen und blickte dann zu Mikkelína und Tómas hinüber.

»Er will uns helfen«, sagte sie.

»Wer?«, fragte Símon.

»Dave. Er will uns helfen.«

»Wie will er das denn machen?« Símon blickte seine Mutter an und versuchte sie zu verstehen. Sie schaute ihm direkt ins Gesicht.

»Dave kennt sich mit Männern wie ihm aus. Er weiß, wie man mit denen fertig wird.«

»Aber wie will er das denn machen?«, wiederholte Símon.

»Mach dir deswegen keine Sorgen«, antwortete seine Mutter.

»Wird er uns von ihm befreien?«

»Ja.«

»Wie?«

»Ich weiß es nicht. Er sagt, dass es das Beste ist, wenn wir so wenig wie möglich wissen. Ich sollte euch das wahrscheinlich gar nicht sagen. Ich weiß nicht, was er vorhat. Vielleicht wird er mit ihm reden. Ihn so in Angst versetzen, dass er uns in Ruhe lässt. Er sagt, dass er einflussreiche Freunde hat, die ihm helfen können, falls es notwendig werden sollte.«

»Aber was passiert, wenn Dave weggeht?«, fragte Símon.

»Weggeht?«

»Wenn er von Island weggeht«, sagte Símon. »Er wird nicht immer hier sein. Er ist doch Soldat. Soldaten werden immer anderswohin geschickt. Es kommen immer wieder neue Soldaten hier in die Baracken. Was ist, wenn er wegmuss? Was machen wir dann?«

Sie schaute ihren Sohn an.

»Wir finden schon eine Lösung«, sagte sie leise. »Wir finden dann schon eine Lösung.«

Sigurður Óli rief Erlendur an und informierte ihn über das Gespräch mit Elsa, die davon ausging, dass ein anderer Mann im Spiel gewesen sei, der Benjamíns Verlobte Sólveig geschwängert hatte. Es war aber nicht bekannt, wer das gewesen war. Sie sprachen eine Weile darüber, und Erlendur berichtete Sigurður Óli, was er bei dem ehemaligen Soldaten Edward Hunter in Bezug auf die Diebstähle im Depot herausgefunden hatte und wie der Vater dieser Familie da hineinverwickelt gewesen war. Hunter war fest davon überzeugt, dass die Frau von ihrem Mann misshandelt worden war, und diese Aussage wurde auch durch Höskuldur gestützt, der so etwas Ähnliches von Benjamín gehört hatte.

»All diese Leute sind doch schon längst tot und unter der Erde«, sagte Sigurður Óli ziemlich lahm. »Ich habe keine Ahnung, warum wir hinter denen her sind. Das ist irgendwie, als ob man Gespenster dingfest machen wollte. Von diesen Leuten können wir niemanden treffen, um sie zu vernehmen. Das sind doch alles Spukgestalten in Gespenstergeschichten.«

»Sprichst du über die grüne Frau da am Hügel?«, fragte Erlendur.

»Elínborg ist der Meinung, dass der alte Róbert da einen Spuk gesehen hat, und zwar das Gespenst von Sólveig in einem grünen Mantel. Und das heißt, dass wir also ganz konkret hinter Gespenstern her sind.«

»Dich interessiert's wohl gar nicht, wer da oben mit der hochgestreckten Hand begraben liegt, so als sei er bei lebendigem Leibe verscharrt worden?«

»Ich habe zwei Tage in einem dreckigen Kellerloch herumgehangen, und das Ganze ist mir, ehrlich gesagt, so egal wie nur irgendwas«, erklärte Sigurður Óli. »Egaler geht nicht«, sagte er, um dem Nachdruck zu verleihen, und brach dann das Gespräch ab.

Elínborg hatte sich von Erlendur verabschiedet, als sie Edward Hunter verließen. Sie musste mit anderen Polizeibeamten einen Verdächtigen zum Bezirksgericht in Reykjavík eskortieren, einen bekannten Geschäftsmann, der mit dem allerneusten Drogenskandal in Verbindung gebracht worden war. Das war ein gefundenes Fressen für die Medien, und an diesem Tag würden zahlreiche Angeklagte im Bezirksgericht anwesend sein, um die Anklagen zu hören. Elínborg versuchte sich trotz der knappen Zeit so gut wie möglich zurechtzumachen. Möglicherweise würden die Fernsehkameras auf sie gerichtet sein, wenn in den Nachrichten über die Prozessverhandlungen berichtet würde, und dann war es einfach besser, gut angezogen zu sein und zumindest Lippenstift aufgelegt zu haben.

»Diese Frisur!«, stöhnte sie und fuhr sich mit den Fingern durch die Haare.

Erlendur war weiterhin ständig mit seinen Gedanken auf der Intensivstation bei Eva Lind, die kaum Überlebenschancen hatte. Ihm fiel ihr letzter Streit ein, der vor zwei Monaten in seiner Wohnung stattgefunden hatte. Da war noch tiefster Winter gewesen, Schnee, Kälte und Dunkelheit. Er war nicht seine Absicht gewesen, ihr Vorwürfe zu machen. Er hatte nicht aus der Haut fahren wollen. Aber wie immer ließ sie nicht locker und gab ihm keine Ruhe.

»Das darfst du deinem Kind nicht antun«, hatte er gesagt, als er wieder einmal versuchte, vernünftig mit ihr zu reden. Er ging davon aus, dass sie im fünften Monat war. Sie hatte versucht, sich am Riemen zu reißen, als sie erfuhr, dass sie schwanger war, und nach zwei missglückten Anläufen schien sie beim dritten Mal Erfolg zu haben. Er stärkte ihr den Rücken, so gut er konnte, aber beide wussten, dass diese Unterstützung kaum ins Gewicht fiel, denn ihre Beziehung war derart schwierig, dass die Aussichten auf Erfolg umso größer waren, je weniger er sich in ihre Angelegenheiten einmischte. Eva Linds Einstellung zu ihrem Vater war zwiespältig. Einerseits sehnte sie sich danach, mit ihm zusammen zu sein, aber andererseits ließ sie kein gutes Haar an ihm. Sie fiel von einem Extrem ins andere, ohne ein gesundes Mittelmaß finden zu können.

»Was weißt du schon darüber?«, sagte sie. »Was weißt du schon über Kinder? Ich kann mein Kind ganz gut alleine kriegen. Und ich lass mir da nicht reinreden.«

Er wusste nicht, womit sie sich zudröhnte, ob es Drogen waren, Alkohol, oder beides zusammen, und sie war eigentlich kaum ansprechbar, als er ihr die Tür öffnete und sie hereinließ. Sie setzte sich nicht aufs Sofa, sondern ließ sich reinfallen. Ihr Bauch wölbte sich unter der knappen, nicht zugeknöpften Lederjacke vor, da ließ sich nichts mehr verbergen. Darunter hatte sie nur ein dünnes T-Shirt an. Draußen waren mindestens zehn Grad Frost.

»Ich dachte, wir hätten ...«

»Wir haben gar nichts«, unterbrach sie ihn. »Du und ich, wir haben gar nichts. Absolut gar nichts.«

»Ich dachte, du hättest dich entschlossen, an dein Kind zu denken. Dafür zu sorgen, dass ihm nichts passiert. Dass das Kind nicht gedopt wird. Du wolltest aufhören, aber das ist wohl zu viel verlangt. Es ist wahrscheinlich zu viel verlangt, dass du dich anständig um das Kind kümmerst.«

»Mann, halt doch die Schnauze.«

»Wozu kommst du eigentlich hierher?«

»Keine Ahnung.«

»Das ist dein Gewissen, stimmt's? Dein Gewissen plagt dich, und du möchtest, dass ich dir in dieser Scheiße Mitleid zeigen soll. Deswegen kommst du hierher. Um dich bemitleiden zu lassen und das Gewissen ein bisschen hochzupäppeln.«

»Yes, genau, hier ist man am richtigen Ort, falls man sich so was wie ein Gewissen zulegen will, du scheinheiliger Idiot.«

»Du hattest dich doch sogar schon für einen Namen entschieden. Erinnerst du dich nicht? Falls es ein Mädchen wird.«

»Das hast du gemacht, nicht ich. So wie alles. Du bestimmst immer alles. Wenn du abhauen willst, dann haust du einfach ab, ich und alle anderen sind dir total scheißegal.«

»Sie sollte Auður heißen. Das wolltest du auch.«

»Glaubst du etwa, ich würde diese Masche hier nicht kennen? Meinst du, dass man dich nicht durchschauen kann? Du hast eine Scheißangst ... Ich weiß, was da in meinem Bauch ist. Ich weiß, dass es ein Individuum ist. Ein Mensch. Das weiß ich. Du brauchst mich nicht daran zu erinnern, das brauchst du echt nicht.«

»Gut«, sagte Erlendur. »Du scheinst mir das nur manchmal zu vergessen. Zu vergessen, dass du nicht mehr nur an dich selbst denken darfst. Dass du nicht nur dich selber zudröhnst. Du dröhnst dich und das Kind zu, und das ist für das Kind hundertmal schlimmer als für dich.«

Er schwieg eine Weile.

»Vielleicht war es ein Fehler«, sagte er. »Nicht abtreiben zu lassen.«

Sie schaute ihn an.

»Du Arschloch!«

»Eva ...«

»Mama hat's mir gesagt. Ich weiß ganz genau, was du wolltest.«

»Wovon redest du eigentlich?«

»Und du kannst ruhig sagen, dass sie lügt und dass sie eine miese Kuh ist, aber ich weiß, dass es wahr ist.«

»Was denn? Wovon redest du eigentlich?«

»Sie hat gewusst, dass du es abstreiten würdest.«

»Was abstreiten?!«

»Du hast mich nicht gewollt.«

»Ha?«

»Du wolltest mich nicht. Als du sie geschwängert hattest.«

»Was hat deine Mutter behauptet?«

»Dass du mich nicht wolltest!«

»Das ist gelogen.«

»Du wolltest, dass sie eine Abtreibung machen ließ ...«

»Das ist eine infame Lüge!«

»Und dann machst du mich zur Sau, obwohl ich mein Bestes tue. Immer werde ich runtergemacht.«

»Aber das stimmt doch überhaupt nicht. So was hat niemals zur Debatte gestanden. Ich habe keine Ahnung, warum sie dir das erzählt, und es ist nicht wahr. Es hat nie zur Debatte gestanden. Wir haben nie über so etwas gesprochen.«

»Sie wusste, dass du das behaupten würdest. Sie hat mich gewarnt.«

»Gewarnt? Wann hat sie dir das gesagt?«

»Als ich ihr gesagt habe, dass ich schwanger bin. Da hat sie mir erzählt, dass du sie zu einer Abtreibung schicken wolltest, und sie hat gesagt, dass du das abstreiten würdest. Sie hat mir genau gesagt, was du sagen würdest. Und genau das hast du gesagt.«

Eva Lind stand auf und ging in Richtung Tür.

»Sie lügt, Eva. Glaub mir. Ich habe keine Ahnung, warum sie so was behauptet. Klar hasst sie mich, aber nach all den Jahren doch wohl kaum so heftig. Sie will dich gegen mich aufbringen. Das musst du doch begreifen. So was zu behaupten, das ist ja ... ist einfach pervers. Das kannst du ihr von mir ausrichten.«

»Sag's ihr doch selber!«, schrie Eva Lind. »Falls du dich traust!«

»Es ist pervers, dir so was weismachen zu wollen. Irgendwas zu erfinden, um uns auseinander zu bringen.«

»Ich glaube ihr eher als dir.«

»Eva ...«

»Halt die Schnauze.«

»Ich will dir sagen, warum das gar nicht wahr sein kann. Warum ich niemals ...«

»Bild dir bloß nicht ein, dass ich dir glaube!«

»Eva ... Ich hatte ...«

»Jetzt halt doch endlich die Schnauze. Ich glaube kein Wort von dem, was du sagst.«

»Dann mach, dass du hier rauskommst«, erklärte er.

»Ja genau«, sagte sie provozierend. »Dann bist du mich endlich los.«

»Raus!«

»Du bist widerlich!«, schrie sie und rannte zur Tür hinaus.

»Eva!«, rief er ihr nach, aber sie war verschwunden.

Und dann hatte er nichts mehr von ihr gehört oder gesehen, bis zwei Monate später sein Handy klingelte, als er sich mit einem Skelett befassen musste.

Erlendur rauchte im Auto eine Zigarette und dachte darüber nach, dass er anders hätte reagieren sollen, dass er über seinen eigenen Schatten springen und Verbindung zu Eva Lind hätte aufnehmen sollen, als sein Zorn sich gelegt hatte. Um ihr klar zu machen, dass ihre Mutter gelogen hatte, dass er niemals eine Abtreibung vorgeschlagen hatte. Dass so etwas nie für ihn infrage gekommen wäre. Es hätte nie dazu kommen dürfen, dass das Mädchen ihn um Hilfe bitten musste, Notruf. Sie war nicht reif genug, das allein zu bewältigen, sie begriff nicht die Lage, in die sie sich gebracht hatte, und war sich überhaupt nicht klar über die Verantwortung, die auf ihr lastete. Sie war sich selbst gegenüber mit einer ganz unbegreiflichen Blindheit geschlagen.

Erlendur graute es davor, ihr sagen zu müssen, was passiert war, wenn sie wieder zu Bewusstsein käme. Falls sie wieder zu Bewusstsein käme. Um sich abzulenken, griff er nach dem Handy und rief Skarphéðinn an.

»Du musst dich ganz einfach noch etwas gedulden«, erklärte der Archäologe, »und hör auf, dauernd hier anzurufen. Wir sagen dir schon Bescheid, wenn wir bis zu dem Skelett vorgedrungen sind.«

Es hatte beinahe den Anschein, als hätte Skarphéðinn die Leitung der Ermittlung übernommen, denn mit jedem Tag wurde er selbstgefälliger und wichtigtuerischer.

»Und wann wird das sein?«

»Schwer zu sagen«, erklärte er, und Erlendur sah im Geiste die Säbelzähnchen vor sich. »Das wird sich alles herausstellen. Vielleicht gestattest du uns, in aller Ruhe zu arbeiten.«

»Irgendwas wirst du mir doch sagen können. Ist es ein Mann? Oder eine Frau?«

»Mit Geduld und Spucke ...«

Erlendur brach das Gespräch ab. Er zündete sich gerade eine weitere Zigarette an, als das Handy klingelte. Es war Jim von der englischen Botschaft. Edward Hunter und die amerikanische Botschaft hatten eine Liste mit den Namen isländischer Angestellter im Depot ausgegraben, die ihm per Fax zugeschickt worden war. Auf der Liste standen neun Namen. Jim selber hatte nichts darüber herausfinden können, ob auch in der Zeit, als die Briten das Kommando hatten, Isländer dort beschäftigt gewesen waren. Keiner dieser Namen sagte Erlendur etwas, und deswegen gab er Jim die Faxnummer im Büro, damit er ihm die Liste dorthin schicken konnte.

Er fuhr in das Vogar-Viertel und parkte wie schon zuvor in einiger Entfernung von der Kellerwohnung, in die er vor ein paar Tagen auf der Suche nach Eva Lind eingedrungen war. Während er wartete, überlegte er, was solche Männer dazu brachte, sich so zu verhalten wie dieser Kerl der Frau und dem Kind gegenüber, aber er kam nur zu dem einen Resultat, dass es komplette Arschlöcher sein mussten. Er wusste eigentlich nicht, warum er hier auf diesen Mann wartete. Wusste nicht, ob er irgendwas anderes machen würde, als nur ihn aus seinem Auto heraus zu beobachten. Er konnte den Gedanken an die Brandwunden auf dem Rücken des kleinen Mädchens nicht loswerden. Der Mann hatte geleugnet, dem Kind etwas angetan zu haben, und die Mutter stützte seine Aussagen, sodass die zuständigen Stellen kaum etwas anderes machen konnten, als ihnen das Kind wegzunehmen. Die Sache war jetzt beim Staatsanwalt. Vielleicht würde der Mann angeklagt. Vielleicht auch nicht.

Erlendur dachte über die Optionen nach, die er hatte. Es waren wenige, und alle gleich schlecht. Falls der Mann an dem Abend, wo er nach Eva Lind suchte und das kleine Kind mit den Brandwunden auf dem Rücken auf dem Boden saß, in die Wohnung gekommen wäre, hätte er sich augenblicklich auf diesen Sadisten gestürzt. Seitdem waren aber ein paar Tage vergangen, und er konnte nicht mir nichts dir nichts über einen Mann herfallen, weil er dem Kind etwas angetan hatte. Konnte nicht einfach zu ihm hingehen und den Kerl zusammenschlagen, obwohl er das am liebsten getan hätte. Erlendur war sich darüber im Klaren, dass es hoffnungslos war, mit solchen Leuten zu reden. Die lachten nur, wenn man ihnen drohte. Der würde ihm glatt ins Gesicht lachen.

Während der zwei Stunden, die Erlendur dort wartete und rauchte, ließ sich niemand blicken.

Zum Schluss gab er auf und fuhr zu seiner Tochter ins Krankenhaus. Versuchte, das zu vergessen, wie so vieles andere, was er im Laufe der Zeit hatte vergessen müssen.

20

Als Elínborg aus dem Bezirksgericht herauskam, rief Sigurður Óli an, um ihr mitzuteilen, dass das Kind, mit dem Sólveig schwanger gewesen war, wahrscheinlich nicht von Benjamín gestammt hatte. Die Schwangerschaft hätte vielmehr dazu geführt, dass die Verlobung aufgelöst wurde. Und außerdem hätte sich Sólveigs Vater erhängt, nachdem seine Tochter verschwunden war und nicht vorher, wie die Schwester behauptet hatte.

Elínborg stattete dem Volksregister einen Besuch ab und ging alte Totenscheine durch, bevor sie wieder nach Grafarvogur hinausfuhr. Sie hatte etwas dagegen, wenn man sie anlog, besonders wenn Frauen das taten, die sich was Besseres dünkten, Frauen, die ihre Privilegien für eine Selbstverständlichkeit hielten und auf andere heruntersschauten.

Bára hörte sich an, was Elsa über den unbekannten Kindsvater von Sólveig gesagt hatte, verzog aber wie zuvor keine Miene.

»Ist dir so was schon mal zu Ohren gekommen?«, fragte Elínborg.

»Das meine Schwester ein Flittchen gewesen ist? Nein, das habe ich nie zuvor gehört, und ich begreife nicht, wieso du mir das auftischst. Nach all diesen Jahren. Ich begreife es nicht. Lass meine Schwester gefälligst in Frieden. Sie hat es nicht verdient, dass üble Klatschgeschichten über sie erzählt werden. Und was für Beweise will diese Elsa dafür haben?«

»Ihre Mutter hat es ihr erzählt«, erklärte Elínborg.

»Und die hat es wiederum von Benjamín erfahren?«

»Ja. Erst auf seinem Sterbebett hat er jemandem davon erzählt.«

»Habt ihr bei ihm die Locke von ihr gefunden?«

»Ja, haben wir.«

»Und wollt ihr die zusammen mit den Knochen untersuchen lassen?«

»Davon gehe ich aus.«

»Ihr glaubt also, dass er sie umgebracht hat. Dass Benjamín, dieser Schwächling, seine Verlobte ermordet hat. Ich halte das für ausgeschlossen. Vollkommen ausgeschlossen. Mir ist völlig schleierhaft, wieso ihr so etwas annehmen könnt.«

Dann schwieg Bára und wurde nachdenklich.

»Geht das womöglich durch die Presse?«, fragte sie.

»Darüber weiß ich gar nichts«, erklärte Elínborg. »Die Knochen jedenfalls haben viel Aufmerksamkeit erregt.«

»Dass meine Schwester ermordet worden ist?«

»Wenn das bei der Ermittlung herauskommt, ja. Weißt du vielleicht, wer der Kindsvater gewesen sein könnte?«

»Benjamín war ihr Ein und Alles.«

»Hat sie nie jemand anderen erwähnt? Hat sie dir gegenüber wirklich nie jemand anderen erwähnt?«

Bára schüttelte den Kopf.

»Meine Schwester war kein Flittchen.«

Elínborg räusperte sich.

»Du hast mir erzählt, dass euer Vater einige Jahre vor deiner Schwester Selbstmord begangen hat.«

Sie schauten einander einen Moment in die Augen.

»Ich glaube, es ist am besten, wenn du jetzt gehst«, erklärte Bára und stand auf.

»Ich habe nicht damit angefangen, von deinem Vater zu sprechen. Ich bin aber die Totenscheine beim Volksregister durchgegangen. Im Gegensatz zu vielen anderen lügt das Volksregister so gut wie nie.«

»Ich habe dir nichts weiter zu sagen«, sagte Bára, aber ihr arroganter Gesichtsausdruck hatte sich etwas entschärft.

»Ich glaube nicht, dass du ihn ins Gespräch gebracht hättest, wenn du nicht über ihn hättest sprechen wollen.«

»Verdammter Blödsinn«, brach es aus Bára heraus. »Jetzt willst du mir wohl psychologisch kommen?«

»Er starb sechs Monate später, nachdem deine Schwester verschwunden war. Aus dem Totenschein geht nicht hervor, ob es Selbstmord war. Es wird nichts über die Todesursache gesagt. Wahrscheinlich eine zu feine Familie, als dass man Suizid beim Namen nennen durfte. Verstarb eines plötzlichen Todes, stand da.«

Bára drehte ihr den Rücken zu.

»Besteht irgendwelche Hoffnung, dass du jetzt vielleicht mal mit der Wahrheit herausrückst?«, fragte Elínborg, die ebenfalls aufgestanden war. »Was hat dein Vater mit dieser Sache zu tun? Warum hast du ihn erwähnt? Wer war der Kindsvater von Sólveig? War er es?«

Keine Reaktion. Sie standen im protzigen Salon des Großhändlers, und das Schweigen im Raum hätte man mit Messern schneiden können. Elínborg betrachtete das Riesenzimmer, das exquisite Interieur, die Gemälde von den Eheleuten, die teuren Möbel, den schwarzen Flügel mit einem Bild von Bára an der Seite des Vorsitzenden der Fortschrittspartei, so platziert, dass es nicht zu übersehen war. Lauter tote Gegenstände, dachte sie bei sich.

»Haben nicht alle Familien ihr Geheimnis?«, sagte Bára schließlich, wobei sie Elínborg immer noch den Rücken zudrehte.

»Ich denke schon«, sagte Elínborg.

»Es war nicht mein Vater«, sagte Bára zögernd. »Ich weiß nicht, warum ich dir in Bezug auf seinen Tod etwas vorgelogen habe. Das ist mir einfach so herausgerutscht. Wenn man das Ganze psychologisch betrachtet, kann man wahrscheinlich sagen, dass es mir ein inneres Bedürfnis war, das loszuwerden. Dass ich all die Jahre darüber geschwiegen habe und es sich in mir angestaut hat, aber als du kamst, um über Sólveig zu sprechen, ist der Damm gebrochen. Ich weiß es nicht.«

»Wer war es denn?«

»Der Sohn seines Bruders«, sagte Bára. »Da oben im Norden. Es ist bei diesem Sommerbesuch in Fljót passiert.«

»Wie habt ihr es herausbekommen?«

»Sie war völlig verändert, als sie zurückkam. Mama ... Unsere Mutter hat das sofort bemerkt, und dann war es ja auch mit der Zeit nicht zu verheimlichen«

»Hat sie ihrer Mutter erzählt, was vorgefallen war?«

»Ja. Unser Vater fuhr dann in den Norden. Mehr weiß ich nicht darüber. Er kam zurück, und der Junge wurde ins Ausland geschickt. Darüber ist in der Gegend viel geredet worden, denn mein Großvater hat einen großen Hof besessen. Sie waren nur zwei Brüder. Mein Vater zog nach Reykjavík und gründete ein Unternehmen und wurde ein angesehener und vermögender Mann.«

»Und was war mit diesem Sohn des Bruders?«

»Nichts weiter. Sólveig sagte, dass er sich an ihr vergangen hat. Sie vergewaltigt hat. Meine Eltern wussten nicht, was sie tun sollten, sie wollten ihn nicht verklagen, weil das zu viel Aufsehen erregt hätte. Der Junge kam einige Jahre später zurück nach Island und lebte hier in Reykjavík. Gründete eine Familie. Er ist vor etwa zwanzig Jahren gestorben.«

»Aber Sólveig und das Kind?«

»Sólveig sollte zu einer Abtreibung gezwungen werden, aber sie weigerte sich. Sie weigerte sich, das Kind wegmachen zu lassen. Und dann verschwand sie eines Tages.«

Bára wandte sich wieder Elínborg zu.

»Man kann sagen, dass er uns zu Grunde gerichtet hat, dieser Besuch da im Norden. Uns als Familie zu Grunde gerichtet hat. Er hat auf jeden Fall mein ganzes Leben geprägt. Das Versteckspiel. Der Familienstolz. Nichts durfte bekannt werden. Man durfte nie darüber reden. Dafür hat meine Mutter gesorgt. Ich weiß, dass sie viele Jahre später mit Benjamín gesprochen und ihm die Sache erklärt hat. Auf diese Weise war Sólveigs Tod eigentlich ihre Privatangelegenheit. Ihre eigene Entscheidung. Ein Anfall von Wahnsinn. Mit uns war alles in Ordnung. Wir waren proper und adrett. Nur sie drehte durch und ging ins Meer.«

Elínborg schaute sie an und verspürte auf einmal so etwas wie Mitgefühl mit ihr. Sie dachte daran, dass Báras Leben eine einzige Lüge gewesen war.

»Sie hat das ganz alleine durchgestanden«, setzte Bára fort. »Uns ging das nichts an. Das war ihre Angelegenheit.«

Elínborg nickte zustimmend.

»Sie liegt da nicht an dem Hügel«, erklärte Bára. »Sie liegt auf dem Meeresgrund, und da hat sie mehr als sechzig grauenvolle Jahre gelegen.«

Erlendur setzte sich zu Eva Lind, nachdem er mit dem Arzt gesprochen hatte, der ihm auch diesmal nichts Neues sagen konnte. Der Zustand sei unverändert, nur die Zeit würde es ans Licht bringen, wie die Fortsetzung werden würde. Erlendur saß am Bett seiner Tochter und überlegte, was er ihr diesmal erzählen sollte, aber ihm fiel nichts ein.

Die Zeit verging. Auf der Intensivstation war alles ruhig. Der eine oder andere Arzt kam an der Tür vorbei, oder eine Krankenschwester auf weichen weißen Schuhen, die manchmal ein leichtes Quietschen bei der Berührung mit dem PVC-Boden verursachten.

Dieses Quietschen.

Während Erlendur seine Tochter betrachtete, fing er auf einmal ganz unwillkürlich an, zu ihr zu sprechen und ihr von dem Verschwinden eines Menschen zu erzählen, das ihm zu schaffen machte und das er trotz der vielen Jahre, die seitdem vergangen waren, immer noch nicht verwunden hatte.

Er fing damit an, ihr von einem Jungen zu erzählen, der auf dem Land aufgewachsen war und mit seinen Eltern nach Reykjavík ziehen musste. Er vermisste die Heimat. Er war zu jung, um zu begreifen, weshalb sie in die Stadt gezogen waren, die damals aber noch keine richtige Stadt gewesen war, sondern eher ein größerer Handelsort am Meer. Später verstand er, dass bei dieser Entscheidung viele Faktoren zusammengewirkt hatten.

Die neue Umgebung war ihm vom ersten Augenblick an fremd. Er war in einfachen Verhältnissen auf dem Land aufgewachsen, war mit Tieren vertraut und mit Einsamkeit, mit warmen, schönen Sommern und kalten, strengen Wintern, und mit Geschichten von den Leuten, die ringsherum wohnten. Die meisten waren Bauern auf kleinen Pachthöfen und seit vielen Generationen arm wie die Kirchenmäuse. Diese Leute waren die Helden seiner Jugend in all den Geschichten aus dem täglichen Leben, die Jahre und Jahrzehnte mündlich weitergegeben worden waren, die Strapazen oder Katastrophen beschrieben, oder auch unglaublich komische Geschichten, wo die Erzähler vor Lachen nach Atem rangen und manchmal kaum weitererzählen konnten und so heftige Hustenanfälle bekamen, dass sie sich krümmten und schüttelten. Das waren alles Geschichten von Leuten, mit denen er im täglichen Leben Umgang hatte, oder von Menschen, die in früheren Generationen in dieser Gegend gelebt hatten; Onkel und Tanten, Großväter und Urgroßväter, längst vergangene Generationen wurden lebendig. Diese Menschen kannte er aus den Geschichten, auch die, die schon lange tot waren und auf dem kleinen Friedhof bei der alten Gemeindekirche lagen; Geschichten von Hebammen, die durch eiskalte Flüsse wateten, um Frauen in Kindsnot beizustehen; Geschichten von Bauern, die Großtaten verrichteten, wenn sie in unvorstellbaren Unwettern Schafe zu retten versuchten; Geschichten von Knechten, die auf dem Weg zum Schafstall im dichten Schneetreiben die Orientierung verloren, umherirrten und schließlich den kalten Tod fanden. Geschichten von Pfarrern, die dem Alkohol über Gebühr zusprachen; Geschichten von Gespenstern und Ungeheuern; Geschichten von einem Leben, das Teil seines Lebens war.

Mit all diesen Geschichten kam er in die Stadt, als seine Eltern nach Reykjavík zogen. Aus einem Badehaus der Engländer aus den Kriegsjahren, das ein wenig außerhalb der Stadt lag, richteten sie sich ein kleines Wohnhaus ein, denn zu mehr fehlte ihnen das Geld. Das Stadtleben bekam seinem Vater nicht gut, er war herzkrank und starb, kurz nachdem sie nach Reykjavík gezogen waren. Seine Mutter verkaufte das Haus, erwarb eine kleine Kellerwohnung in der Nähe das Hafens und arbeitete in der Fischfabrik. Er selbst hatte keinerlei Vorstellungen, was er machen sollte, als er die Schulpflicht hinter sich hatte. Zum Studieren war kein Geld da. Vielleicht auch nicht genug Interesse. Er suchte sich Arbeit. Auf dem Bau. Im Fischfang. Dann sah er eine Anzeige, dass die Polizei Rekruten suchte.

Jetzt hörte er keine Geschichten mehr, und sie gerieten in Vergessenheit. Seine Freunde und Bekannten waren aus der Welt, vergessen und vergraben in menschenleeren ländlichen Gebieten. Er selbst fühlte sich wie Treibgut in dieser Stadt, wo er überhaupt nicht hingehörte. Er wusste, dass er kein Stadtmensch war. Er wusste zwar nicht richtig, was er war. Niemals verließ ihn das Gefühl des Verlusts und der Sehnsucht nach dem früheren Leben. Wurzellosigkeit und tiefes seelisches Unbehagen setzten ihm zu. Die letzten Verbindungen zur Vergangenheit verlor er beim Tod seiner Mutter.

Er trieb sich in Vergnügungslokalen herum. Lernte im Glaumbær eine Frau kennen. Es hatte auch schon andere Frauen in seinem Leben gegeben, aber das war nicht über oberflächliche Begegnungen hinausgegangen. Diese hier war anders, entschlossener, und er hatte das Gefühl, sie hätte das Kommando übernommen. Das ging alles so Hals über Kopf, dass er es gar nicht richtig mitbekam. Den Anforderungen, die sie an ihn stellte, kam er nach, aber ohne große Begeisterung. Bevor er sich's versah, war er mit ihr verheiratet, und sie hatten eine gemeinsame Tochter. Sie mieteten eine kleine Wohnung. Sie hatte große Zukunftspläne für die Familie und fing an, von weiteren Kindern und Wohnungskauf zu reden, ungeduldig und erwartungsvoll. Das Leben schien für sie nunmehr in festen Bahnen zu sein, und nichts, rein gar nichts konnte einen Schatten darauf werfen. Niemals. Ihm wurde zusehends klar, dass er diese Frau nicht im Geringsten kannte.

Nachdem das zweite Kind gekommen war, merkte sie immer mehr, wie wenig engagiert er war. Er freute sich nur mäßig, als der Junge auf die Welt kam, und hatte danach bald mit leisen Andeutungen angefangen, dass sie keinen Draht zueinander hatten. Sie spürte, dass er wegwollte. Sie fragte ihn, ob eine andere Frau im Spiel war, aber er starrte sie nur an und verstand ihre Frage nicht. Das war ihm überhaupt nicht in den Sinn gekommen. Da muss doch eine andere im Spiel sein, sagte sie. Darum geht es nicht, erwiderte er und versuchte ihr zu schildern, wie er sich fühlte und was er dachte, aber davon wollte sie nichts hören. Sie hätten zwei Kinder miteinander und er könne nicht allen Ernstes in Erwägung ziehen, sie zu verlassen. Sie und die Kinder.

Seine Kinder, Eva Lind und Sindri Snær. Ihre Lieblingsnamen, die sie ausgewählt hatte. Ihm war damals nicht bewusst, was er ihnen schuldig war. Er war sich nicht über seine Vaterrolle im Klaren, aber er begriff, dass er ihnen gegenüber Verantwortung trug. Er war sich über die Pflichten im Klaren, die er ihnen gegenüber hatte, aber das hatte seiner Meinung nach nicht das Geringste mit der Mutter seiner Kinder und ihrer beider Zusammenleben zu tun. Er erklärte, dass er sich nach Kräften um seine Kinder kümmern wollte, und er ging davon aus, dass die Scheidung in gegenseitigem Einvernehmen über die Bühne gehen könnte. Sie erklärte, dass es nie zu einem Einvernehmen kommen würde, nahm Eva Lind auf den Arm und drückte sie fest an sich. Er spürte, dass sie die Kinder dazu benutzen wollte, um ihn unter Druck zu setzen, und das bestärkte ihn noch mehr in der Überzeugung, mit dieser Frau nicht zusammenleben zu können. Das Ganze war von Anfang an ein Riesenfehler gewesen, und er hätte schon längst das Steuer herumreißen müssen. Er wusste nicht, was er die ganze Zeit über eigentlich gedacht hatte, aber jetzt musste das ein Ende haben.

Er versuchte, sich mit ihr darauf zu einigen, dass er die Kinder für ein paar Tage in der Woche oder eine bestimmte Zeit im Monat bei sich haben konnte, aber sie lehnte das rundheraus ab und erklärte maliziös, er würde seine Kinder nie wieder zu Gesicht bekommen, wenn er sie verließe. Dafür würde sie sorgen.

Dann machte er sich aus dem Staub. Verschwand aus dem Leben des kleinen Mädchens, das zwei Jahre alt war und auf seinem Windelpopo auf dem Fußboden saß, einen Schnuller in der Hand hielt und ihm nachstarrte, als er zur Tür hinausging. Ein kleiner, weißer Schnuller, der ein wenig quietschte, wenn sie darauf herumkaute.

»Wir haben das ganz verkehrt angepackt«, sagte Erlendur.

Dieses quietschende Geräusch.

Er senkte den Kopf. Er ging davon aus, dass die Krankenschwester wieder an der Tür vorbeigegangen war.

»Ich weiß nicht, was aus diesem Menschen geworden ist«, sagte Erlendur so leise, dass es kaum zu hören war. Er blickte seine Tochter an und betrachtete ihr Gesicht, über dem ein friedlicherer Ausdruck lag, als er je zuvor wahrgenommen hatte. Schärfere Konturen. Er starrte auf die Geräte, die sie am Leben hielten, und dann wieder auf den Fußboden.

So verging geraume Zeit, bis er aufstand und sich über Eva Lind beugte, um sie auf die Stirn zu küssen.

»Er ist verschwunden, und ich glaube, er ist immer noch verschollen und irrt umher, und ich bin mir nicht sicher, ob man ihn jemals finden wird. Das ist nicht deine Schuld. Das ist geschehen, bevor du auf die Welt gekommen bist. Ich glaube, er ist auf der Suche nach sich selbst, aber er weiß nicht, wozu oder wonach er eigentlich genau sucht, und wahrscheinlich wird er es nie finden.«

Erlendur blickte auf Eva Lind hinunter.

»Es sei denn, du hilfst ihm.«

Im Schein der kleinen Nachttischlampe wirkte ihr Gesicht wie eine kalte Maske.

»Ich weiß, dass du nach ihm suchst, und wenn es irgendjemanden gibt, der ihn finden kann, dann du.«

Er wandte sich von ihr ab und wollte hinausgehen, als er seine ehemalige Frau in der Tür erblickte. Er wusste nicht, wie lange sie dort gestanden hatte. Wusste nicht, wie viel sie von dem, was er zu Eva Lind gesagt hatte, mitgehört hatte. Sie trug denselben braunen Mantel über dem Jogging-Anzug, aber dazu hochhackige Schuhe, ein ziemlicher grotesker Aufzug. Erlendur hatte ihr mehr als zwei Jahrzehnte nicht von Angesicht zu Angesicht gegenübergestanden, und jetzt sah er, wie sie in dieser Zeit gealtert war, die Züge waren nicht mehr straff, die Wangen waren schlaff geworden, und ein Doppelkinn hatte sich gebildet.

»Was für eine infame Lüge du Eva Lind über die Abtreibung aufgetischt hast!« Wieder wallte der Zorn in ihm auf.

»Lass mich in Ruhe«, sagte Halldóra. Die Stimme war

auch älter geworden. Heiser. Zu viele Zigaretten. Zu lange.

»Was hast du ihr sonst noch vorgelogen?«

»Verschwinde«, sagte sie und gab die Tür frei, sodass er an ihr vorbei auf den Gang hinauskam.

»Halldóra ...«

»Verschwinde«, wiederholte sie. »Los, verschwinde, und lass mich in Ruhe.«

»Die Kinder haben wir doch beide gewollt.«

»Bereust du das nicht?«, sagte sie.

Erlendur kapierte nicht, wie das gemeint war.

»Findest du, dass sie hier in dieser Welt einen Zweck erfüllen?«

»Was ist mit dir passiert?«, sagte Erlendur. »Wieso bist du so geworden?«

»Hau ab«, sagte sie. »Darauf verstehst du dich ja. Verschwinde. Hau ab! Lass mich mit ihr allein.«

Erlendur starrte sie an.

»Halldóra ...«

»Hau ab!, sage ich.« Sie erhob die Stimme. »Mach, dass du wegkommst. Auf der Stelle! Verschwinde! Ich will dich hier nicht sehen! Ich will dich nie wieder sehen müssen!«

Erlendur ging an ihr vorbei hinaus, und sie machte die Tür hinter sich zu.

21

Sigurður Óli beendete an diesem Abend die Suche im Keller, ohne dass er irgendetwas über etwaige weitere Mieter von Benjamíns Haus am Grafarholt-Hügel gefunden hatte. Ihm war das auch komplett egal. Er war froh, wieder aus dem Keller herauszukommen. Bergþóra erwartete ihn, als er nach Hause kam. Sie hatte Rotwein gekauft und probierte ihn gerade in der Küche. Dann schenkte sie ihm ein Glas ein.

»Ich bin nicht wie Erlendur«, sagte Sigurður Óli. »So was Abwegiges darfst du nicht über mich sagen.«

»Aber du möchtest gern wie er werden«, sagte Bergþóra. Sie kochte ein Pasta-Gericht und hatte im Esszimmer Kerzen angezündet. Nette Umgebung für eine Hinrichtung, dachte Sigurður Óli. »Alle Männer möchten am liebsten so sein wie er«, fügte Bergþóra hinzu.

»Mensch, warum sagst du so was?«

»Sich selbst genug.«

»Das stimmt nicht. Du kannst dir gar nicht vorstellen, wie erbärmlich das Leben von Erlendur ist.«

»Ich muss ganz einfach jetzt Klarheit bekommen, was uns beide und unsere Beziehung betrifft«, sagte Bergþóra und schenkte ihm Rotwein ein.

»Okay, verschaffen wir uns Klarheit.« Sigurður Óli kannte keine pragmatischere Frau als Bergþóra. Das hier würde kein Gefasel über die große Liebe in ihrem Leben werden.

»Wir sind jetzt seit wann zusammen, seit drei oder vier Jahren, und nichts spielt sich ab. Nicht das Geringste. Du guckst immer wie ein Volltrottel aus der Wäsche, wenn ich anfange über irgendwas zu reden, was nach Verpflichtung klingt. Wir haben beispielsweise immer noch getrennte Kassen. Eine kirchliche Hochzeit scheint ausgeschlossen zu sein; keine Ahnung, ob eine andere Hochzeit für dich infrage kommt. Wir sind noch nicht mal offiziell als Partner registriert. Und Kinder gehören wohl deinen Vorstellungen zufolge in ein anderes Sonnensystem. Da fragt man sich eben: Was bleibt dann noch?«

Bergþóra ließ sich keinerlei Zeichen von Erregung oder Wut anmerken. Sie war im Augenblick nur darum bemüht, ihre Beziehung auszuleuchten und zu überlegen, wohin sie steuerten. Sigurður Óli war entschlossen, dies auszunutzen, bevor das Gespräch in eine völlig falsche Richtung lief. Bei der stupiden Arbeit im Keller hatte er reichlich Zeit gehabt, über diese Dinge nachzudenken.

»Wir sind es, die bleiben«, sagte Sigurður Óli. »Wir beide.«

Sie hatte eine CD ausgewählt, die er auflegte und ein Lied auswählte, das ihm nicht aus dem Kopf gegangen war, seit Bergþóra angefangen hatte, ihn mit weiteren Verpflichtungen unter Druck zu setzen. Marianne Faithfull sang über Lucy Jordan, die 37-jährige Hausfrau, die davon träumte, in einem offenen Sportwagen durch Paris zu düsen und den kühlen Fahrtwind im Haar zu spüren.

»Wir haben doch schon so lange darüber gesprochen«, sagte Sigurður Óli.

»Worüber?«, sagte Bergþóra.

»Unsere Reise.«

»Du meinst die Frankreichreise?«

»Ja.«

»Sigurður ...«

»Lass uns nach Paris fahren und uns einen Sportwagen mieten«, sagte Sigurður Óli.

Erlendur befand sich mitten in einem gnadenlosen Schneesturm und konnte nicht die Hand vor Augen sehen. Der Schnee peitschte ihm ins Gesicht, und rings um ihn war schwärzeste Finsternis und Eiseskälte. Er versuchte, gegen den Sturm anzukämpfen, kam aber keinen Schritt vorwärts, drehte sich dann aber mit dem Rücken zur Windrichtung und verharrte auf der Stelle, während sich der Schnee um ihn auftürmte. Ihm war klar, dass er sterben musste und nichts dagegen machen konnte.

Das Telefon begann zu klingeln und bimmelte unablässig in den Schneesturm hinein, bis das dichte Schneetreiben nachließ, der Sturm zu heulen aufhörte und er im eigenen Wohnzimmer in seinem Sessel erwachte. Das Telefon auf seinem Schreibtisch klingelte von Mal zu Mal lauter und gab ihm kein Pardon.

Er stand mit steifen Gliedern auf und war im Begriff, den Hörer abzuheben, als es verstummte. Er stand neben dem Telefon und wartete darauf, dass es wieder anfangen würde zu klingeln, aber nichts geschah. Sein Telefon war nicht mehr das jüngste und hatte keine Digitalanzeige, sodass er keine Ahnung hatte, wer da versucht hatte, ihn zu erreichen. Er redete sich ein, dass es bestimmt ein lästiger Vertreter gewesen war, der versuchte, ihm einen Staubsauger mit einem Toaster als Prämie anzudrehen. Dankte aber doch im Stillen dafür, dass es ihn aus dem Blizzard befreit hatte.

Er ging in die Küche. Es war acht Uhr abends. Ihm war daran gelegen, die Frühjahrshelligkeit durch Gardinen aus der Wohnung herauszuhalten, aber an einigen Stellen konnte sie ungehindert eindringen, und staubige Sonnenstrahlen hellten das Dämmerlicht in der Wohnung auf. Frühling und Sommer waren nicht Erlendurs Lieblingsjahreszeiten. Zu viel Helligkeit. Zu viel Leichtigkeit. Er mochte die schweren und dunklen Winter. In der Küche war nichts Essbares zu finden. Er setzte sich an den Küchentisch, das Kinn auf die Hand gestützt.

Er fühlte sich ganz benommen nach dem Schlaf. Er war gegen sechs Uhr vom Krankenhaus nach Hause gekommen, hatte sich auf den Sessel fallen lassen und war auf der Stelle eingeschlafen. Ihm stand noch das wilde Schneetreiben aus dem Traum vor Augen, und wie er sich abwandte, um den Tod zu erwarten. Diesen Traum hatte er oft und in den unterschiedlichsten Ausführungen geträumt. Aber immer tobte dieser erbarmungslose Schneesturm mit der eisigen Kälte, die durch Mark und Bein drang. Er wusste, wie der Traum weitergegangen wäre, wenn das Telefon ihn nicht geweckt hätte.

Jetzt klingelte das Telefon wieder, und Erlendur überlegte, ob er einfach nicht drangehen sollte. Hievte sich dann aber doch vom Stuhl hoch und ging ins Wohnzimmer.

»Hallo, Erlendur?«

»Ja«, sagte Erlendur und räusperte sich. Er erkannte die Stimme sofort.

»Hier spricht Jim, englische Botschaft. Entschuldige, dass ich privat bei dir zu Hause anrufe.«

»Hast du es vorhin schon mal versucht?«

»Vorhin? Nein, nur jetzt. Die Sache ist die, ich habe gerade mit Edward Hunter gesprochen und hatte das Gefühl, dass ich mich sofort mit dir in Verbindung setzen müsste.«

»Gibt's was Neues?«

»Er arbeitet für mich in dieser Sache, und ich wollte einfach auf dem Laufenden bleiben. Er hat in Amerika angerufen und hat sich seine Tagebücher vorgeknöpft, und er glaubt, dass er herausgefunden hat, wer damals die Diebe im Depot verpfiffen hat.«

»Und wer war es?«

»Das hat er mir nicht gesagt. Hat mich nur gebeten, dir Bescheid zu sagen, und er erwartet dich.«

»Heute Abend?«

»Ja, nein, oder morgen Früh. Vielleicht besser morgen Früh. Er war eigentlich auf dem Weg ins Bett.«

»War es ein Isländer? Ich meine, der sie verpfiffen hat?«

»Das wird er dir selber sagen. Gute Nacht, und entschuldige nochmals die Störung.« Jim legte auf, und Erlendur tat es ihm nach.

Er stand immer noch neben dem Telefon, als es schon wieder anfing zu bimmeln. Diesmal war es Skarphéðinn. Er war noch am Hügel.

»Wir werden morgen bis zum Skelett vorstoßen«, erklärte er ohne Umschweife.

»Das wird aber auch langsam Zeit«, sagte Erlendur. »Hast du vorhin schon mal angerufen?«

»Ja. Du bist dann wohl gerade erst reingekommen?«

»Ja«, log Erlendur. »Und habt ihr endlich mal was von Bedeutung gefunden?«

»Nein, das nicht, aber ich wollte dir sagen, dass ... Guten Abend, guten Abend, Moment, lass mich dir helfen, so, bitte sehr ... also dass, entschuldige, Erlendur, wo waren wir noch stehen geblieben?«

»Du hast mir gesagt, dass ihr morgen das Skelett freilegen werdet.«

»Ja, so gegen Abend, denke ich. Wir haben nichts gefunden, was einen Hinweis darauf geben könnte, wie die Leiche da in die Erde gekommen ist. Vielleicht finden wir etwas unter den Knochen.«

»Dann sehen wir uns morgen.«

»Wiedersehen.«

Erlendur legte auf. Er war noch immer nicht richtig wach. Seine Gedanken schweiften zu Eva Lind, und er überlegte, ob etwas von dem, was er ihr erzählt hatte, bis zu ihr durchgedrungen war. Und er dachte an Halldóra und den Hass, den sie nach all den Jahren noch immer auf ihn hatte. Und zum millionsten Mal überlegte er, wie sein und ihr Leben wohl geworden wäre, wenn er sich nicht entschlossen hätte, sie zu verlassen. Er kam in dieser Sache nie zu einem Resultat.

Er starrte vor sich hin ins Leere. Ein einzelner Abendsonnenstrahl drang durch die Vorhänge ins Wohnzimmer und schnitt eine tiefe Wunde in das verdunkelte Innere. Sein Blick war auf die Vorhänge gerichtet. Sie waren aus dickem Samt und reichten bis auf den Fußboden. Dicke, grüne Vorhänge, um die Frühjahrshelligkeit draußen zu halten.

Guten Abend.

Abend.

Lass mich dir helfen ...

Erlendur starrte in das Dunkelgrün der Vorhänge.

Schief.

Grün.

Wen hatte Skarphéðinn ...? Erlendur sprang auf und schnappte sich den Hörer. Er hatte die Handynummer von Skarphéðinn nicht im Kopf, rief hektisch die Auskunft an und bekam die Nummer. Dann rief er den Archäologen an.

»Skarphéðinn. Skarphéðinn?«, schrie er in den Hörer.

»Was, du schon wieder?«

»Wen hast du da eben begrüßt? Wem hast du da geholfen?«

»Ha?«

»Mit wem hast du da gesprochen?«

»Mit wem? Warum regst du dich so auf?«

»Ja. Wer ist da bei dir?«

»Du meinst, wen ich hier begrüßt habe.«

»Das hier ist kein Videotelefon. Ich kann dich hier nicht sehen, aber ich habe gehört, dass du zu irgendjemandem guten Abend gesagt hast. Wer ist da bei dir?«

»Nicht bei mir. Sie ist weitergegangen, nein halt, sie steht da bei den Büschen.«

»Büschen? Du meinst die Johannisbeersträucher? Steht sie bei den Johannisbeersträuchern?«

»Ja.«

»Wie sieht sie aus?«

»Sie hat ... Kennst du sie? Was ist das für eine Frau? Was regst du dich so auf?«

»Wie sieht sie aus?«, wiederholte Erlendur und versuchte, normal zu klingen.

»Ruhig Blut, mein Lieber.«

»Wie alt ist sie?«

»Alt?«

»Kannst du mir nicht sagen, für wie alt du sie hältst?«

»Schätzungsweise siebzig. Oder vielleicht auch achtzig. Schwer zu sagen.«

»Wie ist sie gekleidet?«

»Gekleidet? Sie trägt einen knöchellangen grünen Mantel. Die Frau ist ungefähr so groß wie ich. Und sie humpelt.«

»Humpelt?«

»Sie hinkt. Aber da ist auch sonst noch was komisch. Sie ist irgendwie, ich weiß nicht ...«

»Was, denn was?! Nun sag schon! Was willst du damit zum Ausdruck bringen?«

»Ich weiß nicht, wie ich das beschreiben soll ... ich ... es sieht irgendwie so aus, als ob sie schief ist.«

Erlendur knallte den Hörer auf. Er vergaß, Skarphéðinn darum zu bitten, die Frau dort um jeden Preis festzuhalten, und rannte in den Frühlingsabend hinaus.

An dem Tag, als Grímur zurückkehrte, waren einige Tage vergangen, seitdem Dave zuletzt bei ihnen gewesen war.

Der Herbst hatte mit bitterkaltem Nordwind und leichtem Schneefall Einzug gehalten. Weil der Hügel ziemlich hoch lag, begann der Winter dort eher als in den Niederungen, wo Reykjavík so langsam so etwas wie eine Stadt zu werden begann. Símon und Tómas fuhren morgens mit dem Schulbus nach Reykjavík und kamen gegen Abend zurück. Ihre Mutter ging jeden Morgen zur Arbeit auf dem Gufunes-Hof. Sie kümmerte sich um die Kühe, verrichtete aber auch andere Arbeiten in der Landwirtschaft. Sie verließ das Haus vor den Jungen, war aber immer schon zu Hause, wenn sie von der Schule zurückkamen. Mikkelína war tagsüber ganz allein zu Haus und langweilte sich über die Maßen. Wenn ihre Mutter von der Arbeit nach Hause kam, wusste sie nicht wohin mit sich vor Freude, die sich noch steigerte, wenn Símon und Tómas hereinstürzten und ihre Schulbücher in die Ecke schleuderten.

Dave war häufig zu Gast bei ihnen. Es gelang ihrer Mutter und Dave immer besser, sich zu verständigen, und sie saßen lange am Küchentisch und wollten von den Jungen und Mikkelína in Ruhe gelassen werden. Es kam auch vor, dass sie ganz für sich sein wollten, und dann gingen sie ins Schlafzimmer und machten die Tür zu.

Símon sah manchmal, wie Dave seiner Mutter die Wange streichelte oder mit einer Locke spielte, die ihr in die Stirn gefallen war, um sie dann wieder zu ordnen. Oder er streichelte ihr über die Hand. Sie unternahmen auch lange Spaziergänge am Reynisvatn und wanderten über die umliegenden Höhenzüge und manchmal sogar bis ins Mosfells-Tal und zum Helgufoss. Dann hatten sie Proviant dabei, denn so eine Wanderung konnte den ganzen Tag dauern. Manchmal nahmen sie die Kinder mit, und Dave trug Mikkelína auf dem Rücken, so als sei sie federleicht. Solche Ausflüge nannte er Picknick, ein Wort, das Símon und Tómas sehr komisch fanden. Sie äfften ihn nach und gackerten wie Hühner: Pick-Nick, Pick-Nick, Pick-Nick.

Manchmal saßen seine Mutter und Dave in ernste Gespräche vertieft, beim Picknick oder in der Küche, und einmal auch im Schlafzimmer, als Símon die Tür aufmachte. Sie saßen auf der Bettkante, Dave hielt ihre Hand, und als sie zur Tür blickte, lächelte sie Símon zu. Er wusste nicht, worüber sie sprachen, aber etwas Angenehmes konnte es nicht sein, denn er kannte ganz genau den Gesichtsausdruck seiner Mutter, wenn sie sich schlecht fühlte.

An einem kalten Herbsttag war das alles schlagartig zu Ende.

Eines Morgens, als ihre Mutter schon zur Arbeit gegangen war und Símon und Tómas auf dem Weg zum Schulbus waren, kam Grímur nach Hause. Es war unangenehm kalt, als sie Grímur begegneten, der in seiner zerlumpten Jacke den Feldweg zu ihrem Haus hochstapfte und zum Schutz gegen den Nordwind die Jacke eng um sich gewickelt hatte. Er schenkte ihnen keinerlei Beachtung. Sie konnten ihm in der Herbstdämmerung nicht richtig ins Gesicht sehen, aber Símon sah förmlich seine kalte und harte Miene vor sich, wie er da auf ihr Haus zumarschierte. Die Jungen hatten ihn schon erwartet. Ihre Mutter hatte ihnen gesagt, dass er bald wieder aus dem Gefängnis entlassen und zu ihnen zurückkommen würde, man müsse jederzeit mit ihm rechnen.

Símon und Tómas verfolgten Grímur mit Blicken, während er sich ihrem Haus näherte, und sie schauten einander an. Beide dachten das Gleiche. Mikkelína war allein zu Hause. Sie wachte auf, wenn ihre Mutter und ihre Brüder aufstanden, schlummerte dann aber wieder ein und verschlief den größten Teil des Tages. Niemand war bei ihr, um Grímur in Empfang zu nehmen. Símon versuchte, sich seine Reaktion auszumalen, wenn er feststellte, dass ihre Mutter nicht zu Hause war, die Jungen auch nicht, nur Mikkelína, die er seit jeher verachtet und gehasst hatte.

Der Schulbus, der an der Hauptstraße hielt, hatte schon zweimal nach ihnen gehupt. Der Fahrer sah die Jungen am Hügel, und als er nicht länger warten konnte, fuhr er los. Die Jungen standen immer noch am selben Fleck und sagten keinen Ton, aber dann setzten sie sich langsam in Bewegung und steuerten auf das Haus zu.

Sie wollten nicht, dass Mikkelína allein zu Hause war.

Símon fiel ein, ob er zu seiner Mutter laufen oder Tómas zu ihr schicken sollte, aber dann überlegte er, dass es wohl keine Eile hatte, dass die beiden einander wiedersähen; sie sollte noch ein paar Stunden Ruhe vor ihm haben. Sie beobachteten, wie Grímur das Haus betrat und die Tür hinter sich zumachte, und jetzt rannten sie das letzte Stück bis zum Haus. Sie hatten keine Ahnung, was sie drinnen erwarten würde. Das Einzige, woran sie dachten, war die schlafende Mikkelína im Ehebett, wo sie auf keinen Fall gefunden werden durfte.

Sie öffneten vorsichtig die Tür und schlichen sich hinein, Símon zuerst, aber Tómas war ihm dicht auf den Fersen; er hielt seine Hand gepackt. Als sie in die Küche kamen, sahen sie Grímur am Waschbecken stehen. Er drehte ihnen den Rücken zu. Zog die Nase hoch und spuckte ins Waschbecken. Er hatte die Lampe über dem Küchentisch angemacht, und die Jungen sahen nur seine Umrisse.

»Wo ist eure Mutter?«, fragte er und hatte ihnen immer noch den Rücken zugewandt. Símon dachte bei sich, dass er sie wohl doch unterwegs gesehen und dann gehört haben musste, wie sie ins Haus kamen.

»Sie arbeitet«, sagte Símon.

»Arbeitet? Wo? Wo arbeitet sie?«, sagte Grímur.

»In Gufunes, wo die vielen Kühe sind.«

»Hat sie nicht gewusst, dass ich heute kommen würde?« Grímur wandte sich zu ihnen um und trat in den Lichtkegel. Die Brüder blickten wie gebannt auf den Mann, der nach dieser langen Abwesenheit wieder vor ihnen stand, und ihre Augen weiteten sich, als sie im Schein der Lampe sein Gesicht erblickten. Grímur war etwas zugestoßen. Schräg über der einen Backe verlief eine Brandwunde, die bis zum Auge reichte, und das Auge war halb geschlossen, denn das Lid klebte an der Haut.

Grímur verzog den Mund zu einem Grinsen.

»Euer Vater schaut gut aus, nicht wahr?«

Die Brüder starrten auf das entstellte Gesicht.

»Die kochen da den Kaffee auf dem Herd und kippen einem das Zeug dann ins Gesicht.«

Er trat näher an sie heran.

»Nicht weil sie wollen, dass man auspackt. Die wissen alles, weil irgendjemand ihnen alles gesagt hat. Deswegen haben sie einem nicht das Gesicht entstellt.«

Die Jungen wussten nicht, was hier vor sich ging.

»Hol deine Mutter«, befahl Grímur und blickte Tómas an, der sich halb hinter seinem Bruder versteckt hatte. »Geh in diese Kuhwirtschaft, und hol die verdammte Kuh.«

Símon sah aus den Augenwinkeln, wie sich etwas in dem kleinen Flur bewegte, wagte aber nicht, direkt in die Richtung zu blicken. Mikkelína war aufgestanden. Sie hatte nämlich gelernt, mit dem einen Bein aufzutreten und sich an den Wänden entlang vorwärts zu schieben, aber jetzt traute sie sich nicht in die Küche.

»Los, weg mit dir!«, brüllte Grímur. »Auf der Stelle!«

Tómas schrak zusammen. Símon war sich nicht sicher, ob sein Bruder den Weg finden würde. Tómas war im Sommer ein- oder zweimal mit seiner Mutter auf dem Gut gewesen, aber jetzt war es noch nicht richtig hell und außerdem kalt, und Tómas war doch noch ein Kind.

»Soll ich nicht lieber gehen«, sagte Símon.

»Du rührst dich nicht aus dem Haus«, stieß Grímur hervor. »Mach, dass du wegkommst!«, schrie er Tómas an, der von Símon wegtaumelte und in die Kälte hinausrannte, aber er vergaß nicht, die Tür sorgfältig hinter sich zuzumachen.

»Und du setzt dich jetzt mal schön hierher zu mir, mein Lieber«, sagte Grímur, dessen Zorn auf einmal verflogen zu sein schien.

Símon betrat zögernd die Küche und setzte sich auf einen Stuhl. Er sah wieder eine Bewegung im Flur. Er hoffte nur, dass Mikkelína nicht zum Vorschein kommen würde. Es gab da im Flur eine kleine Kammer, und er hoffte, dass Mikkelína sich dahin schieben könnte, ohne dass Grímur sie gewahr würde.

»Hast du nicht dein Väterchen vermisst?«, fragte Grímur und setzte sich Símon gegenüber. Símon konnte die Blicke nicht von der Brandnarbe abwenden. Er nickte mit dem Kopf.

»Und wie ist es in diesem Sommer hier bei euch gelaufen?«, fragte Grímur. Símon starrte ihn an, ohne ein Wort herauszubringen. Er wusste nicht genau, wo er anfangen sollte, die Unwahrheit zu sagen. Von Dave durfte er nichts erzählen; von den geheimnisvollen Treffen mit seiner Mutter, von den Picknicks. Er durfte nicht sagen, dass sie alle zusammen in dem großen Bett schliefen, immer. Er durfte nicht sagen, welche wunderbaren Veränderungen mit seiner Mutter vorgegangen waren, seit Grímur weg war, und dass das alles Dave zu verdanken war. Dass sie seinetwegen neue Lebenskraft gewonnen hatte. Durfte nichts davon sagen, wie sie sich morgens zurechtmachte. Von ihrem veränderten Aussehen. Wie sie jeden Tag, den sie mit Dave zusammen war, schöner wurde und aufblühte.

»Was, gar nichts?«, sagte Grímur. »Ist den ganzen langen Sommer überhaupt nichts passiert?«

»Das, das Wetter ... war fein«, sagte Símon verlegen, ohne den Blick von der Narbe abzuwenden.

»Schönes Wetter, Símon. Das Wetter war schön«, sagte

Grímur. »Und du hast hier am Hügel gespielt und bei den Baracken. Kennst du vielleicht jemand aus diesen Militärbaracken?«

»Nein«, beeilte Símon sich zu sagen. »Niemanden.«

Grímur lächelte.

»In diesem Sommer hast du gelernt zu lügen. Unglaublich, wie schnell man es lernt zu lügen. Hast du in diesem Sommer gelernt zu lügen, Símon?«

Símons Unterlippe hatte angefangen zu zittern. Das war eine ganz unwillkürliche Bewegung, die er nicht unter Kontrolle hatte.

»Nur einen«, sagte er. »Aber ich kenne ihn nicht sehr gut.«

»Also einen kennst du, na da schau her. Man sollte nie lügen, Símon. Wenn man so lügt wie du, dann landet man unweigerlich in Schwierigkeiten und bringt womöglich auch andere in Schwierigkeiten.«

»Ja«, sagte Símon und hoffte, dass es bald vorüber sein würde. Jetzt hoffte er, dass Mikkelína zum Vorschein kommen und sie stören würde. Überlegte, ob er Grímur sagen sollte, dass Mikkelína da im Korridor sei und dass sie in seinem Bett geschlafen hatte.

»Und wen kennst du da in diesen Baracken?«, sagte Grímur, und Símon fühlte, wie sich die Situation zuspitzte.

»Nur einen«, sagte er.

»Nur einen«, echote Grímur, strich sich über die Wange und kratzte mit dem Zeigefinger ein wenig an der Narbe. »Und wer ist dieser eine? Ich bin froh zu hören, dass es bloß einer ist und nicht mehr.«

»Ich weiß es nicht. Er angelt manchmal im See. Er gibt uns manchmal die Forellen, die er fängt.«

»Und er ist lieb zu euch Kindern?«

»Ich weiß es nicht«, sagte Símon, für den Dave der beste

Mann war, den er jemals kennen gelernt hatte. Im Vergleich zu Grímur war Dave ein Ausgesandter himmlischer Mächte, der seine Mutter gerettet hatte. Wer war Dave?, dachte Símon. Wenn er doch bloß hier wäre. Er dachte an Tómas draußen in der Kälte auf dem Weg nach Gufunes, und an seine Mutter, die noch nichts davon wusste, dass Grímur wieder zum Hügel zurückgekehrt war. Und an Mikkelína im Flur.

»Kommt er oft hierher?«

»Nein, nur manchmal.«

»Ist er schon gekommen, bevor sie mich in den Knast gesteckt haben? Wenn man im Knast sitzt, Símon, dann bedeutet das, dass man im Gefängnis ist. Wenn man ins Gefängnis kommt, muss das aber nicht bedeuten, dass man was Schlimmes verbrochen hat, bloß dass man ins Gefängnis gekommen ist. Und die haben nicht lange gefackelt. Es ging darum, ein Exempel zu statuieren. Isländer dürfen die amerikanischen Truppen nicht bestehlen. Was für ein Kapitalverbrechen. Deswegen mussten sie an mir ein Exempel statuieren und mich verknacken, und zwar ruckzuck und hart. Damit andere es mir nicht nachtun und ebenfalls stehlen würden. Verstehst du? Alle sollten aus meinem Vergehen lernen. Aber in Wirklichkeit stehlen alle. Nicht nur ich. Alle tun dasselbe, und alle verdienen gut daran. Ist er hierher gekommen, bevor ich in den Knast kam?«

»Wer?«

»Dieser Soldat. Kam der schon hierher, bevor ich in den Knast gekommen bin? Dieser eine.«

»Er hat manchmal im See geangelt, bevor du weggegangen bist.«

»Und schenkte eurer Mutter die Fische, die er gefangen hat?«

»Ja.«

»Hat er viel geangelt?«

»Manchmal. Aber er verstand sich nicht aufs Angeln. Der hat am See meistens geraucht. Du fängst immer viel mehr. Und du legst auch Netze aus. Du fängst so viele Fische.«

»Und wenn er deiner Mutter die Forellen geschenkt hat, ist er dann immer eine Weile geblieben? Ist er hereingekommen und hat Kaffee getrunken? Hat er sich hier an den Tisch gesetzt?«

»Nein«, sagte Símon und überlegte, ob er sich da etwas zusammenlog, was sofort als Lüge zu entlarven war, war aber nicht im Stande, das einzuschätzen. Er hatte Angst und war verstört, die Unterlippe zitterte, obwohl er einen Finger dagegen hielt. Er versuchte, das zu sagen, was Grímur vielleicht hören wollte, aber trotzdem nicht so, dass seine Mutter die Leidtragende sein würde, wenn er irgendwas erzählte, wovon Grímur vielleicht nichts wissen durfte. Símon lernte eine neue Seite an Grímur kennen. Er hatte nie zuvor so lange mit ihm gesprochen, und darauf war er nicht gefasst gewesen. Símon war völlig durcheinander. Er wusste nicht so recht, was Grímur nicht wissen durfte, aber er wollte, so gut es ging, versuchen, seine Mutter in Schutz zu nehmen.

»Ist er nie hier ins Haus gekommen?«, sagte Grímur mit verändertem Ton. Die Stimme klang nicht mehr tückisch und einschmeichelnd, sondern strenger und entschlossener.

»Nur zweimal, oder so was.«

»Und was hat er dann gemacht?«

»Nix.«

»Aha. Jetzt lügst du wieder! Oder nicht? Jetzt versuchst du wohl wieder, mir was vorzulügen? Ich komme nach Haus, nachdem ich monatelang schikaniert worden bin, und das Einzige, was mir aufgetischt wird, sind Lügen. Hast du vor, mich wieder anzulügen?«

Die Fragen trafen Símon wie Peitschenhiebe.

»Was hast du da im Gefängnis gemacht?«, fragte Símon zögernd in der schwachen Hoffnung, über etwas anderes sprechen zu können als Dave und seine Mutter. Weswegen kam Dave nicht? Wusste er nicht, dass Grímur aus dem Gefängnis entlassen worden war? Hatten sie nicht in ihren heimlichen Gesprächen darüber geredet, als Dave ihr die Hände streichelte und mit ihren Haaren spielte?

»Im Gefängnis?«, sagte Grímur und wechselte wieder die Tonart, die Stimme wurde wieder tückisch und einschmeichelnd. »Im Gefängnis habe ich mir Geschichten angehört. Man hört so vieles da, und man möchte so vieles hören, denn es kommt einen ja niemand besuchen, und man kriegt gar keine Nachrichten von zu Haus, nur das, was man so im Gefängnis hört, denn da kommen andauernd Leute hin, und man lernt auch die Wärter ganz gut kennen, die einem auch das eine oder andere erzählen können. Und man hat so unendlich viel Zeit, über alle diese Geschichten nachzudenken.«

Drinnen im Gang hörte man, wie eine Diele knarrte, und Grímur verstummte zunächst, machte dann aber weiter, so als ob nichts vorgefallen sei.

»Du bist natürlich noch so jung, oder wart mal, wie alt bist du eigentlich, Símon?«

»Ich bin vierzehn und werde bald fünfzehn.«

»Dann bist du ja wirklich bald erwachsen, und deswegen verstehst du vielleicht, worüber ich spreche. Man hört da von all den isländischen Mädchen, die sich von den Soldaten bespringen lassen. Es hat ja bald den Anschein, als ob sie außer Rand und Band geraten, sobald sie einen Mann in Uniform sehen. Und dann hört man, was für tolle Kavaliere das sind, die halten die Türen für sie auf und wollen mit ihnen tanzen, und sie sind nie besoffen, und sie haben Zigaretten und Kaffee und andere Sachen, und dann kommen sie aus Städten, wo die Mädchen so gerne mal hinreisen würden. Und wir, Símon, wir sind auf einmal völlig uninteressant. Dorftrottel, Símon, denen die Mädchen keine Beachtung schenken. Deswegen möchte ich ein bisschen mehr über diesen Soldaten wissen, der im See angelt, denn du, Símon, hast mich enttäuscht.«

Símon schaute Grímur an, und sämtliche Kräfte schienen ihn verlassen zu wollen.

»Ich hab so viel über diesen Soldaten hier bei uns am Hügel gehört, aber du willst ihn gar nicht kennen. Es sei denn, dass du mir was vorlügst, und das finde ich nicht schön von dir, deinen Papa anzulügen, wenn hier ein Soldat den ganzen Sommer jeden Tag kommt und dann mit seiner Ehefrau tagtäglich Spaziergänge unternimmt. Du weißt gar nichts darüber?«

Símon blieb stumm.

»Du weißt gar nichts darüber?«

»Sie haben manchmal Spaziergänge gemacht«, sagte Símon, und seine Augen füllten sich mit Tränen.

»Na also«, sagte Grímur. »Ich wusste doch, dass wir immer noch Freunde sind. Du bist vielleicht mit ihnen gegangen?«

Es wollte kein Ende nehmen. Grímur schaute ihn mit seinem vernarbten Gesicht an, das eine Auge halb zu. Símon spürte, dass er kaum noch im Stande war, Widerstand zu leisten.

»Wir sind manchmal zum See gegangen, und er hatte Proviant dabei. So was, was du manchmal mitgebracht hast in diesen Dosen, die man mit dem Schlüssel aufmacht.«

»Und hat er dann deine Mama geküsst? Da oben am See?«

»Nein«, sagte Símon, froh, dass er bei dieser Antwort nicht

lügen musste. Er hatte seine Mutter und Dave sich nie küssen sehen.

»Was haben sie denn dann gemacht? Händchen gehalten? Und was hast du selbst gemacht? Weswegen hast du diesem Mann erlaubt, mit deiner Mama Spaziergänge am See zu machen? Ist dir nie eingefallen, dass ich was dagegen haben könnte? Ist dir das nie eingefallen?«

»Nein«, sagte Símon.

»Niemand hat auf diesen Spaziergängen an mich gedacht, nicht wahr?«

»Nein«, sagte Símon.

Grímur beugte sich in den Lichtkegel vor, und die feuerrote Narbe kam noch mehr zur Geltung.

»Und wie heißt dieser Mann, der anderen die Familie klaut?«

Símon blieb weiterhin stumm.

»Der, der mich mit dem kochend heißen Kaffee überschüttet hat, weswegen ich jetzt so aussehe, weißt du, wie der heißt?«

»Nein«, sagte Símon so leise, dass man es kaum hören konnte.

»Den haben sie nicht verknackt, obwohl er über mich hergefallen ist und ich ihm diese Brandwunde zu verdanken habe. Wie findest du das? All diese Soldaten sind wohl unantastbar. Findest du, dass sie unantastbar sind?«

»Nein«, sagte Símon.

»Ist deine Mama im Sommer vielleicht etwas dicker geworden?«, fragte Grímur, dem plötzlich etwas Neues eingefallen zu sein schien. »Nicht weil die verdammte Kuh unter all den Kühen in Gufunes aufgeblüht ist, Símon, sondern weil sie mit Soldaten aus dem Lager unterwegs gewesen ist. Findest du, dass sie in diesem Sommer dicker geworden ist?«

»Nein«, sagte er.

»Ich finde das aber ziemlich wahrscheinlich. Doch das wird sich nachher herausstellen. Dieser Mann, der mich mit dem Kaffee überschüttet hat, weißt du, wie der heißt?«

»Nein«, sagte Símon.

»Der hatte irgendwelche merkwürdigen verrückten Ideen, von denen ich nicht weiß, woher er sie hat, dass ich nicht gut zu deiner Mutter wäre. Dass ich sie übel behandle. Du weißt, wie ich sie manchmal zurechtstauchen muss. Dieser Mann wusste davon, kapierte das aber nicht. Kapierte einfach nicht, dass Weiber wie deine Mutter wissen müssen, wer das Sagen hat, mit wem sie verheiratet sind und wie sie sich aufzuführen haben. Er kapierte einfach nicht, dass man hin und wieder mal zulangen muss. Er war fürchterlich wütend, als er mit mir sprach. Ich kann ein bisschen Englisch, weil ich da gute Freunde in dem Lager hatte, und das meiste von dem, was er mir gesagt hat, habe ich verstanden. Der war fürchterlich wütend auf mich wegen deiner Mutter.«

Símon wandte die Blicke nicht von der Brandnarbe ab.

»Dieser Mann, Símon, der hieß Dave. Nun möchte ich, dass du mich nicht anlügst; der Soldat, der so unheimlich nett zu deiner Mama war, der seit dem Frühjahr und den ganzen Sommer bis spät in den Herbst nett zu ihr gewesen ist, kann es sein, dass er Dave heißt?«

Símon dachte nach und starrte auf die Narbe.

»Die werden ihm schon zeigen, wo's langgeht.«

»Werden sie ihm zeigen, wo's langgeht?« Símon verstand nicht, was Grímur meinte, aber etwas Gutes konnte es nicht sein.

»Ist diese Ratte da im Flur?«, sagte Grímur und nickte in die Richtung.

»Was?« Símon begriff nicht gleich, über wen er sprach.

»Die Schwachsinnige. Glaubst du, dass sie uns belauscht?«
»Ich weiß nichts über Mikkelína«, sagte Símon. Das war so ziemlich die Wahrheit.
»Heißt er Dave, Símon?«
»Das kann schon sein«, sagte Símon vorsichtig.
»Kann schon sein? Du bist nicht ganz sicher. Wie nennst du ihn, Símon? Wenn du mit ihm sprichst oder wenn er dich drückt und streichelt, wie nennst du ihn dann?«
»Er hat nie gestreichelt ...«
»Wie heißt er?«
»Dave«, sagte Símon.
»Dave! Ich danke dir, Símon.«
Grímur lehnt sich zurück aus der Helligkeit. Er senkte die Stimme.
»Ich habe nämlich gehört, dass er deine Mutter gevögelt hat.«
In diesem Augenblick ging die Tür auf, und ihre Mutter kam mit Tómas herein, und bei dem eisigen Wind, der mit ihnen hereinströmte, lief es Símon kalt den Rücken herunter.

22

Erlendur traf zwanzig Minuten später, nachdem er mit Skarphéðinn telefoniert hatte, bei der Ausgrabungsstelle ein.

Sein Handy hatte er in der Eile zu Hause vergessen. Sonst hätte er von unterwegs anrufen und Skarphéðinn bitten können, die Frau so lange aufzuhalten, bis er eingetroffen war. Er wusste, dass das die Frau sein musste, die Róbert bei den Johannisbeersträuchern gesehen hatte; die schiefe Frau in Grün.

Auf der Straße nach Grafarholt hinaus, war kaum Verkehr, und er nahm die Steigung bei Ártúnsbrekka so schnell, wie das Auto es zuließ, und schließlich bog er nach rechts in die Straße zum Millenniumsviertel ein. Er parkte das Auto bei der Ausschachtung nicht weit von der Ausgrabungsstelle. Skarphéðinn fuhr gerade los, hielt aber wieder, als Erlendur auftauchte. Erlendur stieg aus, und der Archäologe ließ die Scheibe herunter.

»Das ging ja fix bei dir! Warum hast du den Hörer aufgeknallt? Stimmt was nicht? Wie schaust du denn aus?«

»Ist diese Frau immer noch hier?«, fragte Erlendur.

»Diese Frau?«

Erlendur spähte in Richtung der Sträucher und glaubte zu sehen, dass sich dort etwas bewegte.

»Steht sie noch dahinten?«, fragte er und kniff die Augen zusammen. Aus dieser Entfernung konnte er kaum etwas erkennen. »Die Frau in Grün. Ist sie immer noch da?«

»Ja, sie steht dort«, sagte Skarphéðinn. »Was ist eigentlich los?«

»Ich erklär's dir später«, erklärte Erlendur und stiefelte los. Die Johannisbeersträucher nahmen Formen an, als er sich ihnen näherte, und die grünen Umrisse wurden zu einer Gestalt. Er legte einen Schritt zu, so als glaubte er, dass die Frau sich vor seinen Augen in nichts auflösen könnte. Sie stand bei den kahlen Büschen, hielt einen Zweig in der Hand, starrte nach Norden zur Esja hinüber und schien in tiefe Gedanken versunken zu sein.

»Guten Abend«, sagte Erlendur, als er in Sprechweite war.

Die Frau drehte sich zu ihm um. Sie hatte ihn vorher nicht bemerkt.

»Guten Abend«, sagte sie.

»Ein schöner Abend ist das heute«, sagte Erlendur, um irgendwas zu sagen.

»Der Frühling war immer die schönste Jahreszeit hier draußen«, sagte die Frau. Das Sprechen bereitete ihr einige Anstrengung. Erlendur kam es so vor, als müsse sie sich auf jedes Wort extra konzentrieren. Die Worte kamen nicht von selbst. Die eine Hand sah man nicht, sie war im Ärmel des Mantels verborgen. Sie hatte einen Klumpfuß, der unter dem langen grünen Mantel hervorschaute, und sie war irgendwie nach links geknickt, als ob der Rücken schief wäre. Sie mochte einiges über siebzig sein, sah aber rüstig aus, und das graue Haar, das ihr auf die Schultern fiel, war dicht und voll. Das freundliche Gesicht hatte einen Anflug von Trauer. Erlendur bemerkte, dass sich der Kopf nicht nur beim Sprechen bewegte. Diese Bewegungen waren ruckartig und unkontrolliert, der Kopf schien nie ganz ruhig sein.

»Bist du hier aufgewachsen?«, fragte Erlendur.

»Und jetzt reicht die Stadt bis hier hinaus«, sagte sie, ohne seine Frage zu beantworten. »Wer hätte das jemals für möglich gehalten.«

»Ja, die Stadt, die scheint vor nichts Halt zu machen«, sagte Erlendur.

»Bist du nicht mit der Ermittlung im Knochenfall befasst?«, fragte sie plötzlich.

»Ja«, sagte Erlendur.

»Ich habe dich in den Nachrichten gesehen. Ich komme

manchmal hierher, vor allem an schönen Abenden wie heute. Wenn alles so still und frühlingshaft hell ist.«

»Ja, es ist schön hier«, sagte Erlendur. »Stammst du vielleicht aus dieser Gegend?«

»Eigentlich war ich auf dem Weg zu dir«, erklärte die Frau und ging auch diesmal nicht auf seine Frage ein. »Ich hätte morgen Verbindung mit dir aufgenommen. Gut, dass du mich gefunden hast. Es ist langsam an der Zeit.«

»An der Zeit?«

»Dass alles ans Licht kommt.«

»Was alles?«

»Wir haben hier bei diesen Johannisbeersträuchern gewohnt. Das Haus ist schon lange weg. Ich weiß nicht, was draus geworden ist. Mit den Jahren verfiel es immer mehr. Meine Mutter hat diese Sträucher eingepflanzt und im Herbst Marmelade gemacht, aber sie wollte sie nicht nur wegen der Marmelade haben. Sie sollten eine Hecke bilden, in deren Schutz sie Gemüse und schöne Blumen pflanzen wollte, und das Haus selbst hätte den Nordwind abgehalten. Aber er hat es ihr nicht gestattet. Genauso wenig wie alles andere.«

Sie schaute Erlendur an, und der Kopf ruckte ein wenig, während sie sprach.

»Sie haben mich hier hinausgetragen, wenn die Sonne schien«, fuhr sie fort, indem sie lächelte. »Meine Brüder. Es gab für mich nichts Schöneres, als draußen im Sonnenschein zu sitzen, und ich habe immer vor Freude gekreischt, wenn ich hier in den Garten kam. Und dann haben wir zusammen gespielt. Sie haben immer wieder neue Spiele erfunden, denn ich konnte mich nicht viel bewegen. Wegen meiner Behinderung, die damals sehr viel schlimmer war. Sie versuchten, mich immer bei allem dabeizuhaben. Das hatten sie von unserer Mutter. Zu Anfang alle beide.«

»Was hatten sie von ihr?«

»Sie waren herzensgut.«

»Wir haben von einem alten Mann die Information bekommen, dass er hier eine grün gekleidete Frau beobachtet hat, die manchmal hier zum Hügel hinaus kam und sich an den Sträuchern zu schaffen machte. Seine Beschreibung passt auf dich. Wir gingen davon aus, dass es wahrscheinlich jemand aus dem Haus war, das hier gestanden hat.«

»Ihr wisst also von dem Haus.«

»Ja, und von einigen Mietern, aber nicht allen. Wir glauben, dass hier während des Krieges eine fünfköpfige Familie gewohnt hat, die häuslicher Gewalt seitens des Vaters ausgesetzt war. Du hast deine Mutter erwähnt und deine beiden Brüder, es waren also zwei, und wenn du das dritte Kind in der Familie bist, dann passen die Informationen, die wir haben.«

»Hat er über eine grün gekleidete Frau gesprochen?«, fragte sie und lächelte.

»Ja, eine Frau in Grün.«

»Grün ist meine Farbe. Das war schon immer so, so lange ich zurückdenken kann.«

»Sagt man nicht, dass Leute, die grün lieben, sehr erdgebunden sind?«

»Das kann schon sein.«

Sie lächelte.

»Ich bin außerordentlich erdgebunden.«

»Du kennst also diese Familie?«

»Wir haben in dem Haus gelebt, das hier gestanden hat.«

»Häusliche Gewalt?«

Die Frau schaute Erlendur an.

»Ja, häusliche Gewalt.«

»Es muss wohl ...«

»Wie heißt du?«, unterbrach ihn die Frau.

»Ich heiße Erlendur«, sagte er.

»Und hast du eine Familie, Erlendur?«

»Nein, ja, doch, so eine Art von Familie, glaube ich.«

»Du bist aber nicht sicher. Behandelst du deine Familie gut?«

»Ich glaube ...« Erlendur zögerte. Auf derartige Fragen war er nicht vorbereitet, und er hatte keine Ahnung, wie er darauf reagieren sollte. War er gut zu seiner Familie gewesen? Eigentlich kaum, dachte er bei sich.

»Du bist vielleicht geschieden«, sagte die Frau und musterte Erlendurs fadenscheinige Kleidung.

»So ist es«, sagte Erlendur. »Ich wollte dich fragen ... Ich glaube, ich hatte dich nach häuslicher Gewalt gefragt?«

»Ein ziemlich nichts sagendes Wort für seelischen Mord, das glatt über die Zunge geht. Ein unproblematisches Wort für Leute, die nicht wissen, was dahinter steckt. Hast du eine Ahnung, wie es ist, wenn man sein Leben in ständiger Angst verbringen muss?«

Erlendur schwieg.

»Jeden einzelnen Tag seines Lebens mit einem Hass leben zu müssen, den man nie abwenden kann, egal, was man macht, und man hat nicht die geringste Chance, jemals etwas daran zu ändern. Bis man keinen eigenen Willen mehr hat, sondern nur noch abwartet und hofft, dass die nächsten Misshandlungen vielleicht nicht so schlimm wie die letzten werden.«

Erlendur wusste nicht, was er sagen sollte.

»Nach und nach nehmen diese Misshandlungen sadistische Formen an, denn die einzige Macht, die der Gewalttäter in der Welt hat, ist über diese eine Frau, die seine Ehefrau ist, und diese Macht ist so absolut, weil er weiß, dass sie völlig hilflos ist. Sie ist völlig wehrlos und ihm ausgeliefert, denn er droht nicht nur ihr, sondern quält sie auch mit seinem Hass auf ihre Kinder und macht ihr klar, dass er ihnen etwas antun wird, wenn sie versuchen sollte, aus seiner Tyrannei auszubrechen. Trotz aller körperlichen Misshandlungen, trotz Schmerzen und Schlägen, trotz Knochenbrüchen, Wunden, Blutergüssen am ganzen Körper und geplatzten Lippen – das alles ist im Grunde genommen nichts im Vergleich zu den Qualen der Seele. Diese ständige, ewige Angst, die nie weicht. Die ersten Jahre, als sie noch Widerstandskraft hatte, versuchte sie, Hilfe zu bekommen, und sie versuchte zu fliehen, aber er spürt sie immer wieder auf und gibt ihr zu verstehen, dass er ihre Tochter umbringen und oben in den Bergen verscharren wird. Und sie weiß, dass er dazu im Stande ist. Sie gibt auf. Kapituliert und ist ihm ausgeliefert.«

Die Frau ließ ihre Blicke zur Esja hinüberschweifen, und dann in Richtung Westen, wo man am Horizont den formschönen Kegel des Snæfellsjökull erkennen konnte.

»Ihr Leben wird zu einem Schattendasein«, fuhr sie fort. »Jegliche Widerstandskraft erlahmt, und mit dem Widerstand auch der Lebenswille, und ihr Leben wird sein Leben, sie lebt im Grunde genommen überhaupt nicht mehr, sondern geistert umher wie eine Schattengestalt, immer auf der Flucht vor körperlichen und seelischen Misshandlungen. Sie lebt kein eigenes Leben mehr, sondern existiert nur noch in seinem Hass.«

Der am Ende siegt.

»Weil sie lebendig tot ist.«

Die Frau verstummte und strich mit den Händen über die kahlen Äste.

»Aber dann war da dieser eine Frühling. Mitten im Krieg.«

Erlendur schwieg weiterhin.

»Würde man jemanden für seelischen Mord verurteilen?«, setzte sie fort. »Kannst du mir das vielleicht sagen? Wäre es möglich, jemanden wegen seelischen Mordes anzuklagen, ihn vor Gericht zu zerren und die Richter dazu zu bewegen, ihn zu verurteilen?«

»Ich weiß es nicht«, sagte Erlendur, der der Frau nicht so recht folgen konnte.

»Seid ihr bis zu dem Skelett vorgedrungen?«, fragte sie geistesabwesend.

»Das wird morgen der Fall sein«, antwortete Erlendur. »Weißt du etwas darüber, wer da unten liegt?«

»Es stellte sich heraus, dass sie wie diese Sträucher war«, sagte die Frau leise.

»Wer? Was?«

»Wie Johannisbeersträucher. Sie bedürfen keiner Pflege. Sie sind unglaublich widerstandsfähig, überleben selbst die härtesten Winter, und jeden Sommer sind sie immer wieder gleich grün und schön, und die Beeren im Herbst sind immer gleich rot und prall vor Saft, so als sei nichts vorgefallen. Als ob es nie einen Winter gegeben hätte.«

»Entschuldige, aber darf ich dich fragen, wie du heißt?«, fragte Erlendur.

»Der Soldat erweckte sie wieder zum Leben.«

Die Frau verstummte und starrte in die Büsche, so als sei sie in eine andere Welt und Zeit entschwunden.

»Wer bist du?«, fragte Erlendur.

»Grün war Mamas Lieblingsfarbe. Sie sagte, dass Grün die Farbe der Hoffnung sei.«

Sie besann sich.

»Ich heiße Mikkelína«, erklärte sie. Dann schien sie ein wenig zu zögern. »Er war ein Scheusal«, sagte sie. »Zerfressen von Wut und Hass. Hemmungslos und brutal.«

23

Die Uhr ging bereits auf zehn zu, es begann kühler zu werden, und Erlendur fragte Mikkelína, ob sie sich nicht ins Auto setzen sollten. Sie könnten aber auch noch morgen ausführlicher miteinander reden. Es sei schon spät und ...

»Sprechen wir ruhig noch ein wenig im Auto weiter«, sagte sie und setzte sich in Bewegung. Sie ging sehr langsam und knickte jedes Mal nach links ab, wenn sie mit dem Klumpfuß auftrat. Erlendur ging ihr voraus und brachte sie zum Auto, öffnete die Tür und half ihr, darin Platz zu nehmen. Dann ging er vorn um das Auto herum. Er sah nicht, wie sie hierher gekommen war. Ein Auto war jedenfalls nirgends zu sehen.

»Bist du mit einem Taxi gekommen?«, fragte er, nachdem er sich hinter das Steuer gesetzt hatte. Er ließ den Motor an, der sich noch nicht abgekühlt hatte. Ihnen wurde schnell wieder warm.

»Símon hat mich gebracht«, sagte sie. »Er wird bald da sein, um mich abzuholen.«

»Wir haben versucht Informationen über die Leute zu

bekommen, die hier gelebt haben. Ich gehe davon aus, dass es sich um deine Angehörigen handelt, und einiges von dem, was wir gehört haben, das meiste natürlich von alten Leuten, klingt seltsam. Beispielsweise das mit dem Gasometer am Hlemmur.«

»Er quälte sie mit diesem Gasometer«, erklärte Mikkelína, »aber ich glaube nicht, dass sie da bei dieser Weltuntergangsorgie gezeugt wurde, wie er immer behauptete. Das hätte genauso gut auf ihn zutreffen können. Eigentlich bin ich davon überzeugt, dass das ihm selbst zuerst unter die Nase gerieben worden ist, dass man sich damit über ihn lustig gemacht hat, vielleicht in jüngeren Jahren oder auch später, und dass er später dann alles an ihr ausgelassen hat.«

»Du glaubst, dass dein Vater so ein Kind aus dem Gasometer war?«

»Er war nicht mein Vater«, sagte Mikkelína. »Mein Vater ist auf dem Meer umgekommen. Er war Seemann, und meine Mutter hat ihn geliebt. Das war mein einziger Trost im Leben, als ich klein war. Dass er nicht mein Vater war. Er hasste nämlich vor allem mich. Den Krüppel. Wegen meines Zustands. Ich wurde krank, als ich drei Jahre alt war, und verlor danach die Sprache. Er behauptete, dass ich geisteskrank war. Nannte mich die Schwachsinnige. Aber mit meinem Verstand war alles in Ordnung. Die ganze Zeit. Ich kam allerdings nie in irgendeine Behandlung, wie es heute selbstverständlich ist. Und ich habe mich davor gehütet zu sprechen, weil ich eine panische Angst vor diesem Mann hatte. Es ist ja eine bekannte Tatsache, dass Kinder, die solche schlimmen Erfahrungen machen, schweigsam werden oder sogar die Sprache verlieren. So wird es bei mir gewesen sein. Erst sehr viel später habe ich gelernt zu gehen und dann zu sprechen und etwas zu lernen. Ich habe einen Universitätsabschluss in Psychologie.«

Sie schwieg eine Weile.

»Ich habe nicht herausfinden können, wer seine Eltern waren«, fuhr sie dann fort. »Ich habe nach ihnen gesucht, um verstehen zu können, was passiert ist und warum er zu dem Scheusal wurde, das er war. Ich versuchte, etwas über seine Jugend herauszufinden. Er war als Landarbeiter auf diversen Bauernhöfen, zuletzt hier in der Nähe, da wo Mama und er sich kennen gelernt haben. Was mich aber am meisten interessiert, sind seine Kindheit und Jugend, als er auf einem kleinen Pachthof aufwuchs, der Melur hieß, im Mýrar-Bezirk. Den gibt es heute nicht mehr. Die Leute dort hatten selber drei Kinder, nahmen aber immer andere Kinder auf und bekamen dafür Geld von der Gemeinde. Es ist nämlich gar nicht so lange her, dass es hier zu Lande Armenhäusler gegeben hat, für die die Gemeinde aufkommen musste. Dieses Ehepaar war dafür bekannt, dass sie die Kinder schikanierten. Auf den Nachbarhöfen wurde darüber geredet. Es gibt sogar eine gerichtliche Klage, die gegen sie eingereicht wurde, wegen eines Jungen, der an Unterernährung und wegen schlechter Behandlung gestorben ist, als sie die Verantwortung für ihn trugen. Die Leiche des Kindes wurde sogar nach den Maßstäben der damaligen Zeit unter sehr primitiven Umständen auf dem Hof obduziert. Eine Tür wurde aus den Angeln gehoben, und darauf wurde die Obduktion durchgeführt. Die Eingeweide wurden im Bach, der in der Nähe war, ausgewaschen. Man fand heraus, dass der Junge ungebührlicher Strenge ausgesetzt gewesen war, wie es ausgedrückt wurde, aber es konnte nicht mit Sicherheit festgestellt werden, ob das zu seinem

Tode geführt hatte. Das hat er alles mit ansehen müssen. Vielleicht waren sie sogar Freunde gewesen. Er war nämlich zur gleichen Zeit auf diesem Hof einquartiert worden. Unterernährt, mit Narben an Rücken und Beinen.«

Sie verstummte für eine Weile.

»Ich suche nicht nach einer Rechtfertigung für das, was er tat und wie er uns behandelte«, erklärte sie dann. »Dafür gibt es keine Rechtfertigung. Ich wollte nur wissen, wer er war.«

Sie verstummte wieder.

»Und deine Mutter?«, fragte Erlendur. Er spürte, dass Mikkelína ihm alles erzählen würde, was ihrer Meinung nach von Bedeutung war, und zwar auf ihre Weise. Er hatte nicht vor, sie zu drängen. Er musste ihr Zeit lassen, um sich alles von der Seele zu reden.

»Sie hatte Pech«, sagte Mikkelína rundheraus, so als sei dies die einzige vernünftige Schlussfolgerung, zu der man kommen könnte. »Sie hatte Pech, dass sie an diesen Mann geraten ist. So simpel ist das. Sie war ebenfalls allein stehend, hatte aber in vieler Hinsicht eine gute Erziehung in Reykjavík bekommen, und sie war als Dienstmädchen in einem vornehmen Haushalt beschäftigt, als die beiden sich trafen. Ich habe nicht herausfinden können, wer ihre Eltern waren. Falls das irgendwann mal verzeichnet worden ist, dann sind diese Papiere verschwunden.«

Mikkelína blickte Erlendur an.

»Aber sie hat wirkliche Liebe kennen gelernt, bevor es zu spät war. Er kam zur rechten Zeit in ihr Leben, denke ich.«

»Er? Wer? Wer kam in ihr Leben?«

»Und Símon. Mein Bruder Símon. Wir wussten nicht, was in ihm vorging. Wussten nichts von der Last, die er die ganzen Jahre mit sich herumschleppte. Ich litt darunter, wie mein Stiefvater meine Mutter behandelte, und ich quälte mich damit herum, aber ich war härter als Símon. Símon, der Ärmste. Und dann Tómas. Er hatte zu viel von seinem Vater mitbekommen. Zu viel Hass.«

»Jetzt habe ich den Faden verloren. Wer kam in ihr Leben, in das Leben deiner Mutter?«

»Er kam aus New York. Ein Amerikaner. Aus Brooklyn.« Erlendur nickte.

»Mama sehnte sich nach Liebe, sie brauchte jemanden, der ihr das Gefühl gab, dass sie existierte, dass sie ein Mensch war. Dave gab ihr die Selbstachtung zurück, die Menschenwürde. Wir haben lange darüber gerätselt, weswegen er so viel Zeit mit Mama verbrachte. Was es war, das er in ihr sah, denn sonst nahm niemand sie wahr außer meinem Stiefvater, und dann auch nur, um sie zusammenzuschlagen. Aber er hat Mama erzählt, weswegen er ihr helfen wollte. Er sagte, dass er es gleich gespürt hatte, als er uns die Forellen brachte und er sie zum ersten Mal sah. Er fischte oft im Reynisvatn. Er kannte all diese Anzeichen von Gewalt in der Ehe. Er sah es Mama an, las es aus ihren Augen, ihrem Gesicht, den Bewegungen. Sozusagen auf einen Blick kannte er ihre ganze Geschichte.«

Mikkelína verstummte eine Weile und blickte zu den Johannisbeersträuchern hinüber.

»Dave kannte das. Er war nämlich genauso wie Símon, Tómas und ich selber damit aufgewachsen. Sein Vater wurde nie verklagt und nie verurteilt und nie bestraft dafür, seine Frau bis zu ihrem Tod geprügelt zu haben. Dave hat mit ansehen müssen, wie sie starb. Sie waren arm wie die Kirchenmäuse, sie bekam Tuberkulose und starb. Sein Vater hat noch kurz vor ihrem Tod auf sie eingeschlagen. Damals war Dave aber noch zu jung, um gegen seinen Vater anzukommen, er war in der Pubertät. An dem Tag, als seine Mutter starb, verließ er sein Elternhaus und kehrte nie wieder zurück. Ein paar Jahre später wurde er Soldat. Bevor der Krieg hereinbrach. Im Krieg wurde er nach Reykjavík geschickt, hier ins Depot, und dort betrat er eines Tages ein schäbiges Haus und erblickte das Gesicht seiner Mutter wieder.«

Beide saßen eine Weile schweigend da.

»Diesmal war er groß genug, um etwas zu unternehmen«, sagte Mikkelína.

Ein Auto fuhr langsam an ihnen vorbei und hielt bei der Ausschachtung. Der Mann, der ausstieg, blickte zu den Johannisbeersträuchern hinüber.

»Jetzt ist Símon da, um mich abzuholen«, sagte Mikkelína. »Es ist schon recht spät. Macht es dir was aus, wenn wir morgen weitermachen? Wenn du willst, kannst du mich zu Hause besuchen.«

Sie öffnete die Autotür und rief nach dem Mann, der sich umdrehte.

»Weißt du, wer dort begraben liegt?«, fragte Erlendur.

»Morgen«, sagte Mikkelína. »Wir reden morgen wieder miteinander. Es hat ja keine Eile«, fügte sie hinzu. »Das hat doch alles gar keine Eile.«

Der Mann war zu ihrem Wagen gekommen und half Mikkelína beim Aussteigen.

»Vielen Dank, mein lieber Símon«, sagte sie, während sie ausstieg. Erlendur lehnte sich vor, um den Mann besser zu sehen. Dann öffnete er seine Tür und stieg aus.

»Aber das kann doch nicht Símon sein«, sagte er zu Mikkelína, indem er den Mann anschaute, der sie stützte. Der Mann war nicht älter als fünfunddreißig Jahre.

»Was?«, sagte Mikkelína.

»War Símon nicht dein Bruder?«, fragte Erlendur und schaute den Mann an.

»Doch«, sagte Mikkelína, und dann verstand sie auf einmal erst Erlendurs Verwunderung. »Das ist nicht der Símon«, erklärte sie und lächelte ein wenig. »Das hier ist mein Sohn, den ich nach ihm genannt habe.«

24

Am nächsten Morgen hatten Erlendur, Elínborg und Sigurður Óli eine Besprechung in seinem Büro, auf der er ihnen von der Begegnung mit Mikkelína und dem, was sie gesagt hatte, berichtete, und dass er sie später am Tag besuchen wollte. Er war sich sicher, dass sie ihm sagen konnte, wer dort in der Erde lag, wer ihn dort vergraben hatte und warum. Und abends würden dann die Knochen rausgeholt.

»Und warum hast du das nicht gleich gestern alles aus ihr rausgeholt?«, fragte Sigurður Óli, der nach einem friedlichen Abend mit Bergþóra wie neugeboren aufgewacht war. Sie hatten sich über die Zukunft unterhalten, und sogar auch über Kinder, und sie hatten sich darauf geeinigt, wie man das am besten auf einen Nenner bringen könnte; außerdem hatten sie über die Parisreise gesprochen und den Sportwagen, den sie mieten wollten.

»Dann wäre diese ganze Scheiße jetzt erledigt«, fügte er hinzu. »Ich hab dieses Gerippe so langsam satt. Und den Keller von Benjamín hab ich satt. Und euch beide hab ich satt.«

»Ich würde gern mit zu ihr gehen«, erklärte Elínborg. »Glaubst du, dass das dieses behinderte Mädchen ist, das Hunter in dem Haus gesehen hat, als er den Mann festnahm?«

»Das ist mehr als wahrscheinlich. Sie hatte zwei Halbbrüder, deren Namen sie genannt hat. Símon und Tómas. Das passt zu den beiden Jungen, die er gesehen hat. Und es war ein amerikanischer Soldat namens Dave, der ihnen irgendwie zu Hilfe kam. Ich werde Hunter nach ihm fragen, ich weiß seinen Nachnamen nicht. Ich fand es angebracht, die Frau behutsam anzugehen. Sie wird uns schon sagen, was wir wissen müssen. Es ist völlig überflüssig, in dieser Sache Druck zu machen.«

Er schaute Sigurður Óli an.

»Bist du mit dem Keller von Benjamín fertig?«

»Ja, ich bin gestern durchgekommen. Gefunden hab ich null Komma nix.«

»Kann man ausschließen, dass seine Verlobte da oben liegt?«

»Ja, oder zumindest bin ich davon überzeugt, dass sie ins Meer gegangen ist.«

»Kann man diese Vergewaltigung in irgendeiner Form nachweisen?«

»Ich denke, dass die Bestätigung auf dem Meeresgrund liegt«, sagte Sigurður Óli.

»Wie wurde das noch ausgedrückt? Ein Sommerbesuch in Fljót im Skagafjörður?«

»Tja, die Liebe ist auf dem Lande«, sagte Sigurður Óli und grinste.

»Du Idiot!«, sagte Erlendur.

Hunter nahm Elínborg und Erlendur in der Tür seines Hauses in Empfang und lud sie ins Wohnzimmer ein. Der Esszimmertisch war mit Papieren übersät, die in Verbindung mit dem Depot standen. Unterlagen, die ihm gefaxt worden waren, und Fotokopien lagen auf dem Boden verstreut, und überall im Zimmer befanden sich aufgeschlagene Tagebücher und andere Bücher. Erlendur hatte den Eindruck, als hätte Hunter sich in eine Ermittlung größeren Ausmaßes gestürzt. Er blätterte in einem Stapel auf dem Tisch.

»Irgendwo hier habe ich eine Liste mit den Namen von denen, die im Depot gearbeitet haben, von den Isländern, meine ich«, erklärte er. »Die hat man in der Botschaft gefunden.«

»Wir haben inzwischen einen Bewohner des Hauses, in das du damals hereingekommen bist, ausfindig gemacht«, sagte Erlendur. »Ich glaube, es ist das behinderte Mädchen, von dem du gesprochen hast.«

»Gut«, sagte Hunter geistesabwesend. »Gut. Hier ist sie.«

Er reichte Erlendur eine handgeschriebene Liste mit den Namen von neun Isländern, die im Depot gearbeitet hatten. Erlendur kannte die Liste. Jim hatte sie ihm am Telefon vorgelesen und wollte ihm eine Kopie zukommen lassen. Ihm fiel auf einmal ein, dass er vergessen hatte, Mikkelína nach dem Namen ihres Stiefvaters zu fragen.

»Ich habe herausgekriegt, wer die da bei uns verpfiffen hat. Wer die Diebe hat hochgehen lassen. Ein ehemaliger Kollege aus der Militärpolizei in Reykjavík wohnt heute in Minneapolis. Wir haben Verbindung gehalten, wenn auch nur sporadisch, und ich habe ihn angerufen. Er konnte sich gut an die Sache erinnern, hat ein paar andere angerufen und den Namen von dem herausgefunden, der die anderen hat hochgehen lassen.«

»Und wer war es?«, fragte Erlendur.

»Er hieß Dave und war aus Brooklyn. David Welch. Ein einfacher Rekrut.«

Das war der gleiche Name, den Mikkelína genannt hatte, erinnerte sich Erlendur.

»Lebt er noch?«

»Wir wissen es nicht. Mein Freund versucht, über das Verteidigungsministerium mehr über ihn herauszubekommen. Es kann sein, dass er an die Front geschickt worden ist.«

Elínborg machte sich zusammen mit Sigurður Óli daran herauszufinden, wer damals im Depot gearbeitet hatte und wo diese Leute beziehungsweise ihre Nachfahren abgeblieben waren. Erlendur wollte sich nachmittags wieder mit ihr treffen, um zu Mikkelína zu gehen. Zunächst hatte er aber vor, Eva Lind im Krankenhaus zu besuchen.

Er betrat den Gang der Intensivstation und schaute nach seiner Tochter, die wie zuvor bewegungslos und mit geschlossenen Augen dalag. Dann wanderten seine Blicke den Gang entlang in die Richtung, in die er tags zuvor versehentlich gegangen war, was zu diesem merkwürdigen Gespräch mit der kleinen Frau über den Jungen im Schneesturm geführt hatte. Die Dame im Pelz war nicht mehr da, und das Bett, wo der Mann irgendwo zwischen Leben und Tod geschwebt hatte, stand leer. Auch die Frau, die sich als Medium ausgegeben hatte, war nirgends zu sehen, und Erlendur überlegte, ob das Ganze überhaupt passiert oder nur ein Traum gewesen war. Er stand einen Augenblick in der Tür, drehte sich dann auf dem Absatz um, betrat das Zimmer seiner Tochter und machte vorsichtig die Tür hinter sich zu. Er setzte sich an Eva Linds Bett. Saß eine ganze Weile schweigend da und dachte an den Jungen im Schneesturm.

Eine geraume Zeit verging, bis er sich endlich aufraffte und tief aufseufzte.

»Er war acht Jahre alt«, sagte er zu Eva Lind. »Zwei Jahre jünger als ich.«

Er dachte über die Worte der kleinen Frau nach, dass er jetzt versöhnt war und dass es niemandes Schuld gewesen war. So simple aus der Luft gegriffene Worte sagten ihm gar nichts. In diesem Schneesturm hatte er sein ganzes Leben gestanden, und mit der Zeit war er immer schlimmer geworden.

»Seine Hand ist mir entglitten«, sagte er zu Eva Lind.

Er hörte die Schreie durch das Toben des Sturms hindurch.

»Wir konnten einander nicht sehen«, sagte er. »Wir hielten uns bei der Hand gepackt und waren ganz dicht beieinander, aber wegen des aberwitzigen Schneetreibens konnten wir uns trotzdem nicht sehen. Und dann ist mir seine Hand entglitten.«

Er schwieg eine Weile.

»Deswegen darfst du nicht gehen. Deswegen musst du das überleben und wieder zurückkehren und ganz gesund werden. Ich weiß, dass dein Leben kein Tanz auf Rosen ist und du es zerstörst, als sei es nichts wert. Aber das stimmt nicht, und du machst einen Fehler, wenn du das glaubst. Das darfst du einfach nicht glauben.«

Erlendur blickte seine Tochter im schwachen Schein der Nachttischlampe an.

»Er war acht Jahre alt. Habe ich dir das schon gesagt? Ein Junge genau wie andere kleine Jungen auch, ein fröhlicher Junge, der viel lachte, und wir waren Freunde. Das ist keineswegs selbstverständlich. Meistens gibt's doch immer Rangeleien zwischen Brüdern, Raufereien und Rivalität, Streitereien. Aber nicht zwischen uns. Vielleicht, weil wir so sehr verschieden waren. Ihn mochten die Leute auf den ersten Blick. Ganz spontan. Manche haben so etwas. Ich nicht. Solche Menschen haben etwas an sich, was die Schranken durchbricht; sie geben sich genauso, wie sie sind, haben nichts zu verbergen, verstecken sich hinter nichts, sind einfach sie selbst, geradeheraus und ohne Falsch. Solche Kinder ...«

Erlendur machte eine Pause.

»Du erinnerst mich manchmal an ihn. Ich habe es erst viel zu spät erkannt. Nachdem du mich nach all den Jahren endlich gefunden hattest. Da ist was in dir, was mich an ihn erinnert. Etwas, was du zu zerstören versuchst, und deswegen geht es mir so nahe, wie du mit deinem Leben umgehst, aber ich scheine keinen Einfluss darauf haben zu können. Ich stehe genauso hilflos da wie damals in dem Schneesturm, als ich spürte, dass mir seine Hand entglitt, und als das geschah, war mir klar, dass alles vorbei war. Wir würden beide sterben. Unsere eiskalten Hände konnten nicht mehr greifen. Ich spürte die Hand nicht mehr, nur in dem winzigen Moment, als sie mir entglitt.«

Erlendur schwieg und starrte auf den Fußboden.

»Ich weiß nicht, ob das der Grund für alles ist. Ich war zehn Jahre alt und habe mir seitdem die Schuld an allem gegeben. Das kann ich nicht von mir abschütteln. Will ich nicht abschütteln. Diese Qualen sind wie ein Bollwerk für die Trauer, die ich nicht ablegen will. Wahrscheinlich hätte ich das schon vor langer Zeit tun sollen, mich meinem Leben stellen, das gerettet wurde, und ihm irgendeinen Sinn zu geben. Aber das geschah nicht, und jetzt ist die Wahrscheinlichkeit, dass sich das noch ändern lässt, sehr gering geworden. Jeder hat seine Last zu tragen. Meine ist vielleicht nicht größer als die von manchen anderen, die einen geliebten Menschen verloren haben, aber ich kann nicht anders damit fertig werden.

Damals ist etwas in mir erloschen. Ich habe ihn nicht mehr gefunden, und ich träume seitdem immer und immer wieder von ihm, und ich weiß, dass er noch irgendwo da ist und allein in dem gnadenlosen Schneegestöber herumirrt, allein und verlassen und kalt, bis er da niedersinkt, wo er nie gefunden wurde und nie gefunden werden wird. Der Sturm trifft ihn von hinten, und im Nu wird er unter den Schneemassen begraben. Egal wie ich suche und schreie, ich finde ihn nicht, und er hört mich nicht, und er ist auf immer für mich im Schneesturm verschwunden.«

Erlendur schaute auf Eva Lind.

»Es war, als wäre er direkt in den Himmel gegangen. Ich wurde gefunden. Ich wurde gefunden und überlebte, während ich ihn verlor. Ich konnte ihnen nichts sagen. Konnte nicht sagen, wo ich gewesen war, als mir seine Hand entglitt. Konnte wegen dieses verfluchten Schnees nicht die Hand vor Augen erkennen. Ich war zehn Jahre alt und beinahe erfroren, und ich konnte ihnen nichts sagen. Sie haben Suchtrupps ausgeschickt, die tagelang von morgens bis abends mit Laternen die Gegend durchstreiften, sie riefen nach ihm und stocherten mit langen Stangen, und sie teilten sich in kleinere Gruppen auf, hatten Hunde dabei, und wir hörten die Rufe, und wir hörten die Hunde, aber nichts geschah. Nichts.

Er wurde niemals gefunden.

Und dann habe ich hier auf dem Gang eine Frau getroffen, die behauptete, mir eine Nachricht von einem Jungen im Schneesturm zu überbringen. Und sie erklärte, dass es nicht meine Schuld gewesen wäre und dass ich keine Angst zu haben bräuchte. Was hat das zu bedeuten? Ich glaube nicht an solches Zeugs, aber was soll ich denn glauben? Mein ganzes Leben lang ist es meine Schuld gewesen, obwohl ich genau weiß, und zwar schon seit langem weiß, dass ich viel zu jung war, um Schuld an etwas haben zu können. Trotzdem quält einen das Schuldbewusstsein wie ein bösartiges, todbringendes Karzinom.

Weil es kein gewöhnlicher Junge war, dessen Hand mir entglitten ist.

Weil der Junge da im Schneesturm ...

... mein Bruder war.«

Ihre Mutter schlug die Tür zu, damit der kalte Herbstwind nicht eindringen konnte. Sie sah im Dämmerlicht der Küche, dass Símon und Grímur einander am Tisch gegenübersaßen. Das Gesicht von Grímur war schlecht zu erkennen. Sie hatte ihn nicht gesehen, seit er im Militärjeep abtransportiert worden war. In dem Moment, wo sie seine Nähe verspürte und ihn wiedersah, brach die Angst wieder über sie herein. Zwar hatte sie ihn im Herbst zurückerwartet, aber nicht genau gewusst, wann er entlassen werden würde. Doch als Tómas angerannt kam, war ihr sofort klar, was los war.

Símon rührte sich vor lauter Angst nicht vom Fleck, drehte aber den Kopf zum Eingang und sah, wie seine Mutter zu ihnen in die Küche starrte. Sie hatte Tómas losgelassen, der sich in den Gang schob, wo Mikkelína war. Sie sah das Entsetzen in Símons Augen.

Grímur saß auf dem Küchenstuhl und rührte sich nicht. So vergingen einige Augenblicke, in denen man nichts als das Sausen des Herbstwinds und den keuchenden Atem ihrer Mutter hörte, die den Hügel hinaufgehetzt war. Ihre panische Angst vor Grímur hatte während seiner Abwesenheit nachgelassen, aber jetzt war alles wieder wie zuvor. So als sei in der Zeit, wo er weg gewesen war, nichts geschehen. Die Kraft wich ihr aus den Gliedern, der Magen krampfte sich ihr zusammen, ihr Gesichtsausdruck verlor die neu gewonnene Selbstachtung. Die Schultern hoben sich wieder, und sie versuchte sich so klein wie nur möglich zu machen. Unterwürfig. Untertänig. Auf das Schlimmste gefasst.

Die Kinder beobachteten diese Veränderung, die sich an ihr vollzog, während sie in der Küchentür stand.

»Símon und ich haben miteinander geredet«, sagte Grímur und streckte seinen Kopf vor, sodass im Lichtkegel die Narbe zum Vorschein kam. Ihre Mutter riss die Augen auf, als sie ihm ins Gesicht schaute und die feuerrote Narbe erblickte. Sie öffnete den Mund, so als ob sie etwas sagen oder einen Schrei ausstoßen wollte, aber dazu kam es nicht. Sie starrte Grímur nur mit ungläubigem Gesichtsausdruck an.

»Findest du das nicht schön?«, fragte er.

Grímur wirkte fremd. Da war etwas, was Símon nicht so recht begreifen konnte. Er war selbstsicherer. Selbstgefälliger. Er war derjenige, der die Macht in Händen hatte, das sprach aus seinem Benehmen gegenüber der Familie genau wie früher, aber da war noch etwas anderes, etwas Gefährlicheres, und Símon überlegte, was das sein konnte, als Grímur langsam vom Tisch aufstand.

Er ging auf ihre Mutter zu.

»Símon hat mir von dem Soldaten erzählt, der hier mit Forellen daherkommt und Dave heißt.«

Ihre Mutter schwieg.

»Da war ein Soldat, der Dave hieß, der mir das angetan hat«, sagte er und zeigte auf die Narbe. »Ich kann das Auge nicht mehr richtig aufkriegen, weil er es ganz in Ordnung fand, mich mit siedend heißem Kaffee zu überschütten. Er hat den Kaffee zuerst ordentlich auf dem Herd kochen lassen, und deswegen brauchte er einen Lappen, um die Kanne anfassen zu können. Ich glaubte, dass er uns eine Tasse einschenken würde, aber den Kaffee hat er mir ins Gesicht gekippt.«

Ihre Mutter wandte ihre Augen von Grímur ab, starrte auf den Boden und stand bewegungslos da.

»Sie haben ihn zu mir reingelassen, und da saß ich mit den Händen auf dem Rücken, in Handschellen. Ich glaub, die haben gewusst, was er vorhatte.«

Er ging drohend in die Richtung, wo Mikkelína und Tómas sich befanden. Símon saß wie angewurzelt auf seinem Stuhl am Küchentisch. Doch Grímur drehte sich wieder um und ging auf ihre Mutter zu.

»Es war, als wollten sie den Mann belohnen«, sagte er. »Weißt du vielleicht, wofür?«

»Nein«, sagte ihre Mutter leise.

»Nein«, äffte Grímur sie nach. »Warst wohl zu beschäftigt, mit ihm zu vögeln.«

Er grinste sein hässliches Grinsen.

»Würde mich nicht wundern, wenn hier eines Tages eine

Leiche im See rumschwimmen würde. Könnte beim Angeln reingefallen sein.«

Grímur stand plötzlich dicht vor ihr und legte ihr die eine Hand auf den Bauch.

»Glaubst du, dass er was hinterlassen hat?«, fragte er mit leiser, drohender Stimme. »Vielleicht etwas aus den Mulden hier am See? Glaubst du das? Glaubst du, dass er was hinterlassen hat? Aber darauf kannst du Gift nehmen, wenn es da eine Hinterlassenschaft gibt, die bring ich um. Vielleicht verbrenn ich sie, so wie er mir das Gesicht verbrannt hat.«

»Sprich nicht so«, sagte ihre Mutter.

Grímur starrte sie an.

»Wieso hat dieses Arschloch von dem Diebstahl gewusst?«, fragte er. »Wer hat ihm davon erzählt, was wir da gemacht haben? Weißt du vielleicht was darüber? Vielleicht haben wir nicht genug aufgepasst. Vielleicht hat er uns beobachtet. Aber vielleicht hat er irgendjemandem Forellen gegeben und das ganze Zeug hier drinnen gesehen und überlegt, wo das wohl herkäme, und hat die kleine Hure, die hier wohnt, gefragt, ob sie was darüber wüsste.«

Grímur drückte fester auf ihren Bauch.

»Ihr braucht bloß 'ne Uniform zu sehen, und gleich macht ihr die Beine breit.«

Símon erhob sich geräuschlos hinter dem Rücken seines Vaters.

»Was hältst du davon, wenn wir einen Kaffee trinken«, sagte Grímur zu ihrer Mutter. »Was meinst du dazu, wenn wir einen richtig schön heißen und aufmunternden Kaffee trinken. Falls Dave es gestattet. Glaubst du, dass er was dagegen hat?«

Grímur lachte.

»Vielleicht trinkt er ja einen Schluck mit uns. Erwartest du ihn nicht? Erwartest du nicht, dass er kommt und dich rettet?«

»Nicht«, sagte Símon hinter ihm.

Grímur ließ ihre Mutter los und wandte sich Símon zu.

»Tu das nicht«, sagte Símon.

»Símon!«, sagte seine Mutter scharf. »Hör auf damit!«

»Lass Mama in Ruhe«, sagte Símon mit zitternder Stimme.

Grímur wandte sich wieder ihrer Mutter zu. Mikkelína und Tómas verfolgten aus dem Gang heraus genau mit, was geschah. Er beugte sich zu ihr hinüber und sprach leise an ihr Ohr.

»Vielleicht verschwindest du ja auch eines Tages wie das Mädel von Benjamín!«

Ihre Mutter schaute Grímur an und war auf den Angriff vorbereitet, der ihrer Meinung nach unabwendbar war.

»Was weißt du darüber?«

»Menschen verschwinden. Alle möglichen Leute. Sogar die feinen Leute. Dann kann auch so eine Jammergestalt wie du verschwinden. Wer würde schon nach dir fragen? Es sei denn, deine Mama aus dem Gasometer würde auf einmal nach dir suchen. Du denkst vielleicht, dass so was passieren könnte?«

»Lass sie in Ruhe«, sagte Símon, der immer noch am Küchentisch stand.

»Símon?«, sagte Grímur. »Ich dachte, wir wären Freunde. Du und ich und Tómas.«

»Lass sie in Ruhe«, sagte Símon. »Du musst damit aufhören, ihr wehzutun. Du musst damit aufhören und weggehen. Geh weg, und komm nie wieder.«

Grímur stand jetzt vor ihm und starrte ihn an, als stünde ein gänzlich Unbekannter vor ihm.

»Ich bin weg gewesen. Ich war sechs Monate weg, und das

hier ist also der Empfang. Die Alte treibt sich mit Soldaten rum, und Klein-Símon will seinen Vater vor die Tür setzen. Bist du denn groß genug, Símon, um dich mit deinem Vater anlegen zu können? Glaubst du das? Glaubst du wirklich, dass du irgendwann mal groß genug sein wirst, um es mit mir aufnehmen zu können?«

»Símon!«, sagte seine Mutter. »Es ist alles in Ordnung. Geh jetzt mit Tómas und Mikkelína nach Gufunes, und wartet dort auf mich. Hörst du Símon? Tu, was ich dir sage.«

Grímur grinste Símon hämisch an.

»Und dann hat das Weibsstück auch noch angefangen, hier rumzukommandieren. Wer glaubt die Alte eigentlich, wer sie ist? Was bildet sie sich eigentlich ein? Nicht zu fassen, wie sich alle hier in der kurzen Zeit verändert haben.«

Grímur schaute in den Gang hinein.

»Und wo ist der Kretin? Der Krüppel will womöglich auch noch die Schnauze aufreißen? Da, da, da, verdammter Krüppel, dich hätte ich schon vor vielen Jahren erwürgen sollen. Ist das der Dank? Ist das der Dank?«, brüllte er in den Gang hinein.

Mikkelína wich zurück in die Dunkelheit des Korridors. Tómas blieb stehen und schaute Grímur an, der ihm zulächelte.

»Aber Tómas und ich, wir sind Freunde«, sagte Grímur. »Tómas würde seinen Papa niemals betrügen. Komm mal her, mein Junge, komm zu Papa.«

Tómas ging zu ihm.

»Mama hat angerufen«, sagte er.

»Tómas!«, rief ihre Mutter.

25

Ich glaube nicht, dass Tómas auf Papas Seite gestanden hat. Ich glaube eher, dass er geglaubt hat, er würde Mama damit helfen. Er hat ihm mit irgendwas Angst machen wollen, um auf diese Weise Mama zu Hilfe zu kommen. Aber letzten Endes hat er meiner Meinung nach gar nicht gewusst, was er da gemacht hat. Er war doch noch so klein, der Junge.«

Mikkelína verstummte und schaute Erlendur an. Elínborg und er saßen bei ihr im Wohnzimmer und hatten sich die Geschichte von ihrer Mutter und von Grímur angehört, wie sie sich zuerst begegnet waren, wie er sie zum ersten Mal schlug und wie sich die Gewalttätigkeit mit der Zeit steigerte. Dass sie zweimal einen Fluchtversuch gemacht hatte und dass er gedroht hatte, ihre Kinder umzubringen. Sie erzählte ihnen vom Leben am Hügel, von den Soldaten und vom Depot und den Diebstählen und von Dave, der im See angelte, und von dem Sommer, als ihr Vater eingelocht worden war und der Soldat und ihre Mutter sich ineinander verliebten, wie ihre Brüder sie in die Sonne hinaustrugen und Dave mit ihnen allen picknicken ging, und von dem kalten Herbstmorgen, als ihr Stiefvater zurückkehrte.

Mikkelína nahm sich die Zeit, die sie für ihre Erzählung brauchte, und sie versuchte, nichts auszulassen, was ihrer Meinung nach für den Verlauf der Geschichte von Wichtigkeit war. Erlendur und Elínborg saßen da und hörten zu, nahmen hin und wieder einen Schluck Kaffee, den Mikkelína für sie gekocht hatte, und probierten den Kuchen, den sie, wie sie sagte, extra für sie gebacken hatte, da sie mit Erlendurs Besuch rechnete. Sie begrüßte Elínborg freundlich und fragte, ob es in den Reihen der Kriminalpolizei viele Frauen gäbe.

»So gut wie gar keine«, erklärte Elínborg und lächelte.

»Das ist eine Schande«, sagte Mikkelína und bat sie, sich zu setzen. »Frauen sollten überall in den vordersten Reihen stehen.«

Elínborg blickte auf Erlendur, der schwach lächelte. Sie hatte ihn nach dem Mittagessen im Büro abgeholt, wissend, dass er im Krankenhaus gewesen war. Sie fand ihn noch niedergeschlagener als gewöhnlich. Sie fragte ihn, wie es Eva Lind ginge, weil sie glaubte, dass sich ihr Zustand womöglich verschlechtert haben könnte, aber er erklärte, dass die Lage unverändert sei. Als sie fragte, wie er sich fühlte und ob sie etwas für ihn tun könnte, schüttelte er den Kopf und erklärte ihr, dass man gar nichts anderes tun könnte als abwarten. Sie hatte den Eindruck, dass das Warten ihm allmählich ziemlich zusetzte, aber traute sich nicht, näher darauf einzugehen. Aus langer Erfahrung wusste sie, dass Erlendur keinerlei Bedürfnis hatte, mit anderen über sich selbst zu sprechen.

Mikkelína wohnte zu ebener Erde in einem Mehrfamilienhaus in Breiðholt. Die Wohnung war klein, aber freundlich. Während sie in der Küche den Kaffee aufsetzte, schaute sich Erlendur im Wohnzimmer um und betrachtete die Familienfotos, oder von Leuten, von denen er annahm, dass es ihre Angehörigen waren. Es waren nicht viele Fotos, und keins davon schien beim Hügel gemacht worden zu sein.

Sie begann damit, ihnen ein wenig über sich selbst zu erzählen, während sie sich noch in der Küche zu schaffen machte, und ihre Stimme drang bis ins Wohnzimmer. Sie war erst zur Schule gegangen, als sie schon fast zwanzig war. Um die gleiche Zeit kam sie zum ersten Mal wegen ihrer Behinderung in Behandlung, und sie machte bald darauf riesengroße Fortschritte. Erlendur fand, dass sie, was sich selbst betraf, ziemlich sprunghaft vorging, machte aber keine Einwände. Mikkelína hatte das Abitur auf dem Abendgymnasium gemacht, hatte sich dann an der Universität immatrikuliert und das Psychologiestudium abgeschlossen. Da war sie schon über vierzig. Jetzt hatte sie aufgehört zu arbeiten.

Den Jungen, den sie Símon genannt hatte, hatte sie schon eine ganze Weile, bevor sie zur Universität ging, in Pflege genommen. Eine eigene Familie zu gründen wäre aus Gründen, die sie vielleicht nicht explizit darlegen müsste, mit Schwierigkeiten verbunden gewesen. Sie lächelte zynisch.

All die Jahre war sie im Frühjahr und im Sommer regelmäßig zum Hügel gekommen, um nach den Johannisbeersträuchern zu schauen und im Herbst die Beeren zu ernten und Marmelade daraus zu machen. Sie hatte noch ein bisschen von der Marmelade vom letzten Herbst übrig und ließ sie probieren. Elínborg, die sich aufs Kochen verstand, war des Lobes voll. Mikkelína schenkte ihr den Rest und entschuldigte sich dafür, wie wenig es war.

Sie sagte ihnen, wie sie im Lauf der Jahre und Jahrzehnte mitverfolgt hatte, wie sich die Stadt mit unglaublicher Geschwindigkeit ausbreitete, zuerst auf den Hügel von Breiðholt hinauf, dann am Meer entlang bis nach Mosfellsbær, und jetzt schließlich hier den Grafarholt-Hügel hinauf, wo sie früher einmal gewohnt hatte. Dieser Ort war mit ihren schrecklichsten Erinnerungen verknüpft.

»An diesen Ort gibt es nur grauenvolle Erinnerungen«, sagte sie. »Mit Ausnahme dieses einen kurzen Sommers.«

»Bist du mit dieser Behinderung geboren worden?«, fragte Elínborg. Sie hatte versucht, die Frage so höflich wie möglich zu konstruieren, kam dann aber zu dem Schluss, dass es so etwas wie eine höfliche Methode nicht gab.

»Nein«, sagte Mikkelína. »Ich bin mit drei Jahren krank geworden. Lag lange im Krankenhaus. Mama sagte mir, dass es damals irgendwelche Bestimmungen gab, denen zufolge Eltern nicht bei ihren Kindern sein durften. Mama begriff diese unmenschlichen Regeln nicht, dass sie nicht bei ihrem Kind sein durfte, das schwer krank war und womöglich in Lebensgefahr schwebte. Mama brauchte einige Jahre, um zu verstehen, dass ich mir das wieder antrainieren konnte, was mir die Krankheit geraubt hatte, aber mein Stiefvater erlaubte ihr nicht, sich um mich zu kümmern, mit mir zum Arzt zu gehen, mich behandeln zu lassen. Ich habe eine Erinnerung aus der Zeit, bevor ich krank wurde, von der ich nicht weiß, ob es Traum war oder Wirklichkeit: die Sonne scheint, und ich bin in einem Garten bei einem Haus, wahrscheinlich da, wo Mama als Dienstmädchen gearbeitet hat. Ich renne da herum und kreische, und es kommt mir so vor, als ob Mama hinter mir hergelaufen ist. Dann weiß ich nichts mehr. Erinnere mich bloß, dass ich laufen konnte, wie ich wollte.«

Mikkelína lächelte.

»Ich habe oft solche Träume gehabt, in denen ich gesund bin und mich bewegen kann, wie ich möchte, und nicht immer mit dem Kopf wackele, wenn ich spreche, wo ich Kontrolle über meine Gesichtsmuskeln habe und sie nicht mein Gesicht ständig verzerren.«

Erlendur stellte seine Tasse ab.

»Du hast mir gestern gesagt, dass du deinen Sohn nach deinem Bruder Símon genannt hast.«

»Símon war ein wunderbarer Junge. Wir waren Halbgeschwister. Er hatte nichts von seinem Vater mitbekommen. Oder ich habe es zumindest nicht gesehen. Er war wie Mama. Sanft und verständnisvoll und herzensgut. Der Junge verkraftete es nicht, wenn es anderen schlecht ging. Er hasste seinen Vater, und dieser Hass war schlimm für ihn. Der Junge hätte niemals irgendetwas hassen dürfen. Zwar hat es für uns alle gegolten, dass die gesamte Kindheit aus Angst bestand. Aber er hat in Panik mit angesehen, wenn sein Vater außer sich geriet und seine Mutter brutal zusammenschlug. Ich habe mir immer die Decke über den Kopf gezogen, aber ich habe mitgekriegt, dass Símon manchmal dastand und alles genau beobachtete. Es war so, als würde er sich für spätere Auseinandersetzungen wappnen wollen, wenn er groß und stark genug wäre, um seinem Vater Einhalt zu gebieten. Wenn er groß genug wäre, um es mit ihm aufnehmen zu können.

Manchmal versuchte er, dazwischenzutreten. Stellte sich schützend vor unsere Mutter und gab ihm Kontra. Mama fürchtete das noch mehr als die Misshandlungen. Ihr war der Gedanke, dass ihren Kindern etwas zustoßen könnte, unerträglich. So ein wunderbarer, lieber Junge, der Símon.«

»Du sprichst über ihn, als sei er immer noch ein Kind«, stellte Elínborg fest. »Lebt er nicht mehr?«

Mikkelína schwieg und lächelte.

»Und Tómas?«, fragte Erlendur. »Ihr wart doch drei Geschwister.«

»Ja, Tómas«, sagte Mikkelína. »Er war ganz anders als Símon. Das hat sein Vater wohl gemerkt.«
Mikkelína verstummte.
»Wo hat deine Mutter angerufen?«, fragte Erlendur.
»Bevor sie nach Hause kam?«
Mikkelína antwortete ihm nicht, sondern stand auf und ging in ihr Schlafzimmer. Elínborg und Erlendur schauten einander an. Kurze Zeit später kam Mikkelína zurück ins Wohnzimmer und hatte ein zusammengefaltetes Stück Papier in der Hand. Sie faltete es auseinander, las das, was darauf stand, und reichte es dann Erlendur hinüber.
»Mama hat mir dieses Papier gegeben«, sagte sie. »Ich kann mich gut erinnern, wie Dave es ihr über den Küchentisch zugeschoben hat, aber wir haben nie zu wissen bekommen, was darauf gestanden hat. Mama hat mir das erst sehr viel später gezeigt. Viele Jahre später.«
Erlendur las die Nachricht.
»Dave hat wohl einen Isländer oder einen Soldaten, der Isländisch konnte, dazu gebracht, das für ihn auf einen Zettel zu schreiben. Mama hat ihn die ganze Zeit aufbewahrt, und ich werde ihn selbstverständlich mit ins Grab nehmen.«
Erlendur schaute auf den Zettel. Die Worte waren mit etwas ungelenken Buchstaben, aber sehr deutlich geschrieben.
ICH WEISS, WAS ER DIR ANTUT.
»Mama und Dave sprachen darüber, dass sie Verbindung mit ihm aufnehmen sollte, sobald er aus dem Gefängnis entlassen würde, und dann würde er ihr zu Hilfe kommen. Ich weiß nicht genau, wie sie sich das vorgestellt hatten.«
»Hätte sie nicht in Gufunes Hilfe bekommen können?«,

fragte Elínborg. »Da müssen doch sehr viele Leute gearbeitet haben.«

Mikkelína blickte sie an.

»Meine Mutter hatte anderthalb Jahrzehnte seine Brutalitäten ertragen müssen. Es ging nicht nur um die körperlichen Misshandlungen, wenn er über sie herfiel, und zwar manchmal so vehement, dass sie einige Tage bettlägerig war. Die Grausamkeiten waren auch seelischer Art, und das war womöglich die schlimmere Art von Misshandlung, denn wie ich Erlendur bereits gesagt habe, hat er meine Mutter systematisch zerstört. Sie hatte angefangen, sich selbst genauso zu verachten, wie ihr Mann sie verachtete; lange Zeit trug sie sich mit Selbstmordgedanken herum, aber unter anderem wegen uns Kindern blieb es nur bei diesen Gedanken. Dave hat ihr in den sechs Monaten, die sie zusammen waren, zu einem Teil darüber hinweggeholfen. Außer Dave gab es keinen einzigen Menschen, den sie hätte um Hilfe bitten können. Sie hatte niemals mit jemandem darüber gesprochen, was sie in all diesen Jahren erdulden musste, und ich glaube, sie war einfach darauf gefasst, die Misshandlungen von neuem über sich ergehen lassen zu müssen, falls es dazu kommen würde. Im schlimmsten Fall würde er wieder über sie herfallen, und alles wäre wie vorher.«

Mikkelína schaute Erlendur an.

»Dave ist nie gekommen.«

Sie schaute zu Elínborg hinüber.

»Und nichts war wie vorher.«

Hat sie angerufen?«

Grímur legte seinen Arm um Tómas.

»Wo hat sie angerufen. Tómas? Wir dürfen keine Geheimnisse voreinander haben. Deine Mama glaubt, dass sie Geheimnisse haben kann, aber da irrt sie sich gewaltig. Es kann gefährlich sein, Geheimnisse zu haben.«

»Lass den Jungen da heraus«, sagte ihre Mutter.

»Jetzt fängt sie auch noch an, mich rumzukommandieren«, sagte Grímur und knetete Tómas' Schultern. »Hier hat sich ja gewaltig was verändert. Was wohl als Nächstes kommt?«

Símon stellte sich neben seine Mutter. Mikkelína schob sich zu ihnen hin. Tómas fing an zu weinen. Im Schritt breitete sich ein dunkler Fleck aus.

»Und hat jemand geantwortet?«, fragte Grímur. Das Lächeln war verschwunden, ebenso wie der höhnische Ton, jetzt hatte er eine strenge Miene aufgesetzt. Sie konnten ihre Blicke nicht von der Narbe abwenden.

»Niemand ist drangegangen«, sagte ihre Mutter.

»Kein Dave, der als Retter in der Not kommen will?«

»Kein Dave«, sagte ihre Mutter.

»Was wohl aus dem Petzer geworden ist?«, sagte Grímur. »Heute Morgen ist eins von deren Schiffen ausgelaufen. Voll mit Soldaten. In Europa werden wohl dringend Soldaten gebraucht. Die können nicht alle hier in Island eine ruhige Kugel schieben und nichts anderes zu tun haben, als unsere Weiber zu vögeln. Oder vielleicht haben sie ihm einen Denkzettel verpassen wollen. Die Sache war nämlich viel umfangreicher, als ich geglaubt habe, und da sind ein paar Köpfe gerollt. Viel bedeutendere Köpfe als meiner. Offiziersköpfe. Das passte denen überhaupt nicht in den Kram.«

Er schob Tómas von sich.

»Das passte denen ganz und gar nicht in den Kram.«

Símon stand dicht neben seiner Mutter.

»Da ist nur eins bei dieser ganzen Sache, was ich nicht verstehe«, sagte Grímur und war ihrer Mutter so nahe gekommen, dass sie den säuerlichen Gestank wahrnahm, der von ihm ausging. »Ich verstehe das einfach nicht. Ich komme einfach nicht darüber hinweg. Ich kann schon verstehen, dass du für den ersten besten Mann, der dich anschaut, die Beine breit gemacht hast, nachdem ich weg war. Du bist einfach eine Hure. Aber was hat er sich dabei gedacht?«

Sie standen sich so nahe, dass sie sich fast berührten.

»Was hat er an dir gesehen?«

Er packte ihren Kopf mit beiden Händen.

»Du potthässliche, verfluchte Schlampe.«

»Wir waren davon überzeugt, dass er über sie herfallen würde, und wir waren sicher, dass er sie diesmal umbringen würde. Darauf waren wir gefasst. Ich zitterte vor Angst, und Símon erging es nicht anders. Ich überlegte schon, ob ich es bis zu der Schublade mit den Messern schaffen würde. Aber dann geschah gar nichts. Sie schauten einander in die Augen, und statt über sie herzufallen, wich er ein paar Schritte zurück.«

Mikkelína schwieg eine Weile.

»Nie im Leben habe ich solche Angst gehabt wie damals. Símon war danach wie verwandelt. Irgendwie entfernte er sich immer mehr von uns. Der Ärmste.«

Sie senkte den Blick.

»Dave verschwand genauso plötzlich aus unserem Leben, wie er hineingekommen war. Mama hat nie wieder etwas von ihm gehört.«

»Er hieß Welch mit Nachnamen«, sagte Erlendur. »Wir versuchen gerade herauszufinden, was aus ihm geworden ist. Wie hieß dein Stiefvater?«

»Er hieß Þorgrímur«, sagte Mikkelína, »aber er wurde immer Grímur genannt.«

»Þorgrímur«, wiederholte Erlendur. Er konnte sich erinnern, dass dieser Name auf der Liste der Isländer gestanden hatte, die im Depot gearbeitet hatten.

In seiner Manteltasche begann das Handy zu klingeln. Es war Sigurður Óli, der bei der Ausgrabungsstelle am Grafarholt war.

»Du solltest mal herkommen«, sagte Sigurður Óli.

»Herkommen? Wohin?«, fragte Erlendur. »Wo bist du?«

»Na, hier am Hügel doch, wo denn sonst«, sagte Sigurður Óli. »Sie sind jetzt bis zu dem Skelett vorgestoßen, und ich glaube, wir wissen jetzt, wer da liegt.«

»Wer dort liegt?«

»Ja, hier in dem Grab.«

»Und wer soll das sein?«

»Benjamíns Verlobte.«

»Was?«

»Benjamíns Verlobte.«

»Wieso das denn? Warum glaubst du, dass sie das ist?« Erlendur war aufgestanden und war in die Küche gegangen, um ungestört zu sein.

»Komm hierher, und sieh selbst«, sagte Sigurður Óli. »Das kann niemand anderes sein. Komm, und schau dir das selber an.«

Dann brach er das Gespräch ab.

26

Erlendur und Elínborg trafen eine Viertelstunde später am Grafarholt-Hügel ein. Sie hatten sich hastig von Mikkelína verabschiedet, die ihnen verwundert nachschaute. Erlendur hatte ihr nicht gesagt, was er von Sigurður Óli über Benjamíns Verlobte erfahren hatte, sondern nur erklärt, dass er zur Ausgrabungsstelle müsste, das Skelett würde jetzt freigelegt. Deswegen bat er sie, das Ende der Geschichte aufzuschieben, und entschuldigte sich. Sie würden das Gespräch später fortführen.

»Wäre es nicht am besten, wenn ich mit euch käme?«, fragte Mikkelína im Korridor, als sie zur Tür hinaus waren. »Ich habe ...«

»Nicht jetzt«, unterbrach Erlendur sie. »Wir reden noch ausführlich miteinander. Die Sache hat eine ganz neue Wendung genommen.«

Sigurður Óli erwartete sie und ging mit ihnen zu Skarphéðinn, der bei dem Grab stand.

»Erlendur«, sagte der Archäologe und begrüßte ihn. »Jetzt kommt so langsam Licht in die Sache. Wenn man's bedenkt, hat es ja gar nicht mal so lange gedauert.«

»Was habt ihr gefunden?«, fragte Erlendur.

»Da liegt eine Frau«, sagte Sigurður Óli mit Nachdruck. »Daran gibt's gar nichts zu deuten.«

»Wieso denn das?«, sagte Elínborg. »Seit wann bist du medizinisch so beschlagen?«

»Dazu braucht man keine medizinischen Kenntnisse«, entgegnete Sigurður Óli. »Das springt einem geradezu ins Gesicht.«

»Hier liegen zwei Skelette«, warf Skarphéðinn ein.

»Eins von einem Erwachsenen, wahrscheinlich einer Frau, das andere von einem Kind, einem sehr kleinen, womöglich ungeborenen Kind. So liegt das Skelett nämlich da.«

Erlendur starrte ihn völlig perplex an.

»Zwei Skelette?«

Er warf einen Seitenblick auf Sigurður Óli, ging zwei Schritte vor und schaute in das Grab hinunter. Er sah sofort, was Skarphéðinn meinte. Von dem größeren Skelett war die Erde zum großen Teil entfernt worden. Die Hand ragte in die Luft, die Kiefer klafften auseinander. Die leeren Augenhöhlen waren voller Erde, Haarsträhnen klebten an der Stirn, und das Fleisch im Gesicht war noch nicht völlig verwest.

Über diesem Skelett lag ein zweites winziges Skelett zusammengekauert wie in Embryostellung. Die Arm- und Beinknochen waren nicht größer als Bleistifte, und der Kopf so groß wie ein kleiner Ball. Es lag unterhalb der Rippenknochen des großen Skeletts, der Kopf wies nach unten.

»Das kann doch wohl niemand anderes mehr sein?«, fragte Sigurður Óli. »Das muss doch die Verlobte sein. Sie war schwanger. Wie hieß sie noch gleich?«

»Sólveig«, sagte Elínborg. »Im wievielten Monat war sie eigentlich?«, sagte sie wie zu sich selbst, während sie auf die Knochen hinunterstarrte.

»Spricht man in diesem Stadium von einem Kind oder einem Embryo?«, fragte Erlendur.

»Da weiß ich nicht Bescheid«, erklärte Sigurður Óli.

»Ich auch nicht«, sagte Erlendur. »Wir brauchen einen Experten. Können wir die Skelette, so wie sie sind, jetzt mitnehmen und ins Leichenschauhaus am Barónsstígur bringen?«, fragte er Skarphéðinn.

»Was meinst du damit, so wie sie sind?«

»Eins über dem anderen.«

»Wir müssen erst noch die Erde von dem größeren Skelett wegschaben. Wenn wir dabei kleine Besen oder Pinsel verwenden und dann vorsichtig darunter ausheben, dann könnten wir das Ganze hochkriegen, ja. Ich glaube, das könnte klappen. Du willst nicht, dass der Gerichtsmediziner sich das hier anschaut? In dem Grab, so wie sie daliegen?«

»Nein, ich will nicht, dass das unter freiem Himmel geschieht«, sagte Erlendur. »Das muss gründlich und zu den besten Arbeitsbedingungen gemacht werden.«

Die Skelette wurden gegen Abend so, wie sie waren, ausgehoben. Erlendur, Sigurður Óli und Elínborg waren dabei, wie alles zusammen aus der Erde gehievt wurde. Die Archäologen ließen niemand anderen heran, und Erlendur hatte den Eindruck, dass sie äußerst fachmännisch zu Werke gingen. Er bereute es nicht, sie eingesetzt zu haben. Skarphéðinn leitete die Aktion mit derselben Entschlossenheit, die er während der Ausgrabung an den Tag gelegt hatte. Er erklärte Erlendur, dass sie das Skelett, das sie Erlendur zu Ehren den Milleniumsmenschen nannten, ziemlich lieb gewonnen hätten, sie würden ihn bestimmt vermissen. Aber ihre Arbeit war noch nicht ganz zu Ende. Skarphéðinn interessierte sich auf einmal sehr für Kriminologie und wollte mit seinen Leuten noch weiter nach Hinweisen suchen, die eine Antwort auf die Frage geben könnten, was vor all diesen Jahren dort am Hügel geschehen war. Er hatte das Ganze sowohl mit Videokamera als auch mit Fotos dokumentiert, und er sprach darüber, dass das eine interessante Vorlesung in der Universität abgeben könnte, besonders, falls Erlendur herauskriegen würde, wie die Knochen da in die Erde gekommen waren, fügte er hinzu und lächelte so breit, dass die Säbelzähnchen voll zur Geltung kamen.

Die Skelette wurden ins Leichenschauhaus am Barónsstígur gebracht, um sie einer gründlichen Analyse zu unterziehen. Der Gerichtsmediziner machte immer noch mit seiner Familie Urlaub in Spanien. Er käme erst in einer Woche zurück, sagte er zu Erlendur, als der ihn etwas später am gleichen Nachmittag noch anrief. Nach dem Sonnenbad war der Arzt auf dem Weg zu einem Spanferkel am Spieß, hatte sich wohl auch schon das eine oder andere Glas genehmigt, konstatierte Erlendur. Der Amtsarzt von Reykjavík hatte immerhin den Skeletttransport mitverfolgt. Die Skelette wurden unter seiner Aufsicht in einem Polizeiwagen zum Leichenschauhaus gebracht.

Erlendurs Anweisungen gemäß waren die Skelette nicht getrennt, sondern zusammen transportiert worden. Um sie so heil wie möglich zu erhalten, war da, wo sie einander berührten, viel Erde drangelassen worden. Das Gebilde auf dem Seziertisch, über das ein weißes Laken gebreitet worden war, wirkte ziemlich unförmig. Erlendur und der Amtsarzt standen Seite an Seite, eingetaucht in das grelle Licht der Neonscheinwerfer. Der Amtsarzt zog das Laken weg, und dann standen sie da und betrachteten die Skelette.

»Was uns in erster Linie fehlt, ist eine präzise Altersbestimmung beider Skelette«, sagte Erlendur, indem er den Amtsarzt von der Seite ansah.

»Ja, eine Altersbestimmung«, sagte der Arzt nachdenklich. »Du weißt, dass zwischen den Knochengerüsten von Mann und Frau eigentlich kaum Unterschiede sind, nur das Becken ist anders gebaut, und das sehen wir nicht gut, weil das kleine Skelett darauf liegt. Ich habe den Eindruck, als seien bei dem großen Skelett sämtliche 206 Knochen an Ort und Stelle. Die Rippen sind gebrochen, aber das wussten wir. Ein ziemlich großes Skelett, die Frau muss ziemlich groß gewesen sein. So etwas in der Art kommt einem auf die Schnelle in den Sinn, aber eigentlich habe ich nicht vor, mich da reinzuhängen. Ist es sehr eilig? Hat es nicht eine Woche Zeit? Ich bin kein Experte in Obduktionen oder Altersbestimmungen. Mir können alle möglichen Dinge entgehen, die ein speziell ausgebildeter Gerichtsmediziner sieht und begutachtet, um Schlüsse daraus ziehen zu können. Wenn du willst, dass die Sache ordentlich gemacht wird, musst du dich gedulden. Hat es wirklich solche Eile? Kann es nicht warten?«, wiederholte er.

Erlendur sah, dass dem Arzt der Schweiß auf der Stirn stand, und er erinnerte sich daran, dass irgendjemand mal über ihn gesagt hatte, er sei nicht sonderlich versessen auf Arbeit.

»Klar doch«, sagte Erlendur. »Es hat überhaupt keine Eile. Oder jedenfalls glaube ich das nicht. Es sei denn, dass durch diesen Knochenfund etwas ausgelöst werden könnte, wovon wir nichts wissen, und was tragische Folgen haben könnte.«

»Du meinst, dass jemand, der die Ausgrabung mitverfolgt hat, jetzt weiß, was auf dem Spiel steht, und dass dadurch etwas in Gang gesetzt wird.«

»Warten wir es ab«, sagte Erlendur. »Warten wir auf den Gerichtsmediziner. So eilig ist es wie gesagt wohl nicht. Aber vielleicht siehst du mal zu, ob du nicht doch etwas für uns herausfindest. Schau dir das in aller Ruhe an. Vielleicht kannst du das kleine Skelett von dem großen loslösen, ohne Beweismaterial aufs Spiel zu setzen.«

Der Amtsarzt nickte mit dem Kopf, aber es hatte den Anschein, als wüsste er nicht so recht, wie er das angehen sollte.

»Ich sehe zu, was ich tun kann«, sagte er schließlich.

Erlendur beschloss, unverzüglich mit Benjamíns Knudsens Nichte Elsa zu sprechen und es nicht auf morgen zu verschieben. Er und Sigurður Óli besuchten Elsa noch am gleichen Abend. Sie wurden an der Tür in Empfang genommen und ins Wohnzimmer geführt, wo sie Platz nahmen. Erlendur fand, dass sie müder wirkte als vorher, und ihm war nicht ganz wohl bei dem Gedanken, wie sie auf die Entdeckung von zwei Skeletten reagieren würde. Er stellte sich vor, wie schwierig es für sie war, dass dieser alte Fall nach all den Jahren wieder aufgerollt und ihr Onkel mit einem Mord in Verbindung gebracht wurde.

Erlendur erklärte ihr, was die Archäologen am Grafarholt gefunden hatten; höchstwahrscheinlich sei es Benjamíns Verlobte. Elsa schaute die beiden abwechselnd an, während Erlendur seine Ausführungen beendete, und konnte ihr ungläubiges Staunen nicht verhehlen.

»Das kann ich euch einfach nicht glauben«, stöhnte sie. »Soll das heißen, dass Benjamín seine Verlobte umgebracht hat?«

»Die Wahrscheinlichkeit ...«

»Und sie da oben am Hügel bei seinem Sommerhaus vergraben hat? Das kann ich einfach nicht glauben. Ich begreife nicht, worauf ihr hinauswollt. Da muss es eine andere Erklärung geben, das kann nicht stimmen. Benjamín war kein Mörder, das lasst euch gesagt sein. Ihr habt hier in seinem Haus nach Belieben schalten und walten und den ganzen Keller umkrempeln können, aber das hier geht jetzt entschieden zu weit. Glaubt ihr vielleicht, dass ich euch gestattet hätte, in meinem Keller herumzuwühlen, wenn ich, wenn meine Familie etwas zu verbergen gehabt hätte? Nein, das geht wirklich zu weit. Am besten macht ihr, dass ihr rauskommt«, erklärte sie und stand auf. »Auf der Stelle!«

»Es ist doch nicht, als ob du irgendwelche Schuld an der Sache hast«, sagte Sigurður Óli. Er und Erlendur machten keine Anstalten aufzustehen. »Es ist doch nicht, als ob du etwas gewusst und uns verheimlicht hättest. Oder ...?«

»Was willst du damit zu verstehen geben?«, sagte Elsa. »Dass ich etwas gewussst hätte? Willst du damit sagen, dass ich mitschuldig bin? Willst du mich vielleicht festnehmen? Mich womöglich einbuchten?! Was fällt euch eigentlich ein?!« Sie starrte Erlendur an.

»Immer mit der Ruhe«, sagte Erlendur. »Wir haben bei dem großen Skelett ein zweites gefunden, und zwar das eines Kindes. Es hat sich herausgestellt, dass Benjamíns Verlobte ein Kind erwartete. Es ist nicht unnatürlich anzunehmen, dass sie das sein könnte. Findest du nicht? Wir deuten hier gar nichts an. Wir versuchen bloß, der Sache auf den Grund zu kommen. Du bist uns außerordentlich behilflich gewesen, das wissen wir sehr zu schätzen. Nicht alle hätten sich so wie du verhalten. Das ändert aber nichts an der Tatsache, dass sich der Verdacht jetzt, wo wir bis zu dem Skelett vorgestoßen sind, in erster Linie auf deinen Onkel Benjamín richtet.«

Elsa starrte auf Erlendur hinab wie etwas, das nicht in ihr Haus gehörte. Dann schien sie ein klein wenig ruhiger zu werden. Sie blickte von Sigurður Óli zu Erlendur, und schließlich setzte sie sich wieder.

»Das muss ein Missverständnis sein«, erklärte sie. »Und das würdet ihr auch begreifen, wenn ihr Benjamín gekannt hättet, so wie ich ihn gekannt habe. Der konnte keiner Fliege was zu Leide tun. Nie und nimmer.«

»Er hat herausbekommen, dass seine Verlobte schwanger war«, sagte Sigurður Óli. »Sie wollten heiraten. Er war ganz offensichtlich sehr verliebt in sie. Seine Zukunft baute er auf dieser seiner Liebe auf, auf der Familie, die er gründen wollte, auf seinen geschäftlichen Plänen, auf seiner Position in der versnobten Reykjavíker Gesellschaft. Er brach völlig zusammen. Vielleicht ist er zu weit gegangen. Ihre Leiche wurde ja nie gefunden. Sie soll angeblich ins Meer gegangen sein. Sie verschwand jedenfalls. Vielleicht haben wir sie gefunden.«

»Du hast Sigurður Óli hier gesagt, dass Benjamín nicht gewusst hat, von wem das Kind seiner Verlobten war«, sagte Erlendur behutsam. Er überlegte, ob sie vielleicht zu voreilig gewesen waren, und verfluchte den Gerichtsmediziner in Spanien. Vielleicht hätten sie mit diesem Besuch warten sollen. Auf die Bestätigung warten sollen.

»Das ist richtig«, sagte Elsa. »Er wusste es nicht.«

»Wir haben in Erfahrung gebracht, dass Sólveigs Mutter ihn später besucht und ihm gesagt hat, wie die ganzen Umstände waren. Als alles vorüber war und Sólveig verschwunden war.«

Elsa setzte eine verwunderte Miene auf.

»Das wusste ich nicht«, erklärte sie. »Wann war denn das?«

»Später«, sagte Erlendur. »Wann genau, weiß ich nicht. Also Sólveig hat sich darüber ausgeschwiegen, von wem das Kind war. Aus irgendwelchen Gründen schwieg sie.

Sagte Benjamín nicht, was passiert war. Beendete die Verlobung und hüllte sich in Schweigen, was den Kindsvater betraf. Vielleicht, um ihre Familie zu schützen. Den Ruf ihres Vaters.«

»Ha? Was meinst du mit dem Ruf ihres Vaters?«

»Sein Neffe hat Sólveig vergewaltigt, während sie bei seiner Familie in Fljót zu Besuch war.«

Elsa sank auf einen Sessel nieder und führte in ungläubigem Staunen die Hand zum Mund.

»Das kann ich nicht glauben«, stöhnte sie.

Am anderen Ende der Stadt saß Elínborg zur gleichen Zeit bei Bára und teilte ihr mit, was in dem Grab gefunden worden war und dass theoretisch die größte Wahrscheinlichkeit dafür spräche, dass es sich um Sólveig, Benjamíns Verlobte handelte. Dass Benjamín sich dort vermutlich der Leiche entledigt hatte. Elínborg betonte, dass diese Informationen unter dem Vorbehalt gegeben würden, dass die Polizei außer der Tatsache, dass er der Letzte aus ihrem Bekanntenkreis gewesen war, der sie am Leben gesehen hatte, keinerlei Beweismaterial hatte. Es hätte sich aber herausgestellt, dass sich im gleichen Grab auch die Leiche eines Kindes befand. Die eigentliche Analyse der Skelette stünde aber noch bevor.

Bára hörte diesem Bericht zu, ohne mit der Wimper zu zucken. Wie zuvor war sie allein zu Hause in der großen Villa, mit den angehäuften Reichtümern um sich herum, und zeigte keinerlei Reaktion.

»Unser Vater wollte, dass sie eine Abtreibung machen ließ«, erklärte sie. »Mutter wollte, dass Sólveig mit ihr aufs Land ginge, dass sie dort das Kind bekäme und anschließend zur Adoption freigäbe. Dann könnte sie wieder in die Stadt kommen, als sei nichts vorgefallen, und Benjamín heiraten. Das haben sie unter sich diskutiert und erst dann mit Sólveig gesprochen.«

Bára stand auf.

»Das hat mir Mama hinterher erzählt.«

Sie ging zu einem großen Eichenschrank, zog eine Schublade heraus, der sie ein kleines weißes Taschentuch entnahm, das sie sich zur Nase führte.

»Sie haben ihr diese zwei Optionen gegeben. Die dritte Möglichkeit wurde niemals in Erwägung gezogen, nämlich dass sie das Kind bekäme und es ganz einfach zu unserer Familie gehören würde. Sólveig versuchte, sie davon zu überzeugen, aber weder Papa noch Mama wollten etwas davon hören. Dieses Kind passte nicht in ihre Welt. Sie wollten nichts davon wissen. Entweder abtreiben oder zur Adoption freigeben. Keine Alternative.«

»Und Sólveig?«

»Ich weiß es nicht«, sagte Bára. »Das arme Mädchen, ich weiß es nicht. Sie wollte das Kind bekommen, sie konnte sich nichts anderes vorstellen. Sie war doch selbst eigentlich noch ein Kind. Sie war noch ein Kind.«

Erlendur blickte auf Elsa.

»Kann Benjamín es so aufgefasst haben, dass sie ihn hintergangen hat?«, fragte er. »Falls Sólveig sich geweigert hat, ihm zu sagen, wer der Vater des Kindes war?«

»Niemand weiß, was bei dieser letzten Begegnung zwischen ihnen vorgefallen ist«, sagte Elsa. »Benjamín hat meiner Mutter nur das Notwendigste gesagt, und man wird nie erfahren, ob er ihr alles gesagt hat, was vielleicht eine Rolle gespielt hat. Ist sie wirklich vergewaltigt worden? Großer Gott!«

Elsa starrte abwechselnd auf Erlendur und Sigurður Óli.

»Benjamín könnte es so ausgelegt haben, als ob sie ihn betrogen hätte«, sagte sie dann leise.

»Entschuldigung, was hast du gesagt?«, fragte Erlendur.

»Benjamín kann durchaus geglaubt haben, dass sie ihn betrogen hat«, wiederholte Elsa. »Das bedeutet aber nicht, dass er sie ermordet und da am Hügel verscharrt hat.«

»Weil sie geschwiegen hat«, sagte Erlendur.

»Ja, weil sie geschwiegen hat«, sagte Elsa. »Sie hat sich geweigert zu sagen, wer sie geschwängert hat. Er wusste nichts von der Vergewaltigung, da bin ich mir ziemlich sicher.«

»Könnte er einen Helfershelfer gehabt haben?«, fragte Erlendur. »Jemand, den er mit der Sache beauftragt hat?«

»Ich verstehe nicht, was du meinst.«

»Er hat einem brutalen Kerl, einem Dieb, sein Sommerhaus in Grafarvogur vermietet. Das sagt an und für sich genommen noch nichts aus, aber es ist eine Tatsache.«

»Ich habe keine Ahnung, wovon du redest. Ein brutaler Kerl?«

»Also wahrscheinlich reicht es jetzt erst einmal. Vielleicht sind wir auch zu voreilig, Elsa. Wahrscheinlich ist es am besten, den Bericht des Gerichtsmediziners abzuwarten. Du verzeihst uns, falls wir ...«

»Nein, das ist schon ganz in Ordnung, ich bin euch dankbar, dass ich das Ganze mitverfolgen darf. Das weiß ich zu schätzen.«

»Wir halten dich auf dem Laufenden«, erklärte Sigurður Óli.

»Und ihr habt ja die Haarlocke«, sagte Elsa. »Um Gewissheit zu erhalten.«

»Ja«, sagte Erlendur, »wir haben die Locke.«

Elínborg stand auf. Es war ein langer Tag gewesen, und jetzt wollte sie unbedingt nach Hause. Sie bedankte sich bei Bára, entschuldigte sich nochmals für die Störung so spät am Abend. Bára sagte, deswegen bräuchte sie sich keine Gedanken zu machen. Sie brachte Elínborg zur Tür und machte sie hinter ihr zu. Einen Augenblick später klingelte es, und Bára öffnete wieder.

»War sie groß?«, fragte Elínborg.

»Wer?«, fragte Elínborg zurück.

»Deine Schwester«, sagte Elínborg. »War sie irgendwie ungewöhnlich groß oder mittel oder eher klein? Was für eine Figur hatte sie?«

»Nein, groß gewachsen war sie nicht«, sagte Bára und lächelte schwach. »Weit davon entfernt. Den meisten fiel auf, wie klein sie war. Sie war überaus zierlich. Konnte von einem Windhauch umgepustet werden, hat meine Mutter immer gesagt. Und es war witzig, Benjamín und sie Hand in Hand gehen zu sehen, denn er war so groß und überragte sie turmhoch.«

Der Amtsarzt rief Erlendur gegen Mitternacht an, als er am Krankenbett seiner Tochter saß.

»Ich bin hier im Leichenschauhaus«, sagte der Arzt. »Ich habe die Skelette getrennt und hoffe nur, nichts zerstört zu haben. Mit Gerichtsmedizin habe ich nicht viel am Hut. Die Tische hier und der Fußboden sind voll Erde, ein ganz schöner Dreck ist das hier.«

»Und?«, sagte Erlendur.

»Ach ja, entschuldige, also, wir haben die Knochen des Embryos, der allerdings mindestens sieben oder acht oder sogar neun Monate gewesen sein dürfte.«

»Ja«, sagte Erlendur ungeduldig.

»Daran ist nichts weiter Ungewöhnliches. Bloß ...«

»Ja?«

»Es kann durchaus schon geboren worden sein, als es gestorben ist, oder vielleicht war es eine Totgeburt. Das kann man nicht mehr feststellen. Aber es ist auf keinen Fall die Mutter des Kindes, die darunter liegt.«

»Halt mal, Moment, was? Wieso behauptest du das?«

»Es kann nicht die Mutter des Kindes gewesen sein, die darunter gelegen hat oder mit ihm zusammen hier vergraben wurde, oder wie du das ausdrücken willst.«

»Nicht die Mutter? Was meinst du eigentlich? Wer denn sonst?«

»Es ist nicht die Mutter des Kindes. Das ist absolut ausgeschlossen.«

»Und warum?«

»Da ist überhaupt keine Frage«, sagte der Amtsarzt. »Das sagt uns das Becken.«

»Das Becken?«

»Das große Skelett ist von einem Mann. Unter dem Kind hat ein Mann gelegen.«

27

Der Winter am Hügel war lang und schwierig. Die Mutter der Kinder arbeitete weiter in Gufunes, und die Jungen nahmen jeden Morgen den Schulbus. Grímur bekam wieder Arbeit beim Kohleausliefern. Bei den Amerikanern war nach dem Diebstahl an keinen Job mehr zu denken. Das Depot war geschlossen worden, und die Nissenhütten wurden komplett nach Hálogaland transportiert. Nur Zäune und Zaunpfähle blieben zurück und ein kleiner betonierter Platz vor den Baracken. Die große Kanone war auch nicht mehr da. Man sprach davon, dass der Krieg jetzt wohl bald zu Ende sein würde. Die Frontlinie der Deutschen in Russland brach ein, und es hieß, dass man demnächst mit einer Großoffensive seitens der Alliierten an der Westfront rechnen konnte.

In diesem Winter würdigte Grímur ihre Mutter kaum eines Blickes. Sprach kaum ein Wort mit ihr, es sei denn, um sie mit Beschimpfungen zu überhäufen. Sie teilten nicht länger das Bett. Ihre Mutter schlief in Símons Zimmer, und Grímur wollte Tómas bei sich haben. Alle außer Tómas bemerkten, dass ihre Mutter in diesem Winter immer mehr zunahm, bis der Bauch sich richtig wölbte, wie eine bittersüße Erinnerung an das, was im Sommer geschehen war, und ein schauerlicher Hinweis auf das, was zu erwarten war, falls Grímur mit seinen Drohungen Ernst machen würde.

Sie versuchte, ihren Zustand so gut sie konnte zu verbergen. Grímur drohte ihr in regelmäßigen Abständen, dass er ihr das Kind wegnehmen oder es gleich bei der Geburt umbringen würde. Behauptete, dass es ein Kretin werden würde wie Mikkelína, und deswegen wäre es am besten, gleich kurzen Prozess zu machen. »Verdammte Amihure«, sagte er. Doch in diesem Winter kam es zu keinen körperlichen Misshandlungen. Er hielt sich zurück, schlich aber um sie herum wie ein Raubtier, das den Angriff auf sein Opfer vorbereitet.

Sie versuchte, mit Grímur über eine Scheidung zu reden, aber der lachte nur höhnisch. Mit den Leuten auf dem Gufuneshof sprach sie nie über ihre Schwangerschaft und versuchte, ihren Zustand zu verbergen. Vielleicht glaubte sie bis zum allerletzten Moment, dass Grímur ein Einsehen haben würde, dass er nur so daherredete und wenn es so weit wäre, seine Androhungen nicht wahr machen und das Kind akzeptieren würde.

Schließlich griff sie zu einem verzweifelten Ausweg. Nicht um sich an Grímur zu rächen, obwohl sie mehr als genug Grund dazu gehabt hätte, sondern um sich selbst und das Kind, das sie unter dem Herzen trug, zu schützen.

Mikkelína verspürte in diesem schwierigen Winter sehr intensiv die ständig wachsende Spannung zwischen ihrer Mutter und Grímur, und bei Símon bemerkte sie eine Veränderung, die sie nicht weniger erschreckte. Er hatte immer eine sehr enge Beziehung zu seiner Mutter gehabt, aber jetzt wich er ihr kaum noch von der Seite, wenn sie in der Arbeit fertig und er aus der Schule nach Hause gekommen war. Er war nervöser als je zuvor, seit Grímur an jenem kalten Herbstmorgen aus dem Gefängnis gekommen war. Er mied seinen Vater so gut er konnte, und mit jedem Tag steigerten sich seine Ängste wegen seiner Mutter. Mikkelína hörte manchmal, wie er mit sich selber sprach, und manchmal kam es ihr so vor, als spräche er mit jemandem, den sie nicht sehen konnte, der sich auf keinen Fall in ihrem Haus befinden konnte. Jemand, der gar nicht existierte. Sie hörte manchmal, wie er sich laut vorsagte, was für Maßnahmen zu ergreifen seien, um ihre Mutter und Daves Kind vor Grímur zu schützen. Einzig und allein von ihm hing es ab, ob das Kind am Leben bleiben würde, denn es gab ja niemand anderen. Sein Freund Dave würde nie mehr zurückkommen. Símon nahm Grímurs Drohungen sehr ernst. Er glaubte fest daran, dass er im Stande war, das Kind umzubringen. Oder dass Grímur es wegnehmen würde, sodass sie es nie zu sehen bekämen. Dass Grímur mit ihm auf einen Berg gehen und ohne es wiederkommen würde.

Tómas war schweigsam wie zuvor, aber eines Tages bemerkte Mikkelína auch an ihm eine Veränderung. Grímur ließ ihn nachts bei sich schlafen, nachdem er ihrer Mutter untersagt hatte, im Ehebett zu schlafen. Sie war gezwungen, in Tómas' Bett zu schlafen, obwohl es viel zu klein und sehr unbequem für sie war. Mikkelína wusste nicht, was er mit Tómas besprach, aber schon nach kurzer Zeit legte er ihr gegenüber ein ganz anderes Verhalten an den Tag. Er wollte nichts mehr mit ihr zu tun haben, und auch von Símon entfernte er sich mehr und mehr, obwohl die Brüder immer ein gutes Verhältnis gehabt hatten. Ihre Mutter versuchte mit Tómas zu sprechen, aber er wandte sich ab, zornig, schweigsam und hilflos.

»Símon wird immer komischer«, hörte sie einmal Grímur zu Tómas sagen. »Er wird genauso komisch wie deine Mutter. Nimm dich vor ihm in Acht. Pass auf, dass du nicht so wirst wie er. Sonst wirst du nämlich auch so komisch.«

Mikkelína hörte mit, als ihre Mutter einmal mit Grímur über das Kind sprach, und soweit sie wusste, war es das einzige Mal, dass er ihr gestattete, ihre Meinung zu sagen.

Mittlerweile war die Schwangerschaft deutlich sichtbar, und er hatte ihr verboten, weiterhin auf dem Gufuneshof zu arbeiten.

»Du hörst jetzt da auf, und erklärst denen, dass du dich mehr um deine Familie kümmern musst«, hörte Mikkelína ihn sagen.

»Aber du könntest doch sagen, dass es deins ist«, sagte ihre Mutter.

Grímur lachte ihr höhnisch ins Gesicht.

»Das könntest du tun.«

»Halt die Schnauze.«

Mikkelína bemerkte, dass Símon ebenfalls lauschte.

»Du könntest sehr wohl sagen, dass es dein Kind ist«, sagte ihre Mutter besänftigend.

»Komm mir nicht mit so was«, sagte Grímur.

»Niemand braucht etwas zu wissen. Niemand braucht was herauszufinden.«

»Es ist zu spät, um jetzt den Karren aus dem Dreck zu ziehen. Daran hättest du denken sollen, als du mit diesem amerikanischen Playboy auf der Wiese rumgevögelt hast.«

»Ich könnte das Kind auch zur Adoption freigeben«, sagte sie vorsichtig. »Ich bin nicht die Einzige, die in einer solchen Situation ist.«

»Oh nein«, sagte Grímur, »die halbe Stadt hat ja mit diesen Kerlen im Bett gelegen! Aber glaub ja nicht, dass das die Sache besser macht.«

»Du brauchst es nie zu Gesicht zu bekommen. Ich gebe es gleich nach der Geburt zur Adoption frei, und du brauchst es nie zu sehen.«

»Alle wissen Bescheid, dass meine Frau eine Amihure ist«, sagte Grímur. »Alle wissen, dass du dich mit Soldaten rumgetrieben hast.«

»Niemand weiß etwas davon«, sagte sie. »Niemand. Niemand wusste etwas von mir und Dave.«

»Und wieso hab ich dann davon gewusst, du dämliche Kuh? Doch nicht, weil du mir davon erzählt hast! Glaubst du im Ernst, dass sich so was nicht rumspricht?«

»Ja, aber niemand weiß, dass es sein Kind ist. Das weiß niemand.«

»Halt die Schnauze«, sagte Grímur. »Halt die Schnauze oder ich ...«

Solchermaßen warteten sie alle diesen endlosen Winter lang auf das, was passieren würde, was auf eine entsetzliche Weise unabwendbar war.

Es begann damit, dass Grímur auf einmal krank wurde.

———≫•◦•≪———

Mikkelína starrte auf Erlendur.

»In diesem Winter fing sie an, ihn zu vergiften.«

»Zu vergiften?«, wiederholte Erlendur.

»Sie wusste nicht, was sie tat.«

»Und wie hat sie ihm das Gift eingegeben?«

»Kannst du dich an den Dúkskot-Fall in Reykjavík erinnern?«

»Eine junge Frau beschaffte sich Rattengift und brachte damit ihren Bruder um. Das war irgendwann zu Beginn des letzten Jahrhunderts.«

»Mama wollte ihn damit nicht umbringen. Sie wollte ihn nur irgendwie lahm legen. Damit sie das Kind bekommen und es wegbringen konnte, bevor er herausfinden würde, dass alles vorüber und das Kind aus seiner

Reichweite war. Die Frau in Dúkskot vergiftete ihren Bruder mit Rattengift. Gab ihm große Portionen in den Quark, sogar wenn er zusah. Er wusste natürlich nicht, was für ein Zeug das war, aber er konnte noch davon erzählen, weil er erst einige Tage später starb. Sie schüttete ihm Brennivín über den Quark, um den Geschmack zu verdecken. Als der Mann obduziert wurde, stellte sich heraus, dass es eine Phosphorvergiftung war, die sehr langsam wirkt. Unsere Mutter kannte diese Geschichte. Ich weiß nicht genau wie, aber das war selbstverständlich ein berüchtigter Mordfall im kleinen Reykjavík. Das Rattengift hatte sie sich in Gufunes besorgt. Sie entwendete kleine Portionen, die sie ihm ins Essen tat. Nie viel auf einmal, damit er keinen ungewöhnlichen Beigeschmack verspürte oder auf andere Weise Verdacht schöpfte. Sie bewahrte das Gift auch nicht zu Hause auf, sondern brachte es jedes Mal von Gufunes mit, bis sie dort aufhörte. Dann ließ sie eine größere Menge mitgehen, die sie zu Hause versteckte. Sie hatte keine Ahnung, wie das Gift wirken würde oder ob es überhaupt wirken würde in dieser geringfügigen Dosierung, doch als sie ihm das Gift eine Zeit lang ins Essen getan hatte, schien es auf einmal Wirkung zu haben. Er wurde kraftlos, fühlte sich oft elend oder müde und erbrach sich häufig. Dann konnte er nicht zur Arbeit gehen, sondern lag nur im Bett und krümmte sich vor Schmerzen.«

»Hat er denn keinen Verdacht geschöpft?«, fragte Erlendur.

»Erst als es schon zu spät war«, erklärte Mikkelína. »Er glaubte nicht an Ärzte. Und sie hat ihn natürlich nicht darin bestärkt, sich untersuchen zu lassen.«

»Was meinte er eigentlich damit, als er gesagt hat, sie

würden sich schon um Dave kümmern? Hat er sich noch mehr darüber ausgelassen?«

»Nein, nie«, sagte Mikkelína. »Das war auch nur so dahergeredet, um Mama zu ängstigen. Er wusste, dass sie Dave liebte.«

Erlendur und Elínborg saßen in Mikkelínas Wohnzimmer und lauschten ihrer Erzählung. Sie hatten ihr eröffnet, dass das Skelett unter dem Kind ein Mann sei. Mikkelína schüttelte den Kopf, das hätte sie ihnen gleich sagen können, wenn sie nicht so Hals über Kopf davongestürzt wären, ohne zu sagen, warum.

Sie wollte mehr über die kleinen Knochen wissen, aber als Erlendur fragte, ob sie sie sehen wollte, lehnte sie das ab.

»Aber ich hätte sie gern bekommen, wenn ihr sie nicht mehr braucht«, sagte sie. »Es wird langsam Zeit, dass sie in geweihte Erde kommt.«

»Sie?«

»Ja, sie«, erklärte Mikkelína.

Sigurður Óli hatte Elsa informiert, was der Amtsarzt gesagt hatte. Die Leiche im Grab konnte nicht von Sólveig, der Verlobten von Benjamín, sein. Elínborg rief bei Sólveigs Schwester Bára an und überbrachte ihr diese Nachrichten.

Als Elínborg und Erlendur auf dem Weg zu Mikkelína waren, hatte Hunter Erlendur angerufen, um ihm mitzuteilen, dass er immer noch nicht herausgefunden hatte, was aus David Welch geworden war; er wusste nicht, ob er das Land verlassen hatte oder wann das gewesen sein konnte, aber er werde weiterhin am Ball bleiben.

Morgens hatte Erlendur zunächst seine Tochter auf der Intensivstation besucht. Der Zustand war immer noch unverändert. Erlendur hatte eine ganze Weile bei ihr gesessen und ihr mehr von seinem Bruder erzählt, der in den Bergen oberhalb von Eskifjörður im Schneesturm umgekommen war, als Erlendur zehn Jahre alt war. Sie waren zusammen mit ihrem Vater unterwegs gewesen, um Schafe zusammenzutreiben, als das Unwetter urplötzlich hereinbrach. Die Brüder verloren zunächst ihren Vater aus den Augen, und dann verloren sie einander. Ihr Vater schlug sich völlig verzweifelt von den Bergen hinunter in die bewohnten Gebiete durch. Suchtrupps wurden ausgeschickt.

»Mich haben sie aus purem Zufall gefunden«, sagte Erlendur. »Warum, weiß ich nicht. Ich hatte mich im Schnee eingegraben, so viel Verstand besaß ich. War aber mehr tot als lebendig, als der Stab durch die Schneewehe hinunterstieß und mich an der Schulter traf. Wir sind dann weggezogen. Konnten uns nicht vorstellen, weiterhin dort zu leben und ständig von den Gedanken an ihn oben in den Bergen verfolgt zu sein. Wir versuchten, in Reykjavík ein neues Leben anzufangen. Vergeblich.«

In diesem Augenblick betrat der Arzt das Zimmer. Sie begrüßten sich und sprachen kurz über Eva Lind. »Unverändert«, sagte der Arzt. »Keinerlei Anzeichen dafür, dass sie auf dem Wege der Besserung ist beziehungsweise wieder zu sich kommt.« Sie schwiegen. Verabschiedeten sich. Der Arzt drehte sich in der Tür um.

»Du solltest nicht auf ein Wunder hoffen«, sagte er und wunderte sich, als Erlendur zynisch lächelte.

Jetzt saß Erlendur Mikkelína gegenüber und dachte an seine Tochter auf dem Krankenbett und an seinen Bruder in seinem weißen Grab, während Mikkelínas Worte nur im Unterbewusstsein an ihn herandrangen.

»Meine Mutter war keine Mörderin«, sagte sie.

Erlendur schaute sie aus weiter Ferne an.

»Sie war keine Mörderin«, wiederholte Mikkelína. »Sie glaubte, dass sie auf diese Weise das Kind retten könnte. Sie ängstigte sich um ihr Kind.«

Sie schielte zu Elínborg hinüber.

»Und das hat ihn nicht umgebracht«, erklärte sie. »Er ist nicht an Vergiftung krepiert.«

»Aber gerade hast du gesagt, dass er keinerlei Verdacht geschöpft hat, bevor es zu spät war?«

»Ja«, sagte Mikkelína. »Dann war es zu spät.«

An dem Abend, als es passierte, schien es Grímur, der den ganzen Tag über im Bett gelegen und Qualen gelitten hatte, nicht ganz so schlecht zu gehen.

Ihre Mutter verspürte Schmerzen im Bauch, und gegen Abend setzten mit kurzen Abständen die Wehen ein. Sie wusste, dass es viel zu früh war. Das Kind wollte vor der Zeit kommen. Sie ließ die Jungen ihre Matratze holen und auch die Matratze von Mikkelínas Pritsche in der Küche, und dann machte sie sich auf dem Küchenfußboden eine Liegefläche zurecht, wo sie sich zur Abendbrotzeit niederlegte.

Sie bat Mikkelína und Símon, saubere Laken bereitzuhalten und heißes Wasser, um das Kind zu waschen. Sie hatte drei Kinder zu Hause zur Welt gebracht und wusste, was erforderlich war.

Es war zwar immer noch Winter, aber unerwarteterweise war es etwas wärmer geworden. Tagsüber hatte es geregnet, jetzt würde der Frühling bald eintreffen. Ihre Mutter hatte sich mit den Johannisbeersträuchern zu schaffen gemacht und tote Zweige abgeschnitten. Sie sprach davon, dass es im Herbst schöne Beeren geben würde, aus denen sie Marmelade kochen wollte. Símon wich nicht von ihrer Seite und stand auch bei den Sträuchern dicht neben ihr. Sie versuchte, ihn zu beruhigen, indem sie sagte, es würde schon alles gut werden.

»Nichts wird gut werden«, sagte Símon und wiederholte das. »Nichts wird gut werden. Du darfst das Kind nicht behalten. Das will er nicht. Das hat er gesagt, und er will das Kind umbringen. Das hat er gesagt. Wann kommt das Kind?«

»Du darfst dir nicht so viele Sorgen machen«, sagte seine Mutter. »Wenn das Kind kommt, bringe ich es in die Stadt, und er wird es nie zu Gesicht bekommen. Er ist krank, er kann gar nichts machen. Er liegt immer im Bett und kann überhaupt nichts machen.«

»Aber wann kommt das Baby denn?«

»Das kann jederzeit geschehen«, sagte seine Mutter in beruhigendem Ton. »Hoffentlich möglichst bald, und dann ist alles überstanden. Du brauchst keine Angst davor zu haben, Símon. Du musst ganz stark sein. Meinetwegen.«

»Warum gehst du nicht ins Krankenhaus? Warum verlässt du ihn nicht, um dein Kind in Ruhe zu bekommen?«

»Das lässt er nicht zu«, sagte sie. »Er würde kommen und mich nach Hause holen, damit ich das Kind nicht im Krankenhaus zur Welt bringe. Er will nicht, dass sich irgendetwas herumspricht. Wir sagen einfach, dass wir das Kind gefunden haben. Und übergeben es dann an gute Leute. So will er es haben. Es wird schon alles gut werden.«

»Aber er hat doch gesagt, dass er es umbringen will.«

»Das tut er nicht.«

»Ich habe solche Angst«, sagte Símon. »Warum muss das so sein? Ich weiß nicht, was ich tun soll. Ich weiß nicht, was ich tun soll«, wiederholte er, und sie spürte, dass er vor Angst und Sorge ganz verzweifelt war.

Jetzt stand er da und blickte auf seine Mutter hinunter, die auf der Matratze in der Küche lag, denn das war außer dem elterlichen Schlafzimmer der einzige Raum, der groß genug war. Zunächst presste sie, ohne einen Laut von sich zu geben. Tómas war bei Grímur im Zimmer. Símon hatte sich zur Tür geschlichen und sie zugemacht.

Mikkelína lag an der Seite ihrer Mutter, die versuchte, sich so leise wie nur möglich zu verhalten. Die Tür zum Schlafzimmer öffnete sich, und Tómas kam in die Küche. Grímur saß auf der Bettkante und ächzte. Er hatte Tómas geschickt, um eine Schüssel mit Haferbrei zu holen, die in der Küche für ihn bereitstand. Hatte gesagt, Tómas dürfe ruhig auch etwas von dem Brei essen.

Als Tómas an Mikkelína, Símon und seiner Mutter vorbeiging, schaute er hinunter und sah, dass der Kopf des Kindes schon herausgekommen war, und seine Mutter zog nach Kräften daran, bis auch die Schultern zum Vorschein kamen.

Tómas nahm die Breischale, und plötzlich sah seine Mutter aus den Augenwinkeln, dass er im Begriff war, sich einen Löffel voll zum Mund zu führen.

»Tómas! Um alles in der Welt, rühr diesen Brei nicht an!«, rief sie in äußerster Verzweiflung.

Totenstille herrschte im Haus. Die Kinder starrten ihre Mutter an, die mit dem neugeborenen Kind in den Händen aufrecht dasaß und Tómas anstarrte, der so erschrak, dass er die Breischale fallen ließ, die auf dem Boden klirrend in tausend Stücke zerbrach.

Man hörte, wie das Bett knarrte.

Grímur trat aus dem Zimmer und kam in die Küche. Er blickte auf ihre Mutter und das neugeborene Kind hinunter, und der Ekel stand ihm ins Gesicht geschrieben. Er blickte zu Tómas hinüber und dann auf den Brei auf dem Fußboden.

»Das ist ja wohl nicht die Möglichkeit«, sagte Grímur leise und fassungslos, so als hätte er endlich die Antwort auf ein Rätsel bekommen, das ihn lange beschäftigt hatte. Er blickte wieder auf ihre Mutter hinunter.

»Du vergiftest mich?«, sagte er, wobei sich sein Ton verschärfte.

Ihre Mutter schaute zu Grímur hoch. Mikkelína und Símon trauten sich nicht, hochzublicken. Tómas stand unbeweglich bei den Scherben und dem Breifladen.

»Verflucht nochmal, das habe ich doch irgendwie schon lange geahnt. Ewig so schlapp. Diese Schmerzen. Die Krankheit ...«

Grímur blickte sich in der Küche um. Dann fiel er über die Schränke her und riss die Schubladen heraus. In seiner maßlosen Wut leerte er sämtliche Schränke und Fächer. Als er eine alte Tüte mit Mehl aus einem der Schränke riss und sie gegen die Wand schleuderte, hörte man, wie ein kleines Glas auf den Boden fiel.

»Ist das das Zeug?!«, brüllte er und hob das Fläschchen auf.

Grímur bückte sich zu ihrer Mutter hinunter.

»Und wie lange treibst du das schon?«, geiferte er.

Ihr Mutter blickte ihm starr in die Augen. Ein kleiner Kerzenstummel brannte neben ihr auf dem Fußboden. Sie hatte in aller Eile eine große Schere in der Flamme heiß gemacht und damit die Nabelschnur durchgeschnitten, die sie mit zitternden Händen verknotete, während er nach dem Gift suchte.

»Wirst du mir gefälligst antworten!!«, brüllte Grímur.

Sie brauchte nicht zu antworten. Er konnte es ihren Augen ansehen, ihrer Miene. Ihrem Trotz. In ihrem Innersten hatte sie sich immer zur Wehr gesetzt, egal wie oft er über sie hergefallen war, er sah es in ihrem schweigenden Widerstand, die Bedrohung, die ihm mit dem blutigen Soldatenbankert in den Händen entgegenstarrte.

Sah es in dem Kind, das sie ihm entgegenhielt.

»Lass Mama in Ruhe«, sagte Símon leise.

»Her mit dem Kind!«, schrie Grímur. »Das Kind will ich haben, du verdammte Giftschlange.«

Ihre Mutter schüttelte den Kopf.

»Du bekommst es nicht«, sagte sie leise.

»Lass Mama in Ruhe«, sagte Símon lauter.

»Her mit dem Bankert!«, brüllte Grímur, »oder ich bring euch beide um. Ich bringe euch alle um! Alle!!«

Er schäumte vor Wut.

»Du gottverdammte Hure! Du wolltest mich umbringen! Glaubst du im Ernst, dass du mich umbringen kannst?«

»Hör auf damit!«, rief Símon.

Ihre Mutter hielt das Kind mit der einen Hand dicht an sich gedrückt, und mit der anderen tastete sie nach der Schere, fand sie aber nicht. Sie wandte die Augen von Grímur ab und suchte mit irren Blicken nach der Schere, aber sie war nicht mehr da.

Erlendur blickte Mikkelína an.

»Und wer hatte die Schere genommen?«, fragte er.

Mikkelína war aufgestanden und stand am Wohnzimmerfenster. Erlendur und Elínborg warfen sich Blicke zu. Sie dachten beide dasselbe.

»Es gibt wohl niemanden außer dir, der davon berichten kann, was damals passiert ist?«, fragte Erlendur.

»Nein«, sagte Mikkelína. »Da ist niemand anderes.«

»Wer hatte die Schere genommen?«, wiederholte Elínborg.

28

»Möchtet ihr vielleicht Símon kennen lernen?«, fragte Mikkelína mit Tränen in den Augen.

»Símon?«, sagte Erlendur und wusste nicht, über wen sie sprach. Erinnerte sich dann aber auf einmal. Erinnerte sich an den Mann, der sie da draußen am Hügel abgeholt hatte. »Du meinst deinen Sohn?«

»Nein, nicht meinen Sohn, sondern meinen Bruder«, erklärte Mikkelína. »Meinen Bruder Símon.«

»Lebt er noch?«

»Ja. Er lebt noch.«

»Dann müssen wir auch mit ihm reden«, sagte Erlendur.

»Das wird nicht viel bringen«, sagte Mikkelína und lächelte. »Aber fahren wir doch einfach zu ihm und besuchen ihn. Er freut sich immer über Besuch.«

»Aber willst du nicht erst die ganze Geschichte zu Ende

erzählen?«, fragte Elínborg. »Was für ein abartiges Scheusal dieser Mensch war. Ich kann es kaum fassen, dass es Menschen gibt, die so etwas fertig bringen.«

Erlendur blickte zu ihr hinüber.

Mikkelína stand auf.

»Ich erzähle euch den Rest unterwegs. Am besten machen wir uns jetzt auf den Weg zu Símon.«

»Símon!«, rief ihre Mutter.

»Lass Mama in Ruhe«, schrie Símon mit zittriger Stimme, und bevor noch jemand wusste, was geschah, hatte er Grímur die Schere in die Brust gestochen.

Símon zuckte zurück, und sie sahen, dass die Schere bis zu den Griffen in seiner Brust steckte. Er glotzte seinen Sohn fassungslos an, so als könnte er nicht begreifen, was geschehen war. Er schaute auf die Schere hinunter und schien unfähig zu sein, sich zu bewegen. Dann blickte er wieder Símon an.

»Du bringst mich um?«, ächzte Grímur und ging in die Knie. Blut quoll an der Schere hervor und tropfte auf den Fußboden, dann kippte er langsam nach hinten und fiel um.

Ihr Mutter hielt in schweigendem Entsetzen das Kind fest an sich gedrückt. Mikkelína lag bewegungslos neben ihr. Tómas stand immer noch an derselben Stelle, wo ihm die Breischüssel aus der Hand gefallen war. Símon stand an der Seite seiner Mutter und begann zu zittern. Grímur rührte sich nicht mehr.

Totenstille herrschte im Haus.

Bis ihre Mutter einen markerschütternden Angstschrei ausstieß.

Mikkelína schwieg eine Weile.

»Ich weiß nicht, ob das Kind tot geboren war oder ob Mama es so heftig an sich gedrückt hat, dass es in ihren Armen erstickt ist. Es war eine Frühgeburt. Eigentlich sollte es erst im Frühjahr zur Welt kommen, aber es war immer noch Winter, als es geboren wurde. Es gab keinen Laut von sich. Mama hatte keine Möglichkeit gehabt, die Atemwege zu säubern, und sie hielt das Gesicht des Kindes aus Angst vor ihm in ihren Kleidern vergraben. Aus Angst davor, dass er es ihr wegnehmen könnte.«

Erlendur bog nach den Angaben von Mikkelína in die Einfahrt zu einem unauffälligen Gebäude ein.

»Er hätte wohl auch den Winter nicht überlebt?«, fragte Erlendur. »Ich meine Grímur? Hatte sie das so berechnet?«

»Vielleicht«, sagte Mikkelína. »Sie hatte ihm drei Monate lang Gift eingegeben. Aber nicht genug.«

Erlendur hielt auf dem Parkplatz und stellte den Motor ab.

»Habt ihr schon mal etwas von Hebephrenie gehört?«, fragte sie und öffnete die Wagentür.

Ihre Mutter starrte auf das tote Kind in ihren Armen, wiegte sich vor und zurück und jammerte laut.

Símon schien sie gar nicht wahrzunehmen, sondern starrte ungläubig auf die Leiche seines Vaters. Ein große Blutlache hatte sich gebildet. Símon zitterte wie Espenlaub.

Mikkelína versuchte, ihre Mutter zu trösten, aber das war unmöglich. Tómas stieg an ihnen vorbei, ging ins Schlafzimmer und und machte die Tür hinter sich zu, ohne ein Wort zu sagen. Ohne irgendeine Reaktion zu zeigen.

So verging eine geraume Zeit.

Schließlich gelang es Mikkelína, ihre Mutter ein wenig zu beruhigen. Sie besann sich, verstummte und blickte sich um. Sie sah Grímur in seinem Blut liegen, sah Símon neben sich, der wie Espenlaub zitterte, sah, dass Mikkelína die Angst ins Gesicht geschrieben stand. Dann begann sie ihr Kind in dem warmen Wasser zu waschen, das Símon für sie bereitgestellt hatte. Sie tat das sehr genau und sorgfältig mit langsamen, vorsichtigen Bewegungen. Es war, als wüsste sie, was sie zu tun hätte, ohne in Einzelheiten darüber nachdenken zu müssen. Sie legte das Kind nieder, stand auf und nahm Símon in die Arme, der immer noch am selben Fleck stand. Das Zittern ließ nach, und er brach laut schluchzend in Tränen aus. Sie führte ihn zu einem Stuhl und ließ ihn sich so setzen, dass er der Leiche den Rücken zudrehte. Sie ging zu Grímur, riss die Schere aus der Wunde und warf sie ins Waschbecken.

Entkräftet nach der Geburt, sank sie auf einen Stuhl nieder.

Sie sprach zu Símon darüber, was jetzt zu tun sei, und sie gab Mikkelína Anweisungen. Sie zogen Grímurs Leiche auf eine Decke und schleppten sie bis zur Haustür. Sie ging mit Símon hinaus, eine ganze Strecke vom Haus weg, und Símon fing an, ein Loch zu schaufeln. Tagsüber hatte es aufgeklart, aber jetzt begann der kalte und schwere Regen wieder auf sie niederzuprasseln. Der Boden war zum größten Teil frostfrei. Símon benutzte eine Hacke zum Lockern der Erde. Nach zwei Stunden Schaufeln konnten sie die Leiche holen und zum Grab schleifen. Sie zogen die Decke über das Loch, ließen die Leiche hineinfallen und rissen dann die Decke wieder hoch. Die Leiche hatte sich beim Fallen so gedreht, dass der linke Arm hochragte, aber weder Símon noch seine Mutter konnten es über sich bringen, Grímur noch einmal anzurühren.

Ihre Mutter ging mit schleppenden Schritten zum Haus zurück, holte das Kind, trug es durch den kalten Winterregen und legte es zu der Leiche.

Sie war gerade im Begriff, das Zeichen des Kreuzes über dem Grab zu schlagen, als sie innehielt.

»Er existiert nicht«, sagte sie.

Dann begann sie, das Grab zuzuschaufeln. Símon stand am Rand und beobachtete, wie die kalte, nasse Erde auf die Leichen hinunterklatschte, und er sah zu, wie sie nach und nach verschwanden. Mikkelína hatte angefangen, die Küche in Ordnung zu bringen. Tómas war nirgends zu erblicken.

Eine dicke Schicht Erde lag schon auf der Leiche, als es Símon plötzlich so vorkam, als würde Grímur sich bewegen. Er zuckte zusammen und schaute zu seiner Mutter hinüber, die aber nichts bemerkt zu haben schien. Er starrte in das Grab hinunter und sah zu seinem unbeschreiblichen Entsetzen, wie das halb von Erde verhüllte Antlitz sich bewegte.

Die Augen öffneten sich.

Símon konnte sich nicht vom Fleck rühren.

Grímur starrte ihn aus dem Grab heraus an.

Símon schrie laut auf, und seine Mutter hörte auf zu schaufeln. Sie blickte zuerst zu Símon hinüber und dann hinunter ins Grab, und dann sah sie auch, dass Grímur noch am Leben war. Sie stand direkt an der Kante. Es regnete so heftig, dass die Erde von Grímurs Gesicht gewaschen wurde. Einen Augenblick blickten sie einander in die Augen, und dann bewegte Grímur die Lippen.

»Bitte!«

Dann schlossen sich die Augen wieder.

Ihre Mutter blickte auf Símon. Dann ins Grab, und wieder auf Símon. Nahm die Schaufel und machte weiter, als sei nichts vorgefallen. Grímur verschwand unter der Erde, und sie konnten ihn nicht länger sehen.

»Mama«, stöhnte Símon.

»Geh ins Haus, Símon«, sagte ihre Mutter. »Es ist vorbei. Geh ins Haus, und hilf Mikkelína. Tu das, Símon, bitte. Geh ins Haus.«

Símon betrachtete seine Mutter, die halb gebückt mit der Schaufel arbeitete und nass bis auf die Knochen in dem kalten Regen das Grab füllte. Dann ging er schweigend ins Haus.

»Es kann sein, dass Tómas der Meinung gewesen ist, dass er die Schuld an allem trug«, sagte Mikkelína. »Er hat nie darüber gesprochen und wollte nicht mit uns reden. Er zog sich ganz und gar in sich selbst zurück. Als Mama ihm zugerufen hatte und er die Schüssel fallen ließ, wurden

Dinge in Gang gesetzt, die unser aller Leben von Grund auf veränderten und den Tod seines Vaters zur Folge hatten.«

Sie saßen in einem gepflegten Empfangszimmer und warteten auf Símon. Ihnen war gesagt worden, dass er gerade einen Spaziergang mache, aber eigentlich jeden Augenblick wieder zurückerwartet wurde.

»Das Personal ist hier außerordentlich zuvorkommend«, sagte Mikkelína. »Er könnte es nicht besser haben.«

»Hat eigentlich niemand Grímur vermisst?«, fragte Elínborg.

»Mama hat zuerst das Haus von oben bis unten gründlich geputzt und dann vier Tage später gemeldet, dass ihr Mann losgezogen sei, um zu Fuß über die Hellisheiði nach Selfoss zu gehen. Seitdem hätte sie nichts mehr von ihm gehört. Niemand hatte von der Schwangerschaft gewusst, oder sie wurde zumindest nie danach gefragt. Suchtrupps wurden auf die Hochheide geschickt, aber da konnte er selbstverständlich nicht gefunden werden.«

»Und weswegen sollte er nach Selfoss gegangen sein?«

»Mama brauchte gar nichts weiter zu erklären«, entgegnete Mikkelína. »Es wurde überhaupt nicht von ihr verlangt, dass sie genauere Auskunft darüber gab. Er war im Knast gewesen. Ein Dieb. Wieso sollten sie sich dafür interessieren, was er in Selfoss vorhatte? Es interessierte sie nicht im Geringsten. Die hatten genug anderes zu tun. Am gleichen Tag, als Mama das Verschwinden meldete, hatten amerikanische Soldaten einen Isländer erschossen.«

Mikkelína lächelte schwach.

»Ein paar Tage vergingen. Sie wurden zu Wochen. Er wurde nie gefunden. Für tot erklärt. Verirrt. Ein ganz normaler Fall von Vermisstenmeldung.«

Sie seufzte.

»Am meisten hat Mama wegen Símon geweint.«

Als alles überstanden war, herrschte ein seltsames Schweigen im Haus.

Ihre Mutter saß am Küchentisch, vollkommen durchnässt nach diesem Wolkenbruch. Sie starrte vor sich hin, hatte die Hände auf den Tisch gelegt und schenkte ihren Kindern keinerlei Beachtung. Mikkelína saß bei ihr und streichelte ihre Hände. Tómas war immer noch im Schlafzimmer und ließ sich nicht blicken. Símon stand am Küchenfenster und starrte hinaus in den Regen, während ihm die Tränen über die Wangen rollten. Er schaute zu seiner Mutter und Mikkelína hinüber und dann wieder zum Fenster hinaus, wo man undeutlich die Johannisbeersträucher erkennen konnte. Dann ging er hinaus.

Er war nass, und ihm war kalt, er zitterte im Regen, als er zu den Sträuchern ging, dort stehen blieb und über die kahlen Äste strich. Durch den Regen hindurch schaute er zum schwarzen Himmel hoch. In der Ferne hörte man Donner.

»Ich weiß es«, sagte Símon. »Es gab keine andere Möglichkeit.«

Er schwieg eine Weile, senkte den Kopf und ließ den Regen auf sich niedergehen.

»Es ist so schwierig gewesen. Es ist so schwierig gewesen und so schlimm, und so lange. Ich weiß nicht, warum er so war. Ich weiß nicht, warum ich ihn töten musste.«

»Mit wem redest du, Símon?«, fragte ihre Mutter, die ebenfalls herausgekommen war und jetzt zu ihm hinging, um ihn in die Arme zu nehmen.

»Ich bin ein Mörder«, sagte Símon. »Ich habe ihn getötet«.

»Nicht in meinen Augen Símon. In meinen Augen wirst du nie ein Mörder sein. Genauso wenig wie ich. Vielleicht war das Schicksal, das er sich selber bereitet hat. Das Schlimmste, was passieren kann, ist, wenn du jetzt, wo er tot ist, dafür leiden musst, wie er im Leben gewesen ist.«

»Aber ich habe ihn getötet, Mama.«

»Weil du gar nichts anderes tun konntest. Das musst du begreifen, Símon.«

»Aber ich fühle mich so furchtbar elend.«

»Ich weiß, Símon, ich weiß.«

»Ich fühle mich so elend.«

Sie schaute auf die Sträucher.

»Im Herbst sind wieder Beeren dran, und alles wird wieder gut. Hörst du, Símon. Dann wird alles wieder gut.«

29

Sie sahen, wie sich in der Eingangshalle die Tür öffnete und ein Mann um die siebzig eintrat, mit gebeugten Schultern, weißem schütteren Haar und freundlich lächelndem Gesicht. Er trug einen schönen dicken Pullover und graue Hosen. Ihm folgte ein Angehöriger des Personals, dem mitgeteilt wurde, dass der Patient Besuch hatte. Er wurde ins Empfangszimmer geführt.

Erlendur und Elínborg standen auf. Als Mikkelína auf ihn zuging und ihn umarmte, lächelte der Mann ihr zu, wobei das Gesicht strahlte wie bei einem kleinen Kind.

»Mikkelína«, sagte der Mann mit einer seltsam jungen Stimme.

»Hallo, Símon«, sagte Mikkelína. »Hier ist Besuch für dich, das sind Leute, die dich gern kennen lernen möchten. Das da ist Elínborg, und dieser Mann heißt Erlendur.«

»Ich heiße Símon«, sagte der Mann und gab ihnen die Hand. »Mikkelína ist meine Schwester.«

Erlendur und Elínborg nickten.

»Símon ist sehr glücklich«, erklärte Mikkelína. »Auch wenn wir es nicht sind und nie gewesen sind, Símon selbst ist froh, und das ist die Hauptsache.«

Símon setzte sich zu ihnen, hielt Mikkelínas Hand und lächelte ihr zu, streichelte ihr Gesicht und lächelte Elínborg und Erlendur an.

»Was sind das für Leute?«, fragte er.

»Es sind Freunde von mir«, sagte Mikkelína.

»Fühlst du dich wohl hier?«, fragte Erlendur.

»Wie heißt du?«, fragte Símon.
»Ich heiße Erlendur.«
Símon überlegte.
»Bist du vielleicht ein Ausländer?«, fragte er dann.
»Nein, ich bin Isländer«, sagte Erlendur.
Símon lächelte.
»Ich bin Mikkelínas Bruder.«
Mikkelína strich ihm über die Hand.
»Das sind Polizisten, Símon.«
Símon blickte abwechselnd auf Elínborg und Erlendur.
»Sie wissen jetzt alles, was passiert ist«, sagte Mikkelína.
»Mama ist tot«, sagte Símon.
»Ja, Mama ist tot«, sagte Mikkelína.
»Rede du«, sagte Símon in bittendem Ton. »Rede du mit ihnen.« Er blickte seine Schwester an und vermied es, zu Erlendur und Elínborg hinüberzuschauen.
»In Ordnung, Símon«, sagte Mikkelína. »Ich komm dann später zu dir.«
Símon lächelte und stand auf und verschwand mit schleppenden Schritten in dem Korridor, an dem die Zimmer lagen.
»Hebephrenie«, sagte Mikkelína.
»Hebephrenie?«, fragte Erlendur.
»Wir wussten auch nicht, was das war«, erklärte Mikkelína. »Er hat irgendwie einfach aufgehört, sich zu entwickeln. Blieb derselbe liebe und gute Junge, denn der geistige Reifeprozess hielt mit dem körperlichen nicht Schritt. Hebephrenie ist eine Art Schizophrenie. Símon ist wie Peter Pan, so was tritt manchmal in der Pubertät auf. Womöglich war er von vornherein prädestiniert für so etwas. Er war immer ein sehr sensibles Kind, und als diese grauenvollen Ereignisse passierten, hat er wahrscheinlich die

Kontrolle verloren. Er hatte in ständiger Panik gelebt und sich verantwortlich gefühlt. War überzeugt davon, dass es seine Aufgabe war, unsere Mutter zu schützen, weil es niemand anderen gab. Er war der Älteste und Stärkste, obwohl er vielleicht der Kleinste und Schwächste von uns allen gewesen ist.«

»Und ist er dann seit seiner Jugend in solchen Institutionen gewesen?«, fragte Elínborg.

»Nein, er hat mit mir und Mama zusammengewohnt, bis sie starb. Sie ist vor, Moment, vor sechsundzwanzig Jahren gestorben. Patienten wie Símon sind nicht schwierig. Sie sind die meiste Zeit ganz friedlich und sanft im Umgang, aber sie brauchen enorm viel und ständig Fürsorge. Die hat Mama ihm bis zu ihrem Tode gegeben. Er hat bei der Müllabfuhr gearbeitet und für die Stadt, wenn er dazu im Stande war. Hat Abfall mit einem Pikenstock aufgesammelt. Wanderte kreuz und quer durch Reykjavík und pickte Abfälle auf.«

Sie saßen schweigend da.

»Und David Welch hat sich nie wieder gemeldet?«, fragte Elínborg.

Mikkelína schaute sie an.

»Mama hat bis zu ihrem Tod auf ihn gewartet«, erklärte sie. »Er ist nie zurückgekommen.«

Sie machte eine kleine Pause.

»Von Gufunes aus hat sie versucht, ihn an diesem Morgen anzurufen, als mein Stiefvater aus dem Gefängnis zurückkam. Und sie hat ihn erreicht.«

»Aber wieso ist er dann nicht zu euch hinausgekommen?«, wunderte sich Erlendur.

Mikkelína lächelte.

»Sie hatten sich schon verabschiedet gehabt. Er war auf

dem Weg nach Europa. Sein Schiff sollte an diesem Morgen in See stechen, und sie rief ihn nicht an, um ihm von der Gefahr zu erzählen, sondern um ihm noch ein paar Abschiedsworte zu sagen und ihm mit auf den Weg zu geben, dass alles in Ordnung war. Er ging davon aus, dass er wiederkommen würde. Wahrscheinlich ist er gefallen. Sie hat nie etwas darüber erfahren, aber als er nach dem Krieg nicht zurückkam ...«

»Aber warum ...«

»Sie glaubte, dass Grímur ihn umbringen würde. Deswegen kam sie allein zum Grafarholt zurück. Sie wollte nicht, dass er ihr beistehen sollte. Das war ihre Angelegenheit.«

»Er muss aber doch gewusst haben, dass dein Stiefvater aus dem Gefängnis entlassen wurde und dass seine Verbindung zu eurer Mutter herausgekommen war«, sagte Erlendur. »Dein Stiefvater wusste doch davon, hatte irgendwas gehört.«

»Im Grunde genommen konnten sie das nicht wissen. Ihr Verhältnis war ganz geheim gewesen. Wir wissen nicht, wie mein Stiefvater das herausgefunden hat.«

»Und das Kind ...?«

»Die beiden wussten damals noch nicht, dass sie schwanger war.«

Erlendur und Elínborg schwiegen eine ganze Weile und dachten über Mikkelínas Worte nach.

»Und Tómas?«, fragte Erlendur schließlich. »Was ist aus ihm geworden?«

»Tómas ist tot. Er ist nur zweiundfünfzig geworden. Zweimal geschieden. Er hatte drei Kinder, alles Buben. Ich hatte keine Verbindung zu ihm.«

»Und warum nicht?«, fragte Erlendur.

»Er war seinem Vater zu ähnlich.«

»Wie ähnlich?«

»Sein Leben war erbärmlich.«

»Inwiefern?«

»Er wurde genau wie sein Vater.«

»Meinst du damit ...?« Elínborg sah Mikkelína verwundert an.

»Gewalttätig. Prügelte seine Frauen. Schlug seine Kinder. Trank.«

»Und seine Beziehung zu deinem Stiefvater? Ging es da um ...?«

»Das wissen wir nicht«, sagte Mikkelína. »Ich glaube nicht. Ich hoffe nicht. Ich versuche, nicht darüber nachzudenken.«

»Was hat dein Stiefvater damit gemeint, was er aus dem Grab heraus sagte? Bitte! Hat er um Hilfe gebeten? Hat er um Gnade gebeten?«

»Mama und ich haben viel darüber gesprochen. Mama hatte eine ganz bestimmte Erklärung dafür, die ihr genügte, und das Gleiche galt für mich.«

»Und die war wie?«

»Er wusste, wer er war.«

»Das versteh ich nicht«, sagte Erlendur.

»Er wusste, wer er war, und ich glaube, im Innersten hat er auch den Grund dafür gewusst, warum er so war, obwohl er nie darüber geredet hat. Wir wissen, dass er eine schreckliche Jugend hatte. Aber irgendwann einmal ist auch er ein kleiner Junge gewesen, und zu diesem Jungen muss es doch eine psychologische Verbindung gegeben haben. Sogar wenn er seine allerschlimmsten Ausbrüche hatte und brutal über alle herfiel, da muss es doch immer noch diesen Jungen in ihm gegeben haben, der ihm zurief, dass er aufhören solle.«

»Deine Mutter ist eine unerhört tapfere Frau gewesen«, erklärte Elínborg.

»Darf ich mit ihm sprechen?«, fragte Erlendur nach einer kleinen Pause.

»Du meinst mit Símon?«, sagte Mikkelína.

»Ist es in Ordnung, wenn ich zu ihm aufs Zimmer gehe? Allein?«

»Er hat nie über diese Ereignisse gesprochen. All diese ganzen langen Jahre nicht. Mama war der Meinung, dass es am besten wäre, wenn wir so täten, als hätte sich das alles nicht ereignet. Nach ihrem Tod habe ich versucht, Símon dazu zu bringen, sich zu öffnen, aber habe sofort festgestellt, dass es hoffnungslos war. Es hat den Anschein, als könne er sich nur an die Zeit nach diesen Schrecknissen erinnern. Alles andere scheint verschwunden zu sein. Trotzdem kommt hin und wieder der eine oder andere Satz aus ihm heraus, wenn ich sehr dränge. Ansonsten ist er völlig verschlossen. Er gehört einer anderen und friedlicheren Welt an, die er sich selber geschaffen hat.«

»Hast du was dagegen?«

»Von mir aus kannst du zu ihm gehen«, sagte Mikkelína.

Erlendur stand auf, ging zum Eingang und dann in den Korridor mit den Zimmern. Die meisten Türen standen offen. Er sah Símon auf der Bettkante in seinem Zimmer sitzen und zum Fenster hinausschauen. Erlendur klopfte an die Tür, und Símon blickte sich um.

»Darf ich mich zu dir setzen?«, fragte Erlendur und wartete darauf, hereingebeten zu werden.

Símon schaute ihn an, nickte zustimmend und wandte dann den Kopf wieder dem Fenster zu, um weiter nach draußen zu schauen.

Vor einem kleinen Schreibtisch stand ein Stuhl, aber Erlendur setzte sich zu Símon auf die Bettkante. Auf dem Schreibtisch standen ein paar Fotos. Erlendur erkannte Mikkelína und ging davon aus, dass die ältere Frau an ihrer Seite wahrscheinlich ihre Mutter war. Er streckte die Hand nach dem Foto aus. Die Frau saß auf einem Stuhl am Küchentisch und trug etwas, was eine Zeit lang unter der Bezeichnung Hagkaup-Kluft lief, einen dünnen Nylonkittel mit buntem Muster, und sie blickte mit einem kleinen, rätselhaften Lächeln in die Kamera. Símon saß neben ihr und strahlte übers ganze Gesicht. Erlendur hatte den Eindruck, dass das Bild in Mikkelínas Küche gemacht worden war.

»Ist das deine Mutter?«, fragte er Símon.

Símon schaute auf das Bild.

»Ja, das ist Mama. Sie ist tot.«

»Ich weiß.«

Símon schaute wieder aus dem Fenster, und Erlendur stellte das Bild zurück auf den Tisch. Dann saßen sie eine ganze Weile schweigend da.

»Was schaust du dir da draußen an?«, fragte Erlendur.

»Mama hat gesagt, dass alles wieder gut würde«, sagte Símon und blickte zum Fenster hinaus.

»Alles ist wieder gut«, sagte Erlendur.

»Wirst du mich nicht mitnehmen?«

»Nein, ich habe nicht vor, dich mitzunehmen. Ich wollte dich bloß kennen lernen.«

»Vielleicht können wir Freunde werden.«

»Bestimmt«, sagte Erlendur.

Sie saßen stumm da und schauten jetzt beide aus dem Fenster.

»Hast du einen guten Vater gehabt?«, fragte Símon urplötzlich.

»Ja,« sagte Erlendur, »er war ein guter Mann.«

Sie schwiegen.

»Erzählst du mir was von ihm?«, fragte Símon schließlich.

»Ja, irgendwann werde ich dir was von ihm erzählen«, sagte Erlendur. »Er ...«

Erlendur verstummte.

»Was?«

»Er hat seinen Sohn verloren.«

Sie schauten aus dem Fenster.

»Eins nur möchte ich gerne wissen«, sagte Erlendur.

»Was?«, sagte Símon.

»Wie hieß sie?«

»Wer?«

»Deine Mama.«

»Warum willst du das wissen?«

»Mikkelína hat mir von ihr erzählt, aber sie hat mir nicht gesagt, wie sie hieß.«

»Sie hieß Margrét.«

»Margrét.«

In dem Moment erschien Mikkelína in der Tür, und als Símon sie erblickte, stand er auf und ging zu ihr hin.

»Hast du mir Beeren mitgebracht?«, fragte er. »Hast du mir Johannisbeeren mitgebracht?«

»Im Herbst bring ich dir Beeren«, sagte Mikkelína. »Im Herbst.«

30

Im gleichen Augenblick bildete sich eine winzigkleine Träne in Eva Linds Auge, die reglos im Halbdämmer der Intensivstation lag. Sie wurde größer und wurde zu einem großen Tropfen, der langsam aus dem Augenwinkel rollte, sich unter die Sauerstoffmaske zwängte und ihre Lippen erreichte.

Einige Minuten später öffnete sie die Augen.

*»Arnaldur hat hiermit endgültig bewiesen,
dass er einer unserer besten Autoren ist.«*
MORGENBLADID

Arnaldur Inðridason
TÖDLICHE INTRIGE
Roman
288 Seiten
ISBN 3-404-15338-3

Betty beherrscht sämtliche Künste der Verführung – eine Femme fatale, die vor nichts zurückschreckt. Als ihre Liaison mit einem reichen Reeder vor dem Aus steht, weil er ihrer Seiten-sprünge überdrüssig ist, muss sie handeln. Sie muss sich seiner entledigen, so lange das Testament noch zu ihren Gunsten lautet ...

Ein Thriller vom isländischen Bestsellerautor Arnaldur Indriðason, der spannender nicht sein könnte.

Bastei Lübbe Taschenbuch

Ausgezeichnet mit dem
NORDIC CRIME NOVEL'S AWARD 2002

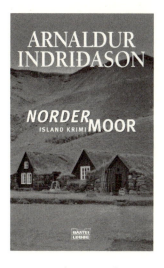

Arnaldur Indriðason
NORDERMOOR
Island-Krimi
Aus dem Isländischen
von Coletta Bürling
320 Seiten
Taschenbuch
ISBN 3-404-14857-5

Was zunächst aussieht wie ein typisch isländischer Mord – schäbig, sinnlos und schlampig ausgeführt –, erweist sich als überaus schwieriger Fall für Erlendur von der Kripo Reykjavík. Wer ist der tote alte Mann in der Souterrainwohnung in Nordermoor? Warum hinterlässt der Mörder eine Nachricht bei seinem Opfer, die niemand versteht? – Während schwere Islandtiefs sich über der Insel im Nordatlantik austoben, wird eine weitere Leiche gefunden ...

Kommissar Erlendur Sveinsson ermittelt in seinem dritten Fall.

Bastei Lübbe Taschenbuch

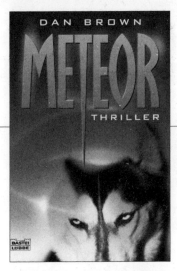

»Sagen Sie alle Termine ab und lesen Sie METEOR!«
The Washington Post

Als die NASA mithilfe modernster Satelliten-Technologie in der Arktis eine sensationelle Entdeckung macht, wittert die angeschlagene Raumfahrtbehörde Morgenluft. Tief im Eis verborgen liegt ein Meteorit von ungewöhnlicher Größe, der zudem eine außerirdische Lebensform zu bergen scheint. Rachel Sexton, Mitarbeiterin des Geheimdienstes, reist im Auftrag des Präsidenten zum Fundort des Meteoriten. Doch es gibt eine Macht im Hintergrund, die den spektakulären Fund für ihre eigenen Zwecke nutzen will – und die bereit ist, dafür zu töten ...

ISBN 3-404-15055-4